PEDRO SÁEZ
@PEDROELINGENIERO

LAS PIZARRAS DEL FÚTBOL

Equipos, jugadores y entrenadores que revolucionaron el deporte rey

RANDOM

Papel certificado por el Forest Stewardship Council®

MIXTO
Papel
FSC® C117695

Penguin
Random House
Grupo Editorial

Primera edición: marzo de 2026
Tercera reimpresión: junio de 2026

Printed in Spain – Impreso en España

ISBN: 978-84-19441-59-1
Depósito legal: B-1.032-2026

Compuesto en Maketària Studio, S. L.

Impreso en Huertas Industrias Gráficas, S. A.
Fuenlabrada (Madrid)

CM41591

A mi abuela Emilia, la mujer de mi vida

ÍNDICE

PRÓLOGO

A veces el fútbol cambia sin avisar. No pregunta, no pide permiso. Simplemente, un día aparece un equipo que hace algo que nadie había visto y, en ese instante, entiendes que acabas de presenciar el nacimiento de una idea que ya no se va a olvidar.

Antes de entrar en esas ideas, quiero proponerte algo. Este libro no está hecho para quedarse quieto en una estantería. Está hecho para llenarse de vida contigo. Subráyalo, discútelo, arrúgalo si hace falta. Déjale tus huellas. Lo que vas a leer no busca darte respuestas definitivas, sino transformar tu mirada. Algunas dudas se aclararán, otras nacerán por primera vez, y muchas se volverán más profundas. Este libro quiere encenderte chispas, no apagarlas, y que al terminarlo veas el fútbol desde un ángulo que quizá nunca habías considerado.

Quizá a ti también te haya pasado, pero yo, desde niño, no podía conformarme solo con saber quién ganaba. Necesitaba entender por qué. Entre cuadernos llenos de flechas y partidos que veía una y otra vez, descubrí algo que nunca me abandonó: el juego no se mueve por inercia, sino por valentía. Cambia cuando un entrenador se atreve a desafiar lo establecido, cuando introduce una idea que casi nadie entiende al principio, cuando soporta la tormenta que todo innovador debe atravesar.

Y esa chispa —la de querer comprender lo que hay detrás, no solo lo que se ve— me llevó a mis redes sociales. Fue el motor que me empujó a explicar el fútbol desde esa perspectiva: la de los porqués, la de lo que se cuece detrás de cada decisión, la de las tácticas que no siempre salen en el marcador, pero explican lo que ocurre. Mi contenido nació de esa misma inquietud y se convirtió en un espacio que hoy comparto con millones de personas que sienten lo mismo: que el fútbol no es solo dar patadas a un balón, sino también un mundo mucho más profundo de lo que parece a simple vista.

A lo largo de este libro descubrirás que casi todos los entrenadores que revolucionaron el juego tuvieron que resistir contra viento y marea. Los criticaron, cuestionaron o incluso ridiculizaron. Sus sistemas parecían imprudentes, sus ideas sonaban excéntricas, sus planteamientos incomodaban. Y, sin embargo, siguieron adelante. Nadie los abrazaba hasta que los títulos llegaron. Y cuando llegaron, la misma idea que antes se señalaba como error empezó a verse como genialidad y muchos intentaron imitarla. Por eso este libro también se adentra en ese territorio, el de las ideas que rompen el molde y que siempre nacen rodeadas de dudas. Con el tiempo, son precisamente esas ideas —las buenas, las valientes, las verdaderamente revolucionarias— las que demuestran que el juego puede ser mejor de lo que era.

Aquí no vas a encontrar una mera colección de partidos. Lo que vas a encontrar es el alma de las revoluciones futbolísticas. Cómo La Máquina, el Milan de Sacchi, el Dream Team de Cruyff o el Porto de Mourinho, entre otros, fueron capaces de alterar lo que se creía inamovible. Equipos separados por décadas, culturas y estilos..., pero unidos por la intuición de que el fútbol avanza cuando alguien decide romper los límites de su época.

Para que no te pierdas en este viaje, quiero compartir el mapa que descubrí mientras intentaba entender cómo nace una revolución futbolística. Todo suele comenzar con un precedente, una semilla que pasa desapercibida hasta que el tiempo la reivindica. Después aparece el estilo, esa forma de entender el juego que vuelve inconfundible a un equipo. Cuando nada parece anunciarlo, irrumpe el gesto inesperado, la revolución táctica que lo cambia todo y eleva a ese equipo a un lugar que ya nadie podrá arrebatarle. Más tarde llega la evolución, la obligación de adaptarse para sobrevivir a quienes vienen a destronarte. Y, al final, siempre aparece un antídoto, alguien que encuentra la grieta, desmonta la idea y abre un camino nuevo. El fútbol, igual que la vida, avanza a través de ciclos que se empujan unos a otros, construyendo lo que viene sobre las ruinas de lo que fue.

Puedes leer este libro de principio a fin y descubrir cómo cada revolución lleva a la siguiente, como si todos estos equipos formasen una sola cadena a lo largo del tiempo. Pero también puedes abrirlo por donde quieras. Cada capítulo está construido para sostenerse por sí mismo, para que entres, aprendas, salgas y regreses cuando algo te pique la curiosidad. Ojalá lo leas más de una vez. Ojalá vuelvas a tus anotaciones. Porque las ideas cambian cuando las miramos de nuevo con los años.

Y antes de empezar, déjame confesarte algo. Este libro podría haber incluido al Brasil del 70, al Real Madrid de Di Stéfano, a varios equipos de la Premier que cambiaron la historia... y a muchos más. Te prometo que intenté meterlos. Pero entonces este libro necesitaría una grúa para moverse y tú dos brazos más para sostenerlo. Quizá algún día llegue esa segunda parte.

Ahora sí, empieza nuestro viaje por las revoluciones que cambiaron el fútbol para siempre.

Y, como siempre digo en mis vídeos..., vamos a la pizarra táctica. Vamos allá.

LA MÁQUINA DE
RIVER PLATE

Cuando empecé a investigar para este libro, estaba convencido de que el fútbol moderno había nacido en Europa. Holanda, Italia, Inglaterra... Todo parecía apuntar hacia allí. Pero a medida que avanzaba, que comparaba sistemas, fechas y conceptos, había algo que no encajaba del todo. Tiraba del hilo buscando entender el origen del juego de posición, el falso 9 o la salida del portero como primer pase... y, sin darme cuenta, ese hilo me llevó cada vez más lejos. Hasta cruzar el océano. Hasta Argentina.

Al principio me resistía a creerlo. Pensaba que era una casualidad, una coincidencia entre épocas. Pero cuanto más leía, más evidente era todo: todo lo que hoy llamamos «fútbol moderno» ya existía en Buenos Aires hace más de ochenta años.

Recuerdo una noche en la que cerré todos los libros, apagué el ordenador y me quedé en silencio, imaginando aquel equipo. Once jugadores que se movían con una coordinación que nadie les había enseñado, que se anticipaban entre ellos como si compartieran un mismo pensamiento.

Y entonces lo comprendí. Si quería entender hacia dónde va el fútbol, primero debía mirar hacia atrás. Porque el futuro, en realidad, empezó allí.

Hubo un tiempo al hablar de fútbol en el que bastaba con mencionar a Moreno, Muñoz, Loustau, Pedernera y Labruna para poner nervioso a cualquiera. Era como mencionar a los cuatro jinetes del apocalipsis, aunque en esta ocasión eran cinco delanteros de River que jugaron en los años cuarenta, para que en la sala se hiciera el silencio.

Lo sé, te he metido mucho *hype*. Cinco delanteros. Los nombrabas y los rivales se ponían nerviosos... Ah, sí. Alfredo Di Stéfano dijo en una entrevista que era la mejor delantera que había visto en su vida. Toma, ahí tienes más *hype*.

Te preguntarás quiénes fueron estos cinco hombres, por qué River jugaba con cinco delanteros y, sobre todo..., qué hicieron para que don Alfredo Di Stéfano afirmase que fue la mejor delantera que había visto. Pues prepárate un café, un té, un mate o lo que gustes, porque voy con todo.

Cuando todo era campo

En la primera mitad del siglo XX, existía un sistema de juego que predominaba en casi todo el mundo. Los responsables de que este planteamiento fuese el estándar de la época eran los ingleses y su famoso sistema 2-3-5, también llamado «la Pirámide».

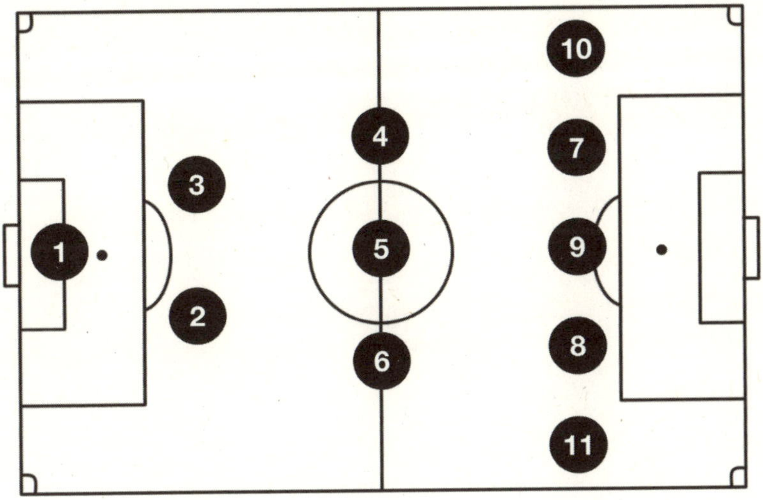

Pizarra 1.1 - Sistema 2-3-5 (la Pirámide)

Como puedes observar, tiene forma de pirámide invertida: de ahí el nombre. Pero ¿por qué solo se jugaba con dos zagueros? ¿Por qué había cinco delanteros? Pues porque hasta 1925 existía un truco para defender con eficacia con solo dos defensores.

Hackeando el fuera de juego

Desde 1866 hasta 1925, la regla del fuera de juego establecía que un jugador estaba en posición antirreglamentaria si, en el momento de recibir el balón, se encontraba por delante de la pelota y tenía menos de **tres adversarios** entre él y la portería contraria; es decir, dos defensas y el guardameta.

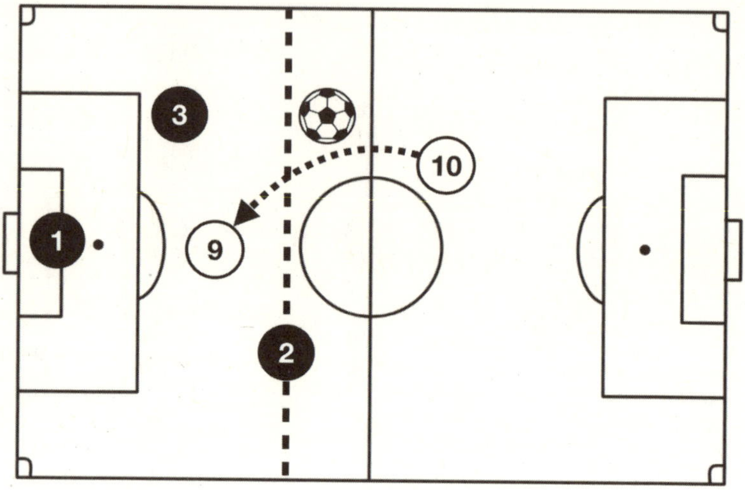

Pizarra 1.2 - Es fuera de juego

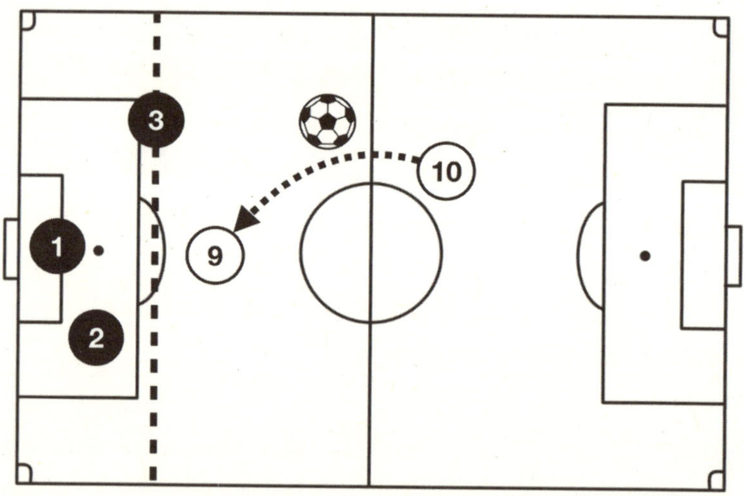

Pizarra 1.3 - No es fuera de juego

A primera vista no parece que hubiera nada extraño. Sin embargo, imagina la siguiente situación: el delantero rival está a punto de recibir el pase y, justo entonces, uno de los zagueros adelanta su posición (Ejemplo: Pizarra 1.2). En ese momento, el atacante queda en fuera de juego. Y lo más llamativo es que no hacía falta que ambos defensores se movieran al unísono como si fueran bailarines de tango: bastaba con que uno se adelantara. El otro podía quedarse rezagado, y aun así el delantero caería en la trampa. De este modo, la defensa no necesitaba una coordinación perfecta ni una línea compacta. Con un zaguero rápido e inteligente bastaba para desactivar el ataque rival de cinco hombres.

A esta conclusión llegó el bueno de **Bill McCracken** en el Newcastle. Mientras su compañero **Frank Hudspeth**, más corpulento y pesado, se quedaba atrás, McCracken aprovechaba su velocidad y astucia para adelantarse en el momento justo. De esta manera, uno cubría y el otro arriesgaba, y así nació una de las primeras **trampas tácticas** de la historia del fútbol.

El hallazgo no fue una mera anécdota. A partir de entonces, los fueras de juego aumentaron de manera considerable y, como consecuencia, el promedio de goles en la liga inglesa cayó en picado. Aquello encendió las alarmas de la **International Football Association Board (IFAB, por sus siglas en inglés)**, el organismo encargado de redactar las reglas, que veía con preocupación cómo el fútbol perdía espectáculo. Menos goles significaban menos emoción y, en última instancia, un público más aburrido en las gradas.

Para entender la magnitud del cambio conviene fijarse en los números. Antes de que McCracken *hackeara* el fuera de juego, el promedio goleador en Inglaterra rondaba los **3,5 tantos por partido**. Sin embargo, a medida que su truco se popularizó y otros equipos lo copiaron, esa cifra se desplomó. Según recuerda Jonathan Wilson en *Inverting the Pyramid*, en la temporada 1924-1925 la media había bajado hasta apenas **2,58 goles por encuentro**.

Ante esa tendencia, la IFAB decidió intervenir. En términos *gamers*, lo que hicieron fue aplicar un parche para corregir el *bug*. La regla del fuera de juego pasó de exigir tres adversarios entre el delantero y la portería a requerir únicamente dos. En la práctica, esto significaba que, para estar en fuera de juego, el atacante debía estar adelantado a todos los defensores salvo al portero, una fórmula mucho más parecida a la que conocemos hoy.

El cambio tuvo un efecto inmediato. Según Wilson, el promedio goleador subió a **3,69 tantos por partido** en la temporada 1925-1926, la primera con la nueva norma en vigor. En aquel momento todo parecía indicar que el espectáculo de los goles había regresado. Sin embargo, como recuerda Martí Perarnau en *La evolución táctica del fútbol*, desde los años cincuenta hasta hoy el promedio goleador volvió a descender hasta cifras similares a las de cuando McCracken descubrió el truco. En otras palabras, aquella reducción no se debía solo a la trampa del *off-side*, aunque eso, como suele decirse, es harina de otro costal.

Ahora bien, con esa modificación de la norma ya no bastaba con dejar a un zaguero atrás. Para seguir defendiendo con la trampa del fuera de juego había que sincronizarse a la perfección con el compañero de zaga, y todo en una época sin VAR, en la que la decisión dependía del ojo del árbitro, capaz —o no— de distinguir un fuera de juego por apenas unos centímetros. Por eso muy pocos equipos se atrevieron a adelantar a sus dos defensores al mismo tiempo. Lo que hicieron en su lugar fue algo mucho más humano, casi entrañable.

La WM de Herbert Chapman

Tras el cambio en la norma del fuera de juego en 1925, combatir a cinco delanteros con solo dos zagueros era una tarea muy difícil: los equipos que querían frenar esto decidieron añadir un defensor extra. Ahora se jugaría con tres zagueros. Algunos equipos se limitaron a la tarea más obvia, que era intentar defender mejor añadiendo más jugadores en la defensa, pero Herbert Chapman perfeccionó esta idea con su famosa formación WM.

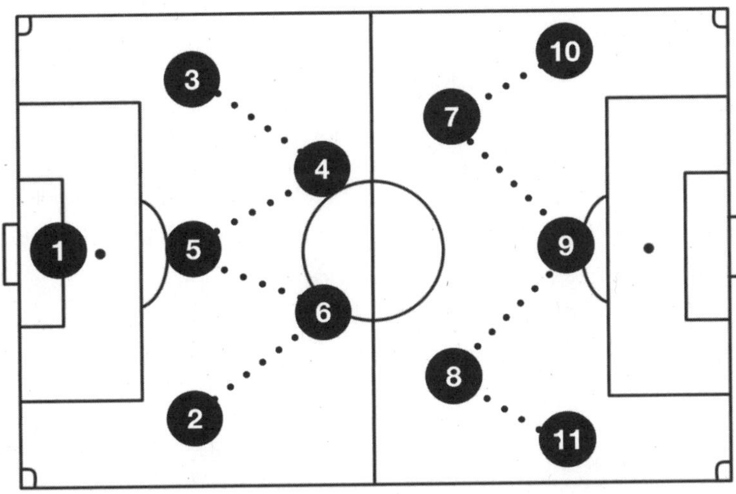

Pizarra 1.4 - Sistema WM de Herbert Chapman

Antes de meternos de lleno en la WM, déjame aclararte por qué damos este paseo por la historia. No es que me vaya a andar por las ramas (aunque me encantaría). Lo que pasa es que el verdadero antídoto contra la WM salió, en parte, de las tácticas de **La Máquina de River**. Así que este viajecito al pasado no es relleno, sino el entrante que te pides antes de que te pongan la hamburguesa. Y créeme, cuando lleguemos a los años cuarenta, entenderás por qué los de River revolucionaron el fútbol para siempre.

Como decía, Herbert Chapman creó su propio librillo con la formación WM. En el esquema anterior verás que hay tres zagueros, dos centrocampistas, dos interiores, dos extremos y un delantero centro. Chapman retrasó a su centrocampista y lo convirtió en zaguero, y, para llenar el vacío que este dejaba en el centro, retrasó a los interiores. Así, observamos que en la defensa existe una forma de M y en la delantera una W. Además, en el centro del campo se aprecia la famosa caja, el sistema que a partir de 2020 se volvió a popularizar gracias al Manchester City de Guardiola.

Pero volvamos al tema. La pregunta que nos tenemos que hacer aquí es: ¿para qué todo este lío de movimientos? Pues porque los zagueros ya no podían defender en zona, ni confiar en dejar al rival en fuera de juego. Sincronizar a tres defensores a la vez era casi una utopía, sobre todo en una época en la que las charlas tácticas estaban aún en pañales. Chapman decidió simplificar y tiró de **marcaje al hombre**. El zaguero central iba directo al delantero centro, los laterales a los extremos y, como en un efecto dominó, los alas se encargaban de los interiores rivales.

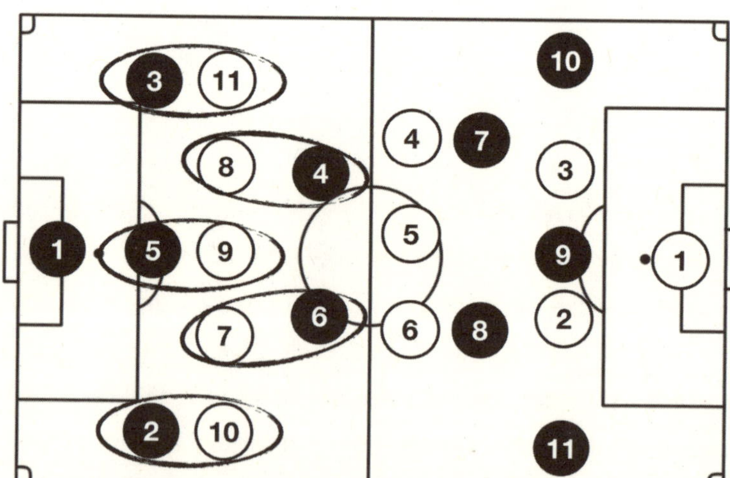

Pizarra 1.5 - WM versus la Pirámide

La prioridad ya no era dejar al rival en fuera de juego, sino pegarse a él como una sombra y ganarle en el choque. Así, la inteligencia defensiva de McCracken dejó paso a una era en la que mandaban los bíceps y los pulmones.

Desde 1925 hasta bien entrados los años treinta, el fútbol se jugaba a dilucidar «quién es más fuerte» en cada duelo individual. Olvídate del delantero chiquitito y habilidoso: en este planteamiento lo que se llevaba era el tanque de metro noventa, con más cuerpo que técnica, capaz de pasar por encima de su marcador si hacía falta. Hasta que llegó La Máquina de River Plate y lo cambió todo. Y es que te aviso desde ya mismo que, a lo largo de este libro, notarás que existe un antídoto para cualquier sistema.

El estilo de juego de La Máquina

En los años cuarenta, los dorsales no identificaban a un futbolista en concreto sino una posición. Se numeraba del 1 al 11 según el lugar en el campo y no existían números fijos ni nombres en la camiseta.

Cada partido se repartían las camisetas según el dibujo 3-2-2-3 de la época. Por eso, en el fútbol de esos años, el número explicaba la función más que la identidad del jugador.

Las charlas tácticas se basaban en «Tú cubre al 9 y Fulanito al 8». Con eso bastaba para saber quién hacía qué en el campo. El 9 metía goles y forcejeaba con los defensas, el 8 creaba conexión entre el medio campo y la delantera, el 11 buscaba internadas por la banda izquierda... Sin embargo, La Máquina, pese a los dorsales, no iba a estar sujeta a roles fijos.

DORSAL	POSICIÓN TRADICIONAL	ROL
1	Arquero	Portero
2	Lateral derecho	Defensa por banda
3	Lateral izquierdo	Defensa por banda
4	*Half* derecho	Volante derecho
5	Centro-medio	Pivote y eje
6	*Half* izquierdo	Volante izquierdo
7	Extremo derecho	Amplitud y desborde
8	Interior derecho	Conexión y llegada
9	Centrodelantero	Referencia y remate
10	Interior izquierdo	Conexión y llegada
11	Extremo izquierdo	Amplitud y desborde

Tabla 1.1 - Relación entre el dorsal y la posición en el campo

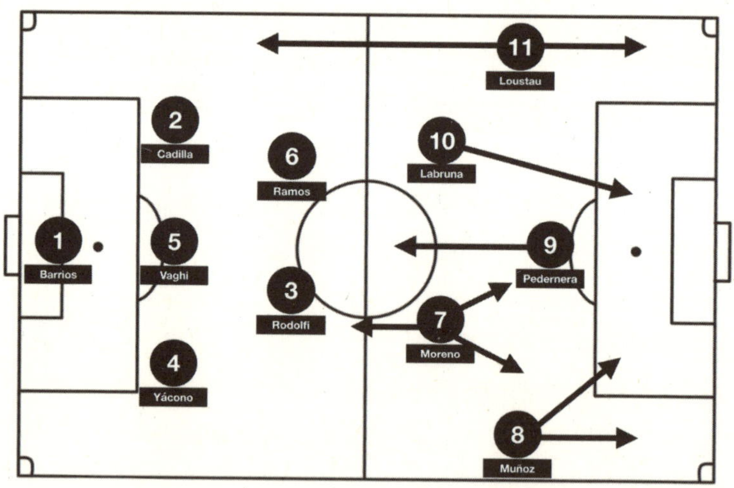

Pizarra 1.6 - Once de River Plate «La Máquina»

River Plate jugaba con una formación WM, aunque con ciertos matices. Tenían tres zagueros, pero en este caso quien ocupaba la posición de delantero centro era Pedernera. Sin embargo, este solía bajar a recibir hasta el centro del campo y quienes iban a picar al espacio eran los interiores. En la WM clásica, normalmente el delantero centro tenía un rol más estándar y no bajaba para combinar con sus compañeros.

Lo más interesante en esta formación de River fueron las continuas permutas de posiciones de los delanteros. De esta forma, no solo Pedernera era el que salía de su zona, sino que, además, a menudo Labruna era el jugador que partía desde el interior izquierdo y finalizaba las jugadas o Moreno conectaba centro del campo y delantera. Esta movilidad constante fue justo el antídoto a la rígida WM, ya que las marcas quedaban difuminadas ante tantos cambios de posición. Por ejemplo, si Moreno bajaba a medio campo, ¿quién debía seguirlo? ¿El zaguero o el ala? Esta confusión en los rivales propiciaba la aparición de espacios en la defensa.

Los pioneros del fútbol total

La gran innovación de este equipo fue colocar a **Pedernera como falso 9**, aunque este movimiento por sí solo no habría sido tan efectivo sin el engranaje de las **permutas entre los cinco delanteros**. En esos años persistía la idea de que cada jugador tenía una función: el extremo debía abrir la cancha y encarar; el centrodelantero, esperar en el área a que le llegaran balones; y los interiores, moverse en su carril y aparecer desde atrás. Este fútbol tan rígido era el caldo de cultivo ideal para el **marcaje al hombre de la WM**, en el que los defensores solo necesitaban fuerza y dureza para imponerse en duelos individuales. Todo parecía condenado a repetirse una y otra vez, hasta que llegó River y dinamitó la monotonía con su red de permutas: ningún delantero tenía una posición fija.

El principio era sencillo pero demoledor. Si Pedernera retrocedía unos metros para asociarse, alguien ocupaba el área. A menudo era Labruna, que partía como interior izquierdo y terminaba definiendo como centrodelantero. En ocasiones era Moreno quien bajaba, con lo que enlazaba con Pedernera en el medio campo. Y ahí surgía el caos: ¿debía el ala seguirlo hasta la mitad de la cancha? ¿Qué pasaba si Muñoz, desde la derecha, se cerraba para ocupar el hueco que había dejado Moreno? Y si el zaguero central perseguía a Pedernera fuera del área, ¿quién quedaba para frenar las llegadas de Labruna?

En una época sin apenas recursos audiovisuales para preparar partidos, los rivales se encontraban con un equipo que jugaba a otra cosa. Era como si unos futbolistas del año 2100 hubieran aterrizado en 1940 para enseñar un fútbol imposible de descifrar.

Como no podía ser de otra forma, esta manera tan innovadora de jugar se materializó en éxitos deportivos para River Plate.

Así nació «La Máquina»

El 21 de septiembre de 1941, River Plate ganó por 0-4 el clásico ante Independiente y fue el primer partido en el que Adolfo Pedernera se situó como falso 9 y marcó tres de los cuatro tantos. El otro fue de Muñoz. La delantera estuvo ocupada por Muñoz (extremo derecho), Moreno (interior derecho), Pedernera (falso 9), Labruna (interior izquierdo) y Deambrosi (extremo izquierdo). Loustau tardaría un año en llegar. Como dato curioso, en aquel partido ante Independiente apodaron a River «La Maquinita» por primera vez, ya que el diario *Crítica* destacó que los cinco delanteros «se parecieron a una maquinita».

Apenas un mes después de su nacimiento en Avellaneda, llegó la prueba de fuego. El **19 de octubre de 1941**, River se midió a Boca en el Monumental y no solo ganó, sino que además **aplastó 5-1** a su eterno rival con goles de **Labruna, Moreno, Deambrosi (2) y Pedernera.** Ese día, con Pedernera ya consolidado como falso 9, el equipo mostró que lo suyo no era un caso aislado, sino una revolución en marcha. El Superclásico fue la confirmación pública de que había nacido algo más grande, y que había llegado para quedarse.

La historia, sin embargo, necesitaba un nombre. Y este llegó unos meses más tarde, el **7 de junio de 1942**, cuando River goleó **6-2 a Chacarita**. En su crónica, **Borocotó** escribió: «Jugó como una máquina el puntero». Aquella frase encendió la chispa: desde entonces, ya no se trataba solo de un gran equipo, sino de **La Máquina**, el apodo que marcaría para siempre a una de las delanteras más célebres de la historia del fútbol.

Los cinco jinetes del apocalipsis: Moreno, Muñoz, Loustau, Pedernera y Labruna

Para entender la esencia de **La Máquina** debemos conocer a esos cinco delanteros y comprender por qué todavía hoy se los recuerda como una de las delanteras más impresionantes de la historia del fútbol. Un dato que sorprende es que **solo coincidieron en 18 partidos oficiales** y, sin embargo, casi un siglo después sus nombres siguen grabados a fuego en la memoria de cualquier amante del fútbol. Lo llamativo es que ninguno de los cinco se impone sobre el resto. Cuando pensamos en delanteras modernas como la **BBC** del Real Madrid con Benzema, Bale y Cristiano, o la **MSN** del Barça con Messi, Suárez y Neymar, siempre aparece una figura que brilla por encima de los demás. En el Madrid era Cristiano, y en el Barça, Messi. En River, en cambio, no sucedía lo mismo. Lo que deslumbraba de La Máquina no eran las jugadas individuales sino el todo. Eran los **pases cortos**, las **rotaciones constantes** y esa forma de entenderse con una naturalidad que parecía innata. Por eso, cuando alguien que los vio jugar habla de ellos no recuerda un nombre concreto sino el **juego colectivo**. Y ahí estuvo la verdadera alma de aquel legendario equipo: ir a una, ser un equipo.

Adolfo Pedernera, el falso 9 de La Máquina

Con el sistema WM los zagueros defendían con marcajes al hombre y solían ser tipos duros, físicos, hechos para el choque. Para combatir esto, lo ideal era tener un delantero fuerte que pudiera pelear con ellos de tú a tú, pero ¿qué ocurría cuando no tenías ese perfil?

Pues lo de siempre: en las crisis aflora el ingenio, y alguien decidió que la mejor manera de ganar era no luchar. Si el zaguero central está marcando a nuestro delantero centro, ¿qué ocurriría si este delantero retrasa unos metros su posición? Pues ocurre que el zaguero, como tenía que marcar al hombre tal y como dictaba el sistema WM, salía de su zona y se generaban espacios a su espalda para que los interiores los aprovechasen.

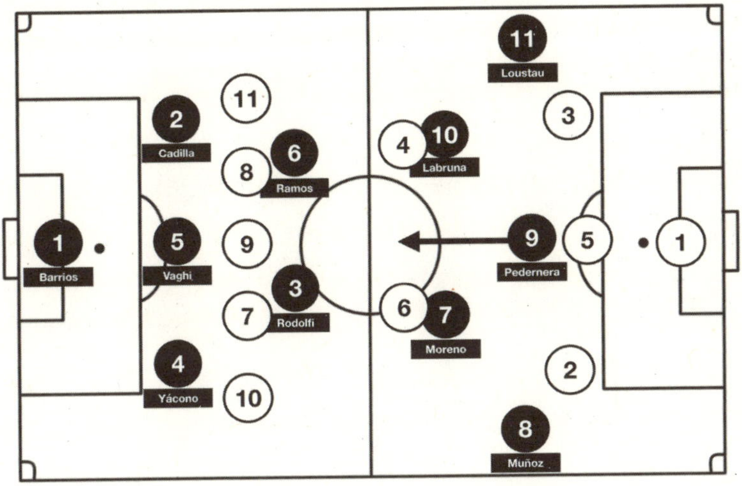

Pizarra 1.7 - Pedernera arrastra al zaguero central

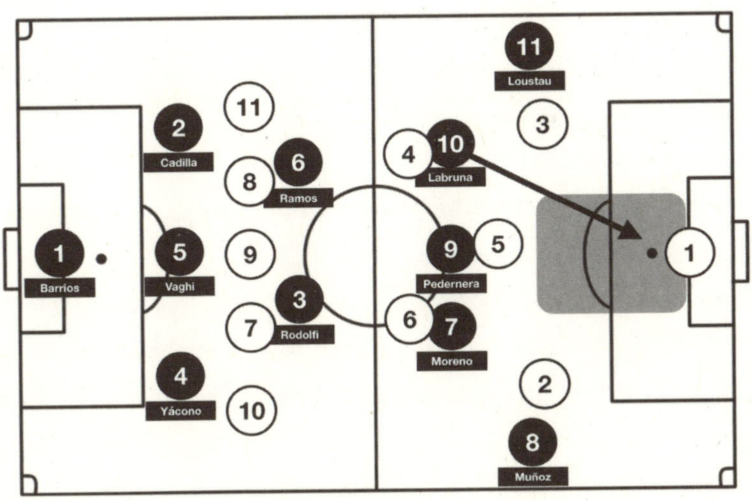

Pizarra 1.8 - Labruna aprovecha el espacio generado

Adolfo Pedernera fue, sin duda, el jugador más emblemático de River Plate. Su debut llegó el domingo 28 de julio de 1935 frente a Ferrocarril Oeste. Sin embargo, no lo hizo en la posición que lo consagraría, sino como extremo izquierdo. El salto al centro del ataque no fue fruto del azar. Como en tantas grandes transformaciones del fútbol, hubo una tercera persona que supo ver antes que nadie lo que otros todavía ni imaginaban. Esa persona fue Carlos Peucelle, el ayudante del entrenador de River en aquella época, Renato Cesarini.

Años más tarde, en concreto en 1967, el propio Pedernera dio la autoría del cambio a Peucelle: «Para mí el que la formó fue Peucelle. Él intervino para que de la punta me pasen adentro. Peucelle fue técnico aún siendo jugador». **Carlos Peucelle** llegó a River en 1931 para jugar como **extremo derecho** y se mantuvo como futbolista hasta 1941. Su mirada del juego bebía del llamado **fútbol criollo**: fútbol de **potrero**, de **toque corto**, **gambeta** y **picardía**, aprendido en baldíos antes que en las academias. En contraste con el molde británico de la época —más rígido y vertical—, Peucelle defendía un juego **combinatorio y libre** que más tarde sería la seña de identidad de La Máquina.

Después de colgar las botas, Peucelle no se alejó de River sino que pasó a ser **ayudante de Renato Cesarini**, el entrenador principal. Desde ese rol, aportó su mirada de formador y su sensibilidad por el juego criollo, e influyó de manera directa en la gran innovación de 1941: posicionar a Pedernera al centro del ataque. No se trataba de improvisar, sino de concebir un nuevo tipo de delantero. No un 9 tanque, sino un **centrodelantero retrasado**, capaz de organizar, atraer marcas y liberar espacios para sus compañeros. Allí nació la semilla del falso 9. Pero La Máquina fue mucho más que un falso 9, eso solo fue la puntita del iceberg. El concepto de movilidad que tenía Pedernera se trasladó a todos los delanteros de River.

Moreno, el socio perfecto de Pedernera

José Manuel Moreno fue el interior derecho de La Máquina, pero no un interior cualquiera. Mientras los de su época se limitaban a pisar el área rival con frecuencia, él prefería el toque, la pausa y la asociación. Su fútbol encontraba sentido en esas combinaciones cortas con Pedernera en la frontal del área, lo que hoy llamaríamos la zona 14, aunque ya explicaré eso más adelante.

Ese estilo, basado en el pase y la paciencia, terminaba por desesperar a las defensas rivales. Cuando los zagueros saltaban a presionar, dejaban descubiertos los espacios que Loustau o Muñoz en las bandas, y Labruna desde el interior izquierdo, se encargaban de castigar. Por eso, más que un simple compañero, Moreno fue el socio ideal de Pedernera: el cómplice perfecto para transformar el ataque en un engranaje imparable.

Labruna, el verdadero 9

Ángel Labruna fue el interior izquierdo de La Máquina, pero su función iba mucho más allá de la etiqueta. Mientras otros interiores se conformaban con ser apoyo en la circulación, él era un depredador con hambre de gol. Labruna sabía cuándo frenar para asociarse y cuándo acelerar para romper líneas. Su instinto lo llevaba a aparecer siempre en el momento justo: llegaba desde atrás, aprovechando los espacios que Pedernera generaba al retrasarse, y convertía esas ventajas en goles.

Si Moreno era el toque elegante, Labruna era la puñalada. Sus diagonales desde la izquierda desarmaban defensas enteras y le daban a River una amenaza constante. El propio Pedernera lo buscaba porque tenía la certeza de que Labruna no fallaría: era el finalizador natural de aquella sinfonía de pases. A menudo se repetía la secuencia de pases entre Moreno y Pedernera mientras que Muñoz y Loustau abrían el campo. En el momento en el que daban tres o cuatro pases entre ellos, los defensas saltaban y ahí Labruna picaba al espacio donde casi siempre recibía un balón en perfectas condiciones de los pies de Moreno o de Pedernera.

Muñoz, el incomodador de defensas

Juan Carlos Muñoz fue el puntero derecho de La Máquina y la pieza que garantizaba amplitud y vértigo. No era solo un extremo de desborde clásico, aunque lo hacía como pocos: también combinaba velocidad, precisión en el centro y una capacidad inagotable para repetir esfuerzos. Su misión era abrir el campo, estirar a las defensas rivales y obligarlas a dividir su atención.

Pero Muñoz no se limitaba a la raya. Cuando Pedernera se retrasaba para organizar y Moreno se asociaba en corto, él entendía el momento exacto para meterse hacia dentro o aparecer en el segundo palo. Esa lectura lo convertía en un delantero mucho más completo de lo que marcaba su posición.

En definitiva, Muñoz era la lanza que mantenía viva la amenaza por el costado derecho. Un jugador generoso, trabajador y al mismo tiempo letal, que hacía de su sociedad con Pedernera una constante fuente de peligro. Sin su desborde, La Máquina no habría tenido el mismo filo en ataque.

Loustau, el pulmón de La Máquina

Félix Loustau fue el extremo izquierdo de La Máquina, el encargado de darle aire y desborde por el otro costado. Zurdo elegante, con cambio de ritmo y regate corto, era capaz de dejar rivales en el camino con una naturalidad asombrosa. Su presencia aseguraba que la defensa contraria nunca pudiera bascular tranquila porque, si cerraban hacia Pedernera o Moreno, Loustau castigaba con su desborde.

Además, Loustau aportaba algo que completaba al resto: el sacrificio defensivo. No dudaba en retrasar su posición para ayudar en defensa, un detalle que mostraba cómo La Máquina no solo brillaba con el balón, sino también sin él. Loustau, con su desequilibrio y compromiso, era la pincelada final de un cuadro ofensivo irrepetible.

Partidos de la delantera (Moreno, Muñoz, Loustau, Pedernera y Labruna)

Cuando estuvieron juntos en el campo, el rendimiento fue de equipo campeón. Ganaron **casi dos de cada tres** partidos y concedieron **un gol por partido**, mientras que marcaron **más del doble**.

Con el quinteto en cancha, River firmó 11G–5E–2P, que se traduce en un 61,1 por ciento de victorias. El promedio queda en 2,11 goles a favor y 1,00 en contra por encuentro disputado, con una diferencia total de +20. Las siguientes tablas lo resumen de un vistazo.

#	FECHA	COMPETICIÓN	RIVAL	ESTADIO	Resultado	Balance	Goles de River
1	28/06/1942	Campeonato 1942	Platense	Monumental	1-0	G	Moreno
2	09/05/1943	Campeonato 1943	Atlanta	Chacarita Juniors	1-3	P	Pedernera
3	13/06/1943	Campeonato 1943	Ferro	Monumental	3-1	G	Pedernera (2), Labruna
4	31/10/1943	Campeonato 1943	Racing Club	Monumental	5-0	G	Moreno, Labruna (3), Pedernera
5	07/11/1943	Campeonato 1943	Rosario Central	Gigante de Arroyito	1-1	E	Labruna
6	14/11/1943	Campeonato 1943	Chacarita Juniors	Monumental	3-0	G	Loustau (2), Labruna
7	21/11/1943	Campeonato 1943	San Lorenzo	Gasómetro	1-1	E	Muñoz
8	16/04/1944	Campeonato 1944	Independiente	Doble Visera	2-2	E	Loustau, Moreno
9	04/06/1944	Campeonato 1944	Racing Club	Monumental	5-1	G	Labruna (4), Moreno
10	11/06/1944	Campeonato 1944	Ferro	Etcheverri	1-1	E	Muñoz
11	18/06/1944	Campeonato 1944	Chacarita Juniors	Monumental	1-0	G	Moreno
12	25/06/1944	Campeonato 1944	Vélez	Amalfitani	2-1	G	Loustau, Moreno
13	02/07/1944	Campeonato 1944	San Lorenzo	Monumental	2-1	G	Labruna, Pedernera
14	11/08/1946	Campeonato 1946	Chacarita Juniors	Monumental	2-1	G	Loustau, Pedernera
15	08/09/1946	Campeonato 1946	Estudiantes	Hirschi	1-0	G	Loustau
16	29/09/1946	Campeonato 1946	Ferro	Monumental	4-1	G	Moreno (2), Labruna, Pedernera
17	10/11/1946	Campeonato 1946	Lanús	Monumental	1-2	P	Moreno
18	17/11/1946	Campeonato 1946	Huracán	Gasómetro	2-2	E	Labruna (2)

Tabla 1.2 - Partidos de la delantera de La Máquina

Partidos	G	E	P	%G	%E	%P	GF	GC	DG	GF/90	GC/90
18	11	5	2	61,1%	27,8%	11,1%	38	18	+20	2,11	1,00

Tabla 1.3 - Promedios de la delantera de La Máquina

Durante su etapa dorada, La Máquina conquistó un total de **10 títulos oficiales**, repartidos entre el ámbito local y el internacional.

- **Primera División:** 1941, 1942, 1945 y 1947.
- **Copa Adrián C. Escobar:** 1941.
- **Copa Ibarguren:** 1941 y 1942.
- **Copa Aldao** (torneo rioplatense frente al campeón uruguayo): 1941, 1945 y 1947.

Este palmarés no solo refleja su dominio en Argentina, sino también la supremacía rioplatense de River frente a los mejores equipos de Uruguay. Entre 1941 y 1947, La Máquina no dejó dudas: era el equipo que marcaba el ritmo del fútbol sudamericano.

Aquel River era tan dominador que hasta su forma de atacar le valió un apodo: *los Caballeros de la Angustia*. Así los bautizó el periodista Américo Barrios en 1945, harto de ver cómo el equipo hilaba toques infinitos, combinaciones exquisitas y jugadas que parecía que nunca iban a terminar en remate.

El público sufría esa espera, con la sensación de que el gol estaba al caer pero se resistía a llegar. Y cuando al final explotaba la red, la angustia se transformaba en alivio y ovación. Era la contradicción perfecta: un equipo brillante que desesperaba a sus propios hinchas con tanta belleza antes de dar la estocada final.

El legado de La Máquina

Lo más curioso —y un poco triste— es que los cinco delanteros míticos de **La Máquina** apenas coincidieron en **18 partidos oficiales**. Sin embargo, la huella que dejaron fue tan profunda que, más de ochenta años después, aún se los recuerda como uno de los ataques más brillantes de la historia. Quizá no alcanzaron la difusión internacional que habrían merecido porque aquellos años coincidieron con la Segunda Guerra Mundial y no hubo Mundiales en los que mostrarle su fútbol al planeta. Pero, aun sin escapar del Río de la Plata, el legado que dejaron cambió para siempre la manera de entender el juego. Si hubiéramos tenido registros completos, retransmisiones televisivas o mundiales disputados, hoy hablaríamos de La Máquina como hablamos del Brasil de Pelé o de la Holanda de Cruyff. Su mayor tragedia es haber nacido demasiado pronto, su mayor gloria es que aun así se convirtió en una leyenda. **La Máquina abrió el camino a Hungría, a Holanda, al fútbol total y a todo lo que vino después. Pero antes, hubo una época oscura en el fútbol: el *catenaccio* italiano.**

EL GRANDE **INTER**

Cuando tenía ocho años, los veranos parecían ser eternos en mi pueblo, Andújar. Para matar el aburrimiento, mi primo y yo pasábamos las mañanas enteras jugando al *Pro Evolution*. Él me sacaba siete años, y esa diferencia, en la infancia, es un mundo. Siempre me ganaba por goleadas que son imposibles de olvidar, 20 a 0, 25 a 1, derrotas que me hacían sentir que nunca podría alcanzarlo.

Un día, con la ingenuidad de un niño que se niega a rendirse, decidí cambiar algo. Siempre elegía el Barcelona, pero en lugar de soñar con las bicicletas de Ronaldinho o las carreras de Eto'o, coloqué un defensa extra por detrás de mis cuatro defensores habituales. Un último hombre que cuidara mi portería.

A base de derrotas había entendido mi papel. Yo era el débil y él, el poderoso. No podía arrebatarle la pelota ni encadenar tres pases seguidos. Lo único que me quedaba era resistir. Y aquel defensa extra se convirtió en mi arma secreta, el recurso del pequeño contra el grande.

Aún perdía, claro, pero ya no me humillaba. Los marcadores

empezaron a acortarse, y por primera vez sentí que había encontrado un refugio.

En aquel momento no lo sabía, pero había llegado a la misma conclusión que Karl Rappan en la Suiza de los años treinta. Había inventado mi propio cerrojo, la estrategia del que acepta ser el débil y decide luchar con las armas que tiene a su alcance.

A los doce años, después de tantas derrotas, llegó el día. Conseguí ganarle a mi primo. Una de esas victorias pequeñas que se sienten gigantes, las que uno guarda para siempre y que algún día les contaré a mis nietos.

Hoy lo miro con nostalgia. El calor del verano, la vieja consola, la inocencia de pensar que un simple ajuste en la alineación podía cambiarlo todo. Eran buenos tiempos.

Suena «Il cielo in una stanza», de Mina.

Empecemos.

Renovarse o morir

Helenio Herrera fue el entrenador del Inter de Milán entre 1960 y 1968. Llegaba procedente del Barcelona, donde había practicado un fútbol de naturaleza ofensiva.

Por esta razón, en sus primeros meses en Italia, *Il Mago*, como lo apodaban, trató de implantar un estilo más propositivo, mucho más cercano a la cultura futbolística española que a la italiana.

Herrera estaba tan convencido de su idea que, nada más aterrizar en Italia, criticó abiertamente el *catenaccio*. En noviembre de 1960, durante una entrevista concedida a *Football Magazine*, suplemento de *France Football*, declaró que defendía a los equipos pequeños que recurrían a ese sistema para evitar el descenso o derrotas abultadas, pero que un aspirante al título no podía jugar al cerrojo, ya que no servía para ganar campeonatos, sino solo para obrar milagros.

Un aspirante al título no puede jugar al cerrojo. Quédate con esta frase, ya que su pensamiento cambió muy pronto. Tan pronto como los resultados dejaron de acompañar.

En la Serie A predominaban los esquemas defensivos y las transiciones rápidas, y esa realidad le obligó a replantearse su idea inicial. En los tramos finales de su primera temporada, 1960-1961, el equipo se desinfló y encadenó cuatro derrotas consecutivas entre marzo y abril.

Algunas fuentes aseguran que Angelo Moratti, presidente del Inter en aquel momento, llegó a plantearse la destitución de Herrera. No era una hipótesis descabellada, ya que el Inter había liderado la clasificación durante buena parte del campeonato, pero en la jornada 24, tras caer ante el Padova, acumuló su segunda derrota consecutiva y perdió el primer puesto.

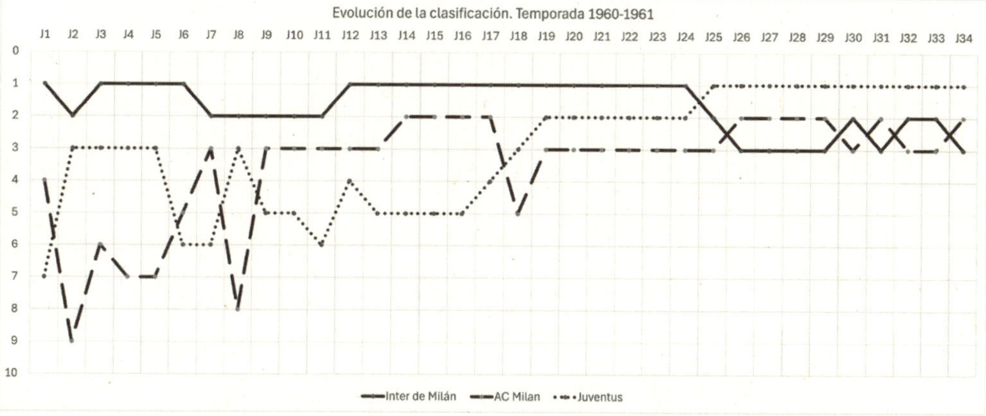

Gráfico 2.1 – Evolución de la clasificación – Temporada 1960-1961

A partir de ese momento todo cambió, ya que Herrera abandonó el fútbol ofensivo de sus inicios y se inclinó hacia un enfoque mucho más pragmático en el que lo primero eran los resultados, y en el fútbol italiano ningún sistema representaba mejor ese pragmatismo que el *catenaccio*.

Sandro Mazzola, emblema de aquel equipo, lo explicó años más tarde en una entrevista con Marco Ruiz para el diario *AS*. Cuando le preguntaron si Herrera había sido el que había inventado el *catenaccio*, respondió con rotundidad y firmeza que no. Según sus palabras: «Error. Él quiso jugar un 4-2-4 en el Inter. Ganó los tres primeros partidos por seis goles. Al cuarto se enfrentó al Padova de Nereo Rocco, que sí jugaba al *catenaccio*, y perdió».

Herrera entendió pronto que, si no se adaptaba, estaba decididamente condenado al fracaso. Quizá, de haber insistido en la vía ofensiva y si los resultados no lo hubieran acompañado, *Il Mago* nunca habría pasado a la historia, o al menos no de la mano del Inter.

Las palabras de Mazzola permiten concluir que Herrera antepuso la victoria al estilo. A partir de ahí se abre una reflexión muy interesante en el árbol genealógico de los entrenadores, porque algunos permanecen fieles a sus ideas incluso a costa de perder, mientras que otros están dispuestos a sacrificar cualquier convicción con tal de ganar.

Ahora bien, lo más llamativo de aquella entrevista no fue solo la negativa a atribuirle la invención del *catenaccio*. Lo más interesante fue el relato de cómo se produjo en realidad la transición hacia ese sistema.

Mazzola recordaría que, tras el primer gol, Armando Picchi impuso un cambio en pleno partido y le ordenó a Valeri: «Ahora tú te pones de líbero por detrás de la defensa». Picchi no era un defensa cualquiera. Era el capitán del Inter, un hombre sereno, capaz de imponer orden con la mirada. Había llegado desde la SPAL como lateral derecho, pero su inteligencia táctica y su lectura del juego lo convertirían en el cerebro defensivo que el Inter necesitaba.

Aquel movimiento improvisado se convertiría en una revolución. Desde ese día, Herrera comprendió que el fútbol italiano necesitaba un hombre libre, un líbero que vigilara la espalda de todos y corrigiera los errores de los demás.

Valeri actuó como líbero de emergencia aquel día, pero quien acabaría asumiendo ese papel de forma definitiva fue el propio Picchi. Además, no solo barría los ataques rivales, sino que también iniciaba las contras con pases precisos hacia Suárez o Mazzola. Así nació el Inter de los cerrojos perfectos y los contragolpes letales. Y así, casi sin pretenderlo, Picchi encarnó la transición del defensa marcador al organizador en la sombra.

Un momento, Pedro, ¿me estás diciendo que un futbolista fue quien tomó la decisión de usar un líbero en el Inter y no fue el entrenador? Pues según Mazzola, sí: Armando Picchi tomó la decisión de posicionarse por detrás de la zaga para dejar de perder partidos.

Sin embargo, ni Helenio Herrera ni Armando Pichi fueron los inventores del *catenaccio*. De hecho, el propio *catenaccio* tiene un papá y es de origen suizo.

David contra Goliat: El origen del *catenaccio*

El *catenaccio* tiene su origen directo en el *Verrou* —o cerrojo— ideado por Karl Rappan en los años treinta. Este sistema nació de

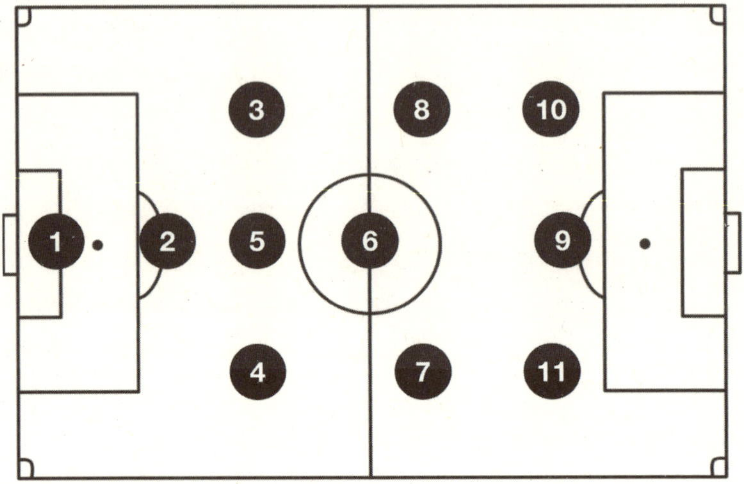

Pizarra 2.1 - Sistema Verrou - Karl Rappan (1-3-3-3)

la necesidad del débil para competir contra el fuerte. La idea consistía en situar a un jugador por detrás de la línea defensiva, configurando un esquema cercano al 1-3-3-3, con tres delanteros, tres centrocampistas, tres defensores y un hombre libre por detrás de ellos.

La clave del sistema residía en ese jugador retrasado, que no tenía asignado el marcaje de ningún rival. Mientras los tres zagueros seguían a sus delanteros en duelos individuales —recordemos que en aquella época el sistema más extendido era el WM, una especie de 3-2-2-3—, este futbolista quedaba liberado de marcas.

Su única misión era «barrer» cualquier balón que superase la línea defensiva. Así, el atacante que lograba deshacerse de su marcador encontraba inmediatamente un segundo obstáculo, lo que otorgaba mayor solidez al bloque. De este modo, la falta de calidad individual quedaba compensada con el trabajo colectivo.

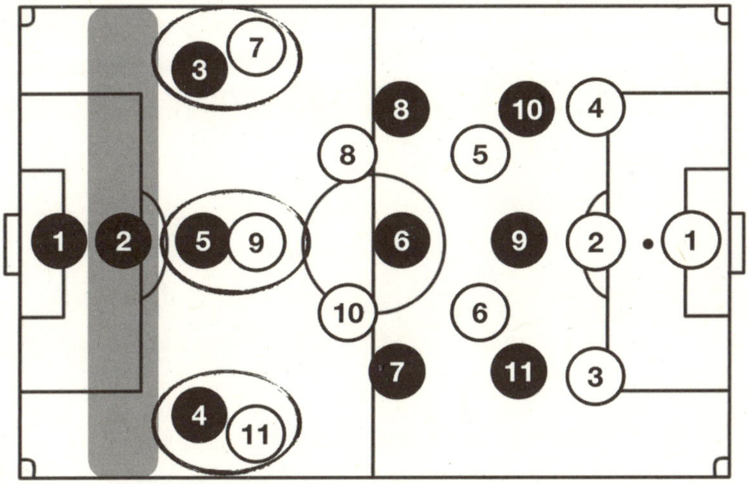

Pizarra 2.2 - Verrou versus Sistema WM

El *Verrou* alcanzó su momento de mayor esplendor en los octavos de final del Mundial de 1938 frente a Alemania. El primer encuentro terminó 1-1 y en el desempate Suiza se impuso por 4-2. En ese partido, los alemanes llegaron a adelantarse por 0-2, pero los suizos remontaron gracias a la segunda gran virtud del sistema: el contraataque.

Si la primera ventaja del cerrojo era la seguridad defensiva al contar con un hombre libre, la segunda era la capacidad para castigar los espacios que dejaba el rival. Como Suiza se replegaba cerca de su portería y cedía la posesión, los alemanes jugaban constantemente en campo contrario, dejando cuarenta metros a sus espaldas. Cada recuperación se convertía en una ocasión para lanzar un contraataque vertical que explotaba esos huecos.

Así pues, podemos afirmar que ni el *Verrou* ni el posterior *catenaccio* eran sistemas puramente defensivos. Su esencia radicaba en priorizar el colectivo por encima de las individualidades, con el objetivo de resistir a los grandes y atacar con rapidez una vez recuperada la pelota.

La modesta Suiza alcanzó los cuartos de final del Mundial, cuando la eliminó la legendaria Hungría. Sin embargo, el mérito de haber conseguido derrotar a Alemania —que contaba con figuras de primer nivel— otorgó al *Verrou* un prestigio inesperado y lo consolidó como un modelo para aquellos equipos que necesitaban enfrentarse a las superpotencias desde la inferioridad.

En la Italia de posguerra aparecieron herederos directos del *Verrou* suizo de Karl Rappan. En 1944, Ottavio Barbieri aplicó el *mezzo-sistema* con **La Spezia**, que ganó el «campeonato de guerra». Años después, en 1947-1948, Gipo Viani desarrolló la *Vianema* en la Salernitana, modificando la posición del delantero centro para liberar al defensor, y consiguió el ascenso a la Serie A como campeón de la Serie B.

Como puedes observar, en sus primeros años, estos sistemas solo los emplearon equipos modestos, ya que el cerrojo se había popularizado como el recurso propio de quienes necesitaban obrar un milagro frente a los grandes. Para los clubes de élite, recurrir a este tipo de planteamientos era casi un motivo de burla y de crítica, de modo que su uso quedó relegado durante un tiempo a los conjuntos de menor nivel.

El primero en romper con los estereotipos fue Nereo Rocco. En 1947, al frente de la modesta Triestina, decidió retirar un atacante para reforzar la zaga con un hombre libre. Contra todo pronóstico, su equipo terminó subcampeón de la Serie A 1947-1948, solo por detrás del Torino de los invencibles y empatado a puntos con el Milan y la Juventus. Era la primera vez que un «cerrojo» italiano competía por el título contra los grandes.

Aquel éxito aislado abrió una grieta en el prejuicio. Lo que hasta entonces se había tachado de ultradefensivo empezó a verse como un recurso válido también en la élite. Una década más tarde, Rocco consolidaría su idea en el Milan con Cesare Maldini como el líbero que conquistó el Scudetto en 1962 y la Copa de Europa en 1963. Con esa victoria en Wembley ante el Benfica, el *catenaccio* ya no era un invento de equipos pequeños, sino un modelo capaz de llevar a un grande de Italia a la cima continental.

La legitimación de Rocco fue decisiva para que, poco después, Helenio Herrera llevase al Inter a perfeccionar el sistema. Pero antes de comprender cómo funcionaba aquel engranaje, conviene detenernos en la figura que lo hacía posible: el líbero.

El origen del líbero

En Italia esta figura se popularizó con el nombre de *uomo libero*, el hombre libre, y de ahí surgió la denominación de **líbero**. Sin embargo, la primera vez que se tiene constancia de un equipo que utilizase un defensor con funciones equivalentes fue en 1925 con el uruguayo **José Nasazzi**. En aquel tiempo no existía un término específico para definirlo, porque los entrenadores y jugadores estaban más preocupados por resolver los problemas inmediatos del juego que por bautizar conceptos tácticos.

Uruguay, como casi todo el mundo en los años veinte, utilizaba la pirámide (2-3-5). La variación que introdujo la Celeste consistía en que Nasazzi, zaguero derecho, se colocaba ligeramente más retrasado que su compañero Pedro Arispe, zaguero izquierdo. De este modo, el equipo configuraba en defensa un **1-2-2-5**, con Nasazzi como último hombre dentro del área.

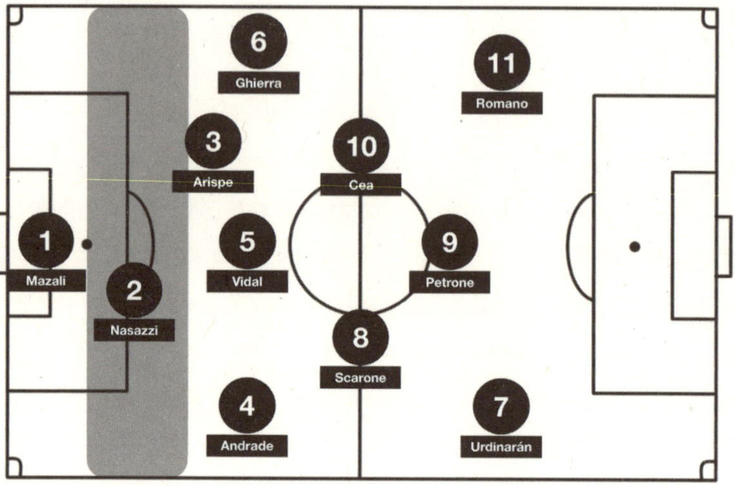

Pizarra 2.3 - Formación de Uruguay en los años veinte

Si uno repasa las crónicas de la época, descubre que destacan que apenas abandonaba esa zona, y esto sugiere que su función era esencialmente defensiva. Su papel coincidía de lleno con la idea que años más tarde desarrollaría Karl Rappan en Suiza, es decir, disponer de un «coche escoba» encargado de barrer cualquier balón que superase la primera línea de marcadores.

Además, conviene recordar que hasta 1925 la regla del fuera de juego exigía la presencia de al menos **tres jugadores** —incluido el portero— entre el atacante y la portería. Eso permitía que Arispe jugara más adelantado, lo que provocaba con frecuencia el *off-side* rival.

Cuando esa trampa no funcionaba, siempre quedaba Nasazzi, retrasado y preparado para salir de su área con el fin de neutralizar la jugada.

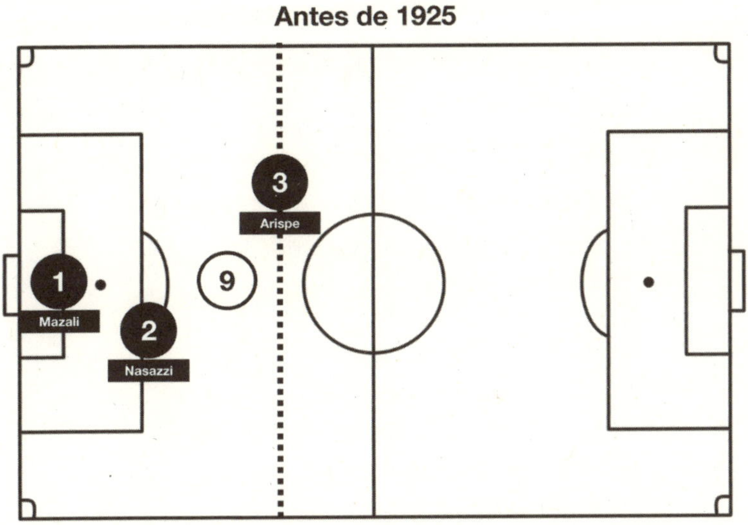

Pizarra 2.4 - Regla del fuera de juego antes de 1925

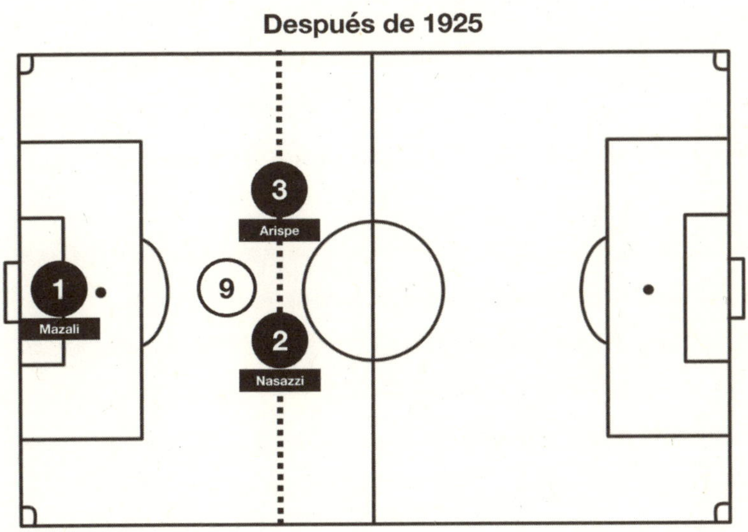

Pizarra 2.5 - Regla del fuera de juego a partir de 1925

Tras la modificación de la norma en 1925, que redujo a **dos rivales** la condición para habilitar a un atacante, la pirámide 2-3-5 perdió efectividad y dio paso de manera progresiva a la WM (como hemos visto en el capítulo anterior). Sin embargo, el ejemplo de Nasazzi quedó como un antecedente claro. Fue un zaguero que actuaba por detrás de la defensa, sin marca fija y con funciones de cobertura, desempeñando de hecho lo que más tarde se llamaría **líbero.**

Los roles: Del coche escoba al perro de presa

El *catenaccio* perfeccionado por Helenio Herrera no puede entenderse sin las piezas que lo hicieron posible, es decir, sus futbolistas. Durante décadas se ha repetido que este sistema era ultradefensivo y a menudo lo llamaban el «antifútbol». Sin embargo, cuando se aplica con los intérpretes adecuados, se transforma en un sistema letal, y aquel Inter de los años sesenta lo demostró con creces.

El Inter era un equipo tan defensivo que en estas cinco temporadas (1962-1967), superó los **50 goles en liga**, con picos de **68 y 70**, registros que lo situaban al nivel de los equipos más ofensivos de la Serie A de la época.

Para entender cómo el *catenaccio* logró imponerse ante equipos legendarios como el Real Madrid de Di Stéfano y el Benfica de Eusébio, es necesario analizar las figuras clave del Inter de los años sesenta.

Picchi, el Beckenbauer italiano

Armando Picchi era el líbero de aquel Inter. Su función era la de «último hombre», es decir, barrer cualquier balón que superase a los marcadores y dar coberturas constantes. Pero, además, tenía una función extra bastante poco usual en los líberos de la época, y era el de iniciar las jugadas.

Cuando el Inter recuperaba el balón, automáticamente Picchi iniciaba la jugada conectando directamente con Luis Suárez o mandando un balón largo para armar un contraataque con Facchetti, Corso o Jair.

Aunque se conoce a Beckenbauer como el líbero clásico, Picchi fue un pionero en combinar defensa e inicio de jugadas desde esa posición.

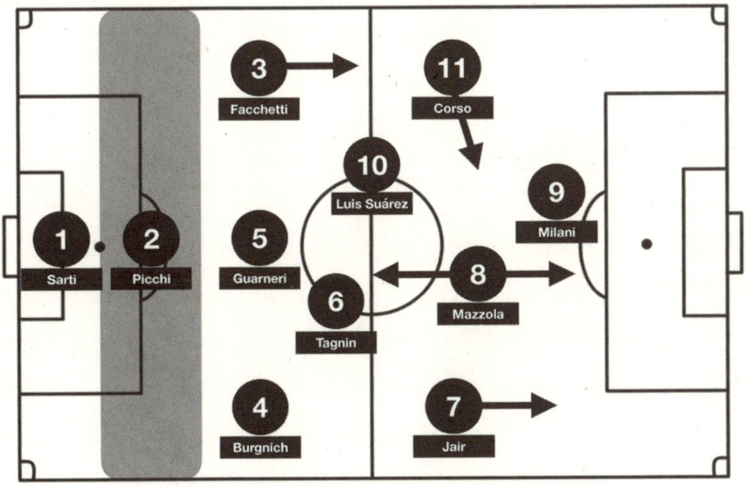

Pizarra 2.6 - Inter de Milán 1964

La revolución de los laterales

A Giacinto Facchetti se lo considera uno de los primeros laterales modernos que revolucionaron su posición. Jugaba como lateral izquierdo. Era físicamente alto, veloz y con olfato goleador (llegó a marcar 76 goles con el Inter).

Bajo la dirección de Helenio Herrera era habitual que subiera y bajara por la banda. Su capacidad física le permitía, en numerosas ocasiones, iniciar jugadas desde su propio campo. Tras la recuperación del balón por parte del Inter, Picchi encabezaba el contragolpe y Facchetti se encargaba de finalizarlo en multitud de ocasiones.

La influencia que ejercía Facchetti en el Inter fue de tal magnitud que llegó a quedar segundo en la votación del Balón de Oro de 1965. Algo bastante raro de ver en un defensor de aquella época.

El arquitecto del Inter

Luis Suárez llegó del Barcelona junto con Helenio Herrera y se asentó como mediocentro organizador. Cuando el Inter defendía, su misión era entorpecer los avances del rival, pero su papel principal estaba en los contraataques. Era el eje central para mover el balón de izquierda a derecha. A menudo recibía un primer pase de Picchi y lanzaba diagonales precisas a los extremos Corso o Jair.

El todoterreno

Sandro Mazzola fue uno de los futbolistas más célebres de aquel Inter. Podríamos decir que partía como mediapunta o interior derecho.

Su cualidad era la de llegar desde segunda línea. De los tres centrocampistas, era el que se descolgaba y se lanzaba al ataque para finalizar las jugadas con los delanteros. Mientras el delantero centro arrastraba a los rivales, él aparecía en los huecos generados.

El *jogo bonito* en el *catenaccio*

Jair da Costa jugaba como extremo derecho fijo en el Inter, mientras que Corso arrancaba desde la izquierda y se centraba, lo que permitía a Facchetti ocupar toda esa banda.

Mientras que Jair era velocidad y desborde puro, Corso tenía una zurda prodigiosa y se encargaba de lanzar las faltas del Inter.

El perro de presa

Carlo Tagnin cumplía un rol clave en el Inter al marcar individualmente al rival más creativo. En la final de la Copa de Europa de 1964, su papel fue clave, ya que anuló al mismísimo Alfredo Di Stéfano.

El reinado del Inter de Helenio Herrera

Aquella derrota ante el Padova supuso un punto de inflexión. Tanto si fue el propio Picchi quien decidió pasar a jugar como líbero como si se lo ordenó Helenio Herrera, lo cierto es que fue la decisión que permitió que aquel Inter pasara a los libros de historia.

A partir de esa derrota, el Inter pasaría a jugar al *catenaccio* en un 1-3-3-3, la misma formación que el *Verrou* de Rappan, aunque sus intérpretes hicieron del cerrojo su evolución natural.

Picchi actuaba como coche escoba, mientras Facchetti, Guarneri y Burgnich marcaban a los tres delanteros rivales. De esta forma, a menudo Tagnin se quedaba con el jugador más creativo, mientras que Corso y Jair cubrían las bandas a la espera de que Armando Picchi o Luis Suárez iniciaran un contraataque.

Con este esquema, el Inter ganó el Scudetto en la temporada 1962-1963, pero la presentación del *catenaccio* al mundo fue en la final de la Copa de Europa de 1964 ante el todopoderoso Real Madrid de Alfredo Di Stéfano, Puskás y Gento.

El ocaso del Real Madrid de Di Stéfano

El 27 de mayo de 1964, en Viena, se disputó la final de la Copa de Europa, que enfrentaba al Inter de Milán con un Real Madrid veterano que aún contaba con leyendas como Di Stéfano, Puskás y Gento.

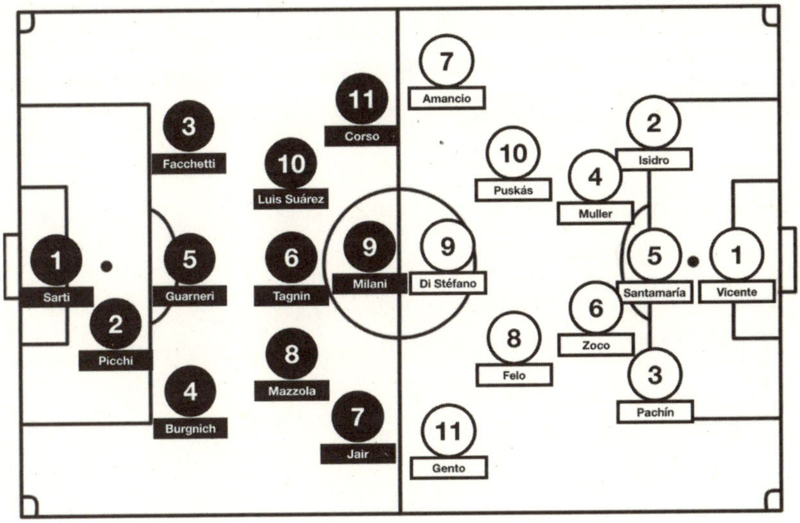

Pizarra 2.7 - Inter de Milán versus Real Madrid - Final Copa de Europa 1964

El Inter de Helenio Herrera llegó con un plan perfectamente diseñado. La propuesta se basaba en aplicar marcajes individuales y replegarse en bloque bajo, esperando al Real Madrid para golpear después al contragolpe. Burgnich se encargó de frenar a Paco Gento, mientras que Picchi actuó como «coche escoba» por detrás de la zaga. Tagnin, por su parte, persiguió sin descanso a Alfredo Di Stéfano, el cerebro de los blancos, con lo que neutralizó el primer eslabón del circuito de pases madridista.

Durante toda la primera parte, el Real Madrid se estrelló una y otra vez contra un muro infranqueable. Y, cuando lograba romperlo, aparecía Picchi para cortar cualquier tipo de peligro.

De esta forma, en el minuto 43 llegó la recompensa con un disparo de Mazzola desde la frontal tras combinar con Corso por la izquierda: era el 1-0. Pero lo interesante vendría en la segunda parte.

En el minuto 61, tras una recuperación en defensa, Sarti sacó rápido e inició un contraataque letal que culminó Milani con el 2-0. El Madrid reaccionó en el 70 con un gol acrobático de Felo tras un córner.

En ese tramo, la figura de Armando Picchi resultó decisiva. En el minuto 74 salvó el empate con un despeje bajo palos, demostración de que su papel no consistía en marcar a un hombre concreto sino también en anticipar y cubrir las zonas de mayor riesgo.

Apenas unos minutos después, el Inter sentenció. En el 77, con el Real Madrid volcado al ataque, Sarti volvió a iniciar una transición rápida y Mazzola aprovechó los espacios para firmar el tercer gol. Con ese tanto quedó rubricado un triunfo que no solo le dio al Inter su primera Copa de Europa, sino que también mandó un mensaje al mundo. La disciplina defensiva y el *catenaccio* podían ser la base de un equipo de élite y no solo el recurso de los modestos.

Aquel encuentro también significó el final de una era. Fue la última aparición de Alfredo Di Stéfano con la camiseta blanca. Muchos interpretaron que la imposibilidad de superar el muro defensivo de Herrera precipitó su salida, aunque también influyó el que, con treinta y ocho años, el mito argentino estaba ya en la recta final de su carrera y el Real Madrid necesitaba iniciar una profunda renovación tras su gloriosa década de los cincuenta.

La consagración del *catenaccio*

El 27 de mayo de 1965, Milán fue un aguacero. En un San Siro encharcado, el Inter de Helenio Herrera defendía su corona ante el Benfica de Eusébio, un jugador con una técnica exquisita que, sin embargo, vio neutralizadas muchas de sus virtudes por el estado del campo. El contexto favorecía a un equipo con disciplina defensiva, y precisamente esto benefició en cierto modo al Inter.

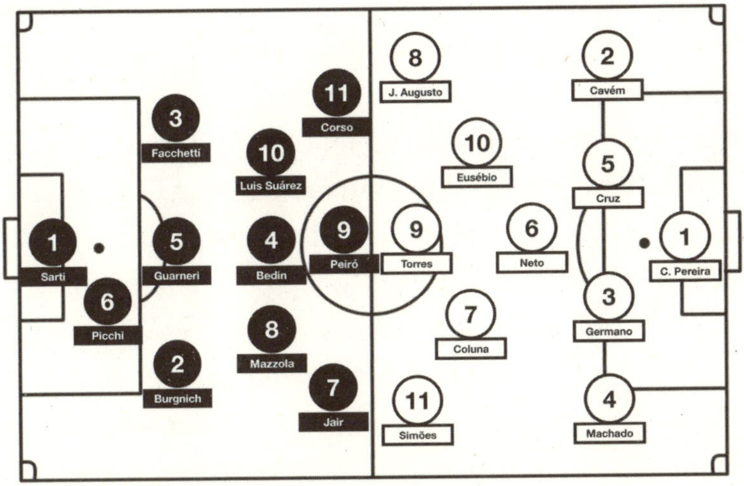

Pizarra 2.8 - Inter de Milán versus Benfica - Final Copa de Europa 1965

Herrera repitió su libreto, aunque con un ligero cambio: sustituir a Tagnin por Bedin. De este modo, **Picchi** asumió el papel de líbero, siempre un paso por detrás para barrer y ordenar, mientras **Burgnich** y **Guarneri** marcaban al hombre en su propia área. En el medio, **Luis Suárez** marcaba el compás y **Mario Corso** administraba las pausas.

El mismo papel que había llevado a cabo Tagnin con Di Stéfano un año antes le correspondió ahora a **Gianfranco Bedin,** que debía marcar a **Eusébio** por todo el campo, reduciendo así su radio de acción y, por tanto, su influencia para decidir los partidos.

Durante gran parte de la primera mitad, a la pelota le costaba rodar sobre el campo cubierto de lodo, pero la jugada decisiva llegó **al filo del descanso. Facchetti** envió un pase en largo hacia la banda derecha, donde **Mazzola** y **Corso** tejieron una pared para que **Jair** culminase el único gol de la noche. Su disparo raso no llevaba excesivo peligro, pero el balón se le escurrió al meta del Benfica, Costa Pereira.

Sin duda, este partido demostró que el *catenaccio* se veía beneficiado en condiciones que impedían un juego fluido: quedaba claro que este sistema era pragmático y resultadista por encima de otros.

La segunda parte fue más cómoda para el Inter. Con el resultado a favor y las condiciones meteorológicas que impedían que el balón circulase con fluidez, los italianos se echaron más atrás que nunca y resistieron el ataque de los portugueses.

Además, **Costa Pereira**, portero del Benfica, se lesionó y, como el reglamento de la **Copa de Europa** aún no permitía sustituciones, **Germano, que era el central,** tuvo que ponerse bajo palos, por lo que el Benfica terminó con diez jugadores sobre el campo.

Aquel 1-0 **cerró el círculo**. Del golpe de autoridad en Viena 1964 al **bicampeonato europeo** en 1965. Más que un título, fue la **validación** de algo que ya se discutía desde la posguerra: el *catenaccio* podía servir como modelo para los equipos de élite, no solo como salvavidas de los modestos. Ahora el *catenaccio* era sinónimo de títulos y no motivo de vergüenza.

El legado del *catenaccio*

El *catenaccio* italiano, tal y como lo conocimos en sus orígenes, pertenece ya al pasado. Con el paso del tiempo y los cambios en la regla del fuera de juego, el líbero dejó de ser un recurso brillante para convertirse en un lastre. Lo que antes era ventaja, hoy sería una gran debilidad. Sin embargo, aunque la figura del líbero se haya extinguido, su espíritu aún late en el fútbol moderno. Lo encontramos en centrales con salida limpia de balón como Bonucci, en mediocentros que se incrustan entre defensores como Sergio Busquets, o en porteros valientes que abandonan su área para anticipar balones, como Manuel Neuer.

Esa huella se percibe también en equipos contemporáneos que han bebido de la esencia del *catenaccio*. El Atlético de Madrid del Cholo Simeone convirtió la disciplina defensiva en una forma de vida. El Inter de Milán de José Mourinho heredó los contraataques fulminantes que décadas antes habían asombrado al mundo con Helenio Herrera. Y, aunque hoy la defensa se organice en zona y no en marcajes individuales, el eco de aquel cerrojo todavía resuena en cada repliegue y en cada transición veloz.

Y por supuesto, aún es el recurso de los débiles para luchar contra los poderosos. Los vemos a menudo en ligas domésticas en las que equipos como el Barcelona o el Real Madrid se enfrentan a bloques muy cerrados en 5-4-1 o 5-3-2 y a veces el equipo *a priori* más débil consigue un empate o incluso una victoria.

Sin embargo, la historia del fútbol siempre nos recuerda que todo sistema hegemónico encuentra su antídoto. A veces aparece de manera natural, como el *catenaccio* para frenar la WM, otras veces se busca de manera obsesiva como hizo Mourinho con el Barcelona de Guardiola. El *catenaccio* no fue la excepción. Su respuesta nació cuando alguien decidió liberarse de los prejuicios y cuestionar todas las certezas establecidas.

En los años setenta, el fútbol se miró en el espejo y decidió reinventarse. Los viejos dogmas se tambalearon y cada concepto fue sometido a examen. En ese contexto irrumpió una revolución que cambió el juego para siempre. Y si queremos entender por qué el *catenaccio* desapareció, tenemos que detenernos en la obra de un hombre: Rinus Michels.

LA NARANJA **MECÁNICA**

La primera vez que oí hablar de la Naranja Mecánica fue en la huerta de mi tío; yo tendría unos doce o trece años. Él me contó la historia de un equipo que no perdía el balón, que tenía una pegada descomunal, que defendía como nadie y en el que, en definitiva, todos jugaban como si fueran máquinas. Recuerdo que aquella charla surgió porque yo sostenía, con la seguridad propia de un adolescente, que el Barcelona de Guardiola había sido el mejor equipo de la historia.

Le pregunté cuántos títulos habían ganado. Él bajó la mirada y me dijo, con un tono de resignación, que ninguno. Ni el Mundial del 74 en Alemania, ni el del 78 en Argentina. Lo dijo con la tristeza de quien, muchos años después, todavía intenta comprender cómo una selección capaz de maravillar al mundo no llegó a coronarse campeona.

Hoy entiendo que aquella fue una mala pregunta. Quise validar sus palabras con un dato tangible, como si las emociones que despertaba aquella selección dependieran de un palmarés. Era la mentalidad del «si no ganas, no existes» que repetimos incluso de adultos. Con el tiempo he comprendido que ganar y pasar a la historia no siempre van de la mano. Puedes levantar trofeos y que nadie te recuerde, o puedes perder y, aun así, cambiar el fútbol para siempre.

Escribo esto después de volver a analizar, muchos años después, los siete partidos que Países Bajos disputó en el Mundial del 74. Quiero contarte cómo este equipo cambió la historia del fútbol y por qué no logró ganar aquella final contra Alemania. Lo haré como si se lo estuviera contando a mi tío, porque sé que, en algún momento, cuando deje de plantar patatas en la huerta, leerá este capítulo.

Suena «Glory Days», de Bruce Springsteen. Empecemos.

El laboratorio de pruebas: El Ajax de los años sesenta

El 22 de enero de 1965, Rinus Michels asumió el cargo como entrenador del Ajax, un equipo que luchaba por no descender.

En apenas unas temporadas, Rinus Michels transformó el Ajax. No solo lo llevó a conquistar varias ligas, sino que además lo convirtió en un aspirante serio a los títulos europeos. Desde la campaña 1965-1966, el equipo encadenó tres Eredivisie consecutivas, fue subcampeón en las temporadas 1968-1969 y 1970-1971, y volvió a levantar el título en la 1969-1970.

En resumen, el Ajax de Michels pasó de luchar por la permanencia a ganar tres ligas en seis años. Y como colofón, en su última temporada, la 1970-1971, conquistó la Copa de Europa. Fue la primera de las tres consecutivas que completaría Ștefan Kovács tras la marcha de Michels.

Pos.	Equipo	Pts.	PJ	G	E	P	GF	GC	Dif.
1	Feyenoord Róterdam (C)	45	30	21	3	6	77	30	47
2	DWS/A	40	30	15	10	5	55	28	27
3	ADO Den Haag	33	30	13	7	10	37	32	5
4	PSV Eindhoven	33	30	13	7	10	48	45	3
5	Sparta Róterdam	31	30	11	9	10	39	40	-1
6	Fortuna 54	31	30	13	5	12	44	49	-5
7	SC Enschede[a]	30	30	9	12	9	33	37	-4
8	MW Maastricht	29	30	11	7	12	41	51	-10
9	Heracles Almelo	29	30	11	7	12	36	52	-16
10	Telstar	28	30	9	10	11	31	36	-5
11	Go Ahead	27	30	8	11	11	36	36	0
12	DOS Utrecht	27	30	8	11	11	43	52	-9
13	AFC Ajax	26	30	9	8	13	52	51	1
14	GVAV	26	30	8	10	12	39	47	-8
15	Sittardia (D)	23	30	8	7	15	36	46	-10
16	NAC Breda (D)	22	30	7	8	15	34	49	-15

Tabla 3.1 - Eredivisie Temporada 1964-1965

El éxito de este equipo nació de una revolución táctica que rompió de lleno con las ideas tradicionales. Antes de Michels, cada jugador tenía un papel rígido. Se pensaba que el defensor solo defendía y el delantero solo atacaba.

Con Rinus Michels todo cambió. Todos atacaban y todos defendían. Las posiciones ya no eran propiedad de un jugador, sino que eran los jugadores quienes pertenecían a las posiciones. Lo importante era ocupar todos los espacios del campo; quién lo hiciera en cada momento era secundario.

La pregunta es inevitable: ¿por qué Michels llegó a esta conclusión?

Yo también me hice esta pregunta, y es que toda evolución

nace de la necesidad de superar un obstáculo. En este caso, el obstáculo eran las defensas cerradas. El *catenaccio*.

El fin del *catenaccio*

El *catenaccio* italiano dominaba Europa en los años sesenta. Como vimos en el capítulo anterior, se basaba en marcajes individuales y en un líbero por detrás de la defensa para barrer cualquier balón filtrado.

Con este estilo de juego, Italia ganó la Eurocopa de 1968 y jugó la final del Mundial de 1970 con un fútbol eminentemente defensivo. En cuanto a clubes, el ultradefensivo Milan de Nereo Rocco derrotó en la final de la Copa de Europa de 1969 a un Ajax tácticamente aún precoz.

Tras aquella derrota, Michels podría haberse rendido y aceptar el reinado del *catenaccio* que se imponía desde hacía más de una década. Pero en vez de renunciar a sus ideas, las llevó al extremo. En la liga neerlandesa el Ajax ya dominaba, pero el verdadero reto estaba en Europa. Y, para romper el cerrojo italiano, había que hacer todo lo contrario y desafiar los estándares.

El Ajax de Rinus Michels, en lugar de marcar al hombre, defendería en zona. En vez de esperar cerca de su área, presionaría en campo rival. En vez de cerrarse, abriría el campo al máximo con extremos. Si los centrales italianos estaban acostumbrados a pasar noventa minutos persiguiendo al mismo delantero, ahora ese delantero abandonaría su zona, lo que obligaría a los defensas a perder la referencia.

Desgranaremos los porqués de cada decisión a lo largo del capítulo, pero de momento te pido que te quedes con eso: el Ajax haría exactamente lo contrario a lo que hacía el *catenaccio*.

En la final de la Copa de Europa de 1972 se puso punto final al reinado del *catenaccio*. Michels ya no estaba en el banquillo —había dejado el Ajax un año antes, tras conquistar la primera de las tres Copas de Europa consecutivas—, pero «El General» había dejado un estilo grabado a fuego que su sucesor, Ştefan Kovács, mantuvo intacto.

El rival era el Inter, heredero directo de la gloriosa era de Helenio Herrera, el gran maestro del *catenaccio*. A Gabriele Oriali le tocó la misión de marcar a Johan Cruyff. Desde los primeros minutos se vio que no sería tarea fácil, ya que Cruyff abandonaba la zona de delantero centro para bajar a recibir y organizar el juego. Oriali lo seguía, pero caía una y otra vez en la trampa: las constantes permutas de posición generaban superioridad numérica y descolocaban por completo a la defensa italiana, que ya no sabía a quién marcar.

Ese 31 de mayo de 1972, Cruyff firmó dos goles. El primero, en el minuto 47, llegó tras un fallo en la salida del portero Bordon. El segundo, en el 76, después de un saque de esquina. Ambos de cabeza, como si fuera un delantero centro clásico. Esa noche, Cruyff fue centrocampista para hipnotizar al Inter y delantero para sentenciarlo.

Lo más importante de aquella victoria no fue levantar la Copa de Europa, sino conquistar la autoridad y el reconocimiento de que el modelo ofensivo de Michels funcionaba y podía dar títulos. La final de 1969 ante el Milan había sido un jarro de agua fría para la filosofía del fútbol total, reforzando la idea de que replegarse en un 5-4-1 y salir al contragolpe era la fórmula más efectiva para ganar.

Pero en el fútbol no existen sistemas perfectos: todos tienen sus grietas. Y ahora había nacido una forma distinta de entender el juego, capaz no solo de tumbar el *catenaccio* italiano, sino también de enamorar al espectador. Un fútbol más vistoso y dinámico que hacía que el Ajax fuese un equipo muy querido por los aficionados en Europa.

Pero el verdadero estallido llegaría en el Mundial de 1974, en Alemania. Era la ocasión perfecta para mostrarle al planeta que Países Bajos tenía un modelo que no solo era un placer de ver, sino que también traía victorias.

Bienvenido al fútbol total

En enero de 1974, Rinus Michels se incorporó a la selección neerlandesa como supervisor y, poco después, asumió el cargo de seleccionador tras la marcha de Fadrhonc. Venía de dirigir a un Ajax que acababa de hacer historia, conquistando títulos y marcando una época gracias a la filosofía del fútbol total que él mismo había implantado junto a una generación de oro. Ese palmarés le daba todo el crédito necesario para imponer su estilo también en la selección.

Y es que, como me gusta decir, esa fue solo la punta del iceberg. De la selección neerlandesa de 1974 suele repetirse que «todos atacaban y todos defendían», ejerciendo una presión asfixiante sobre el rival. El equipo estaba tan perfectamente sincronizado que parecía una máquina. De ahí el apodo de la Naranja Mecánica, por el color de su camiseta y por unos automatismos más propios de una maquinaria perfecta que de un equipo humano de la época.

Antes de entrar a analizar a los jugadores y los partidos de

Holanda, te muestro la línea temporal de los hechos que hemos comentado para que te sitúes en el tiempo. También te explicaré brevemente cómo era el formato del Mundial por aquel entonces, pues había algunas diferencias respecto al actual. Con este mapa y esta brújula, comprenderás algunas decisiones que se tomaron durante el Mundial.

1965	· Rinus Michels ficha por el Ajax, que lucha por no descender
1966-1968	· El Ajax gana tres Eredivisie seguidas
1969	· El Ajax pierde ante el Milan la Copa de Europa de 1969 · El Ajax, subcampeón de la Eredivisie · El fútbol total genera dudas en Europa
1970	· El Ajax campeón de la Eredivisie · En la liga doméstica no hay dudas de que el modelo funciona
1971	· El Ajax gana la Copa de Europa ante el Panathinaikós · Subcampeón de la Eredivisie · Rinus Michels se va ese mismo año
1972	· Fin del *catenaccio* · El Ajax gana la Copa de Europa ante el Inter de Milán, el mayor exponente del fútbol ultradefensivo
1973	· El Ajax gana su tercera Copa de Europa seguida ante la Juventus · Ya no hay dudas de que el modelo de juego funciona y da títulos
1974	· Rinus Michels es seleccionador de Países Bajos · El modelo se exporta al mundo entero

Tabla 3.2 - Línea temporal 1965-1974

Cómo funcionaba el Mundial 74 (y por qué importa)

El Mundial de 1974 reunió a 16 selecciones en cuatro grupos de cuatro, todos contra todos, con dos puntos por victoria y uno por empate. Se clasificaban los dos primeros y, en lugar de cruces directos, se disputaba una segunda fase de partidos con dos nuevos grupos de cuatro. Los ganadores de esos grupos iban directos a la final y los segundos se jugaban el tercer puesto. Fue un formato poco común que solo se usó en las competiciones de 1974 y 1978.

¿Por qué importaba tácticamente?
Porque premiaba más la regularidad y la gestión del riesgo durante muchas jornadas, el empate tenía más peso relativo que hoy al valer la mitad que una victoria y la diferencia de goles podía decidir, así que convenía saber cuándo asegurar, cuándo acelerar y cuándo seguir apretando para ampliar el marcador.

Los roles: Del líbero al falso 9

Si me preguntasen qué sistema usaba la Naranja Mecánica en el Mundial del 74, la respuesta rápida sería un 4-3-3. Pero esa etiqueta se queda corta. Lo descubrí cuando me senté a analizar sus partidos. Necesitaba poner orden, trazar un mapa con posiciones y roles definidos para entender desde dónde partía cada jugador y hacia dónde terminaba.

Y ahí apareció la dificultad. Holanda era un equipo que se escapaba de cualquier esquema fijo. Los futbolistas cambiaban de posición constantemente, intercambiaban funciones y transformaban el campo en algo que parecía caótico (y, además, casi todos tenían el mismo peinado y eso dificultaba identificarlos). Aun así, había un patrón detrás. Ese «caos» estaba perfectamente ordenado. Por eso, primero te voy a contar los roles como si fueran posiciones fijas y luego veremos cómo, en realidad, estaban siempre en movimiento.

Como puedes observar, Jongbloed, el portero, tiene el dorsal 8, y Neeskens el 13. Ello se debía a que los dorsales se asignaron por orden alfabético. Excepto Cruyff. Hasta para esto era un jugador especial.

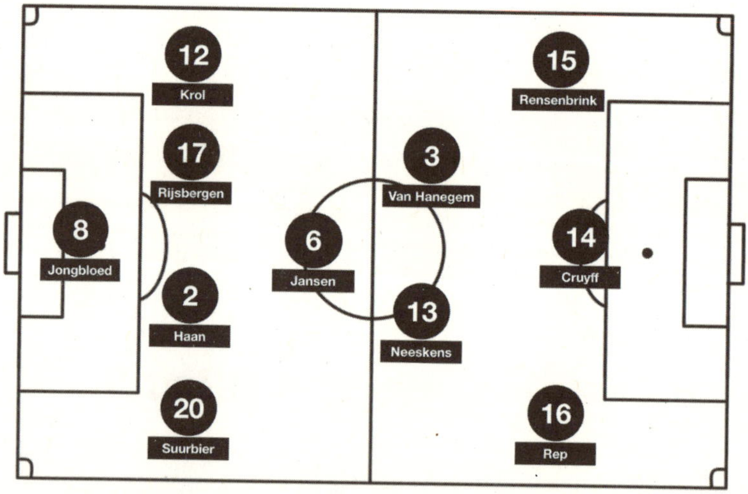

Pizarra 3.1 - Alineación titular - Países Bajos 1974

El portero ahora es el líbero

A Van Beveren se lo consideraba el mejor portero neerlandés de aquellos años, pero Rinus Michels decidió confiar en Jongbloed. La elección levantó dudas comprensibles. Por un lado, podría haber pesado la grave lesión de Van Beveren en los meses previos al Mundial, y también corrían rumores sobre su mala relación con Johan Cruyff. Sin embargo, más allá de esos factores, el plan de juego explica por qué Jongbloed era la pieza adecuada.

Holanda defendía adelantando la línea a unos cuarenta metros de su portería para acompañar la presión de centrocampistas y delanteros en campo contrario y, además, utilizaba la regla del fuera de juego para cortar pases filtrados y evitar tener que replegar en carreras largas hacia atrás. La sincronización era casi perfecta, pero siempre podía aparecer un pase que rompiera la presión. En esos momentos era vital que el portero jugara adelantado y barriendo cualquier balón a la espalda de la defensa.

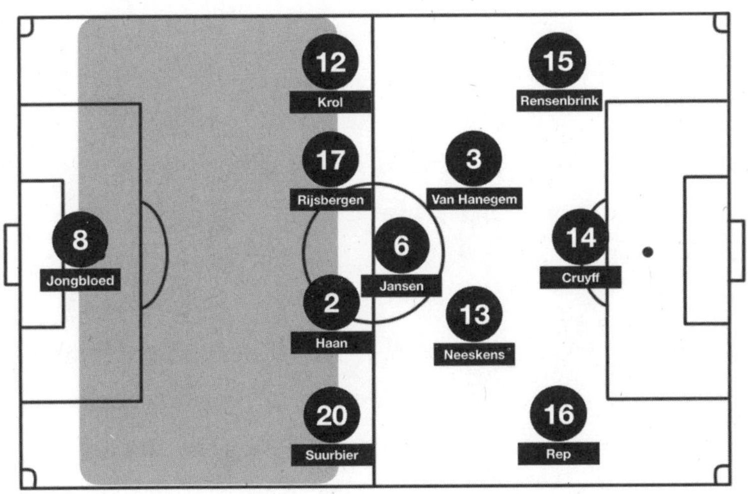

Pizarra 3.2 - Portero no adelantado

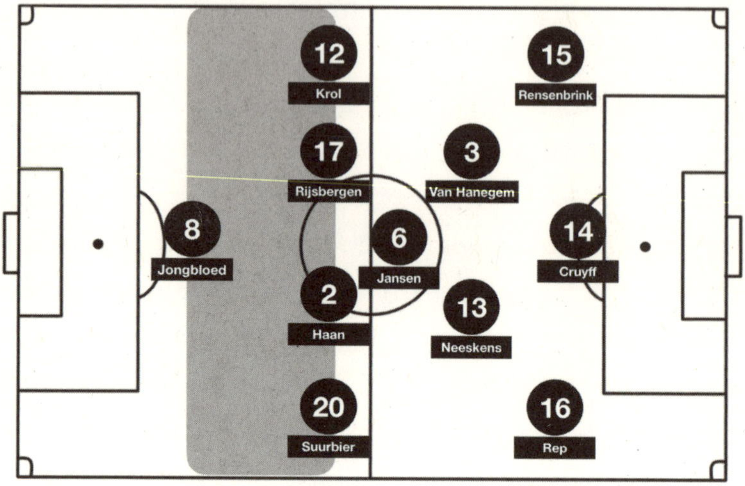

Pizarra 3.3 - Portero adelantado

Jongbloed cumplía ese rol a la perfección. No era un portero de grandes estiradas bajo palos, pero sí un lector rápido de la jugada para salir del área como si fuera un líbero.

Durante el Mundial lo demostró en más de una ocasión. En el duelo frente a Brasil, minuto 26 de la primera parte y con el marcador todavía en empate a cero, un pase a la espalda de Rijsbergen dejaba a un delantero rival solo frente a la portería, pero Jongbloed reaccionó de inmediato, salió con decisión y despejó el balón.

Esa misma escena que acabo de narrar se repitió en los choques frente a Bulgaria o Alemania Democrática, en los que su labor como portero-líbero resultó completamente clave para sostener la defensa adelantada de la Naranja Mecánica. Ahora, el líbero sería el portero.

Poli bueno, poli malo

En la defensa de aquella Holanda, el dúo que formaban Arie Haan y Wim Rijsbergen fue clave para dar equilibrio al sistema.

Haan asumía el papel de segundo líbero (el primero, como ya comenté antes, era Jongbloed). Siempre un paso por detrás de Rijsbergen, era quien corregía y aseguraba las coberturas.

Aquí hago una pausa para contarte una experiencia personal. Mientras revisaba los partidos de la Naranja Mecánica, no podía dejar de pensar en Sergio Busquets. Un futbolista discreto, casi invisible, que rara vez se lleva los aplausos, pero cuya importancia es enorme. Con Haan pasaba lo mismo. Basta fijarte en sus movimientos para que entiendas lo decisivo que era en aquel engranaje neerlandés.

Rijsbergen, en cambio, era el *stopper*. El central que iba al choque, el que salía a la marca y rompía la línea para anticipar al delantero rival. Su físico y su valentía le permitían saltar hacia delante con confianza, sabiendo que Haan cubría sus espaldas.

La lógica era simple. Si Rijsbergen saltaba, Haan guardaba. Si Haan avanzaba, Rijsbergen cerraba detrás. Esa sincronía los hacía inseparables y convertía la zaga en un engranaje sólido dentro del fútbol total. Uno era el poli bueno, y el otro, el poli malo.

Laterales adelantados a su tiempo

Hasta entonces, en la época del *catenaccio*, los laterales rara vez se incorporaban al ataque porque su papel principal era defender en campo propio. En el Mundial del 74 aquello cambió. Holanda mostró una versión de los laterales que anticipaba lo que décadas después se vería como normal.

Suurbier encarnaba la energía del fútbol total. Se proyectaba una y otra vez, aparecía en el área como un extremo más y, cuando la jugada lo requería, cerraba por dentro como un tercer central.

Su potencia física le permitía sostener la presión alta, corregir a Rijsbergen cuando este saltaba a anticipar y dar amplitud en la banda.

Krol, en cambio, era más equilibrado. Menos explosivo, pero mucho más cerebral, utilizaba su técnica y su lectura de juego para moverse hacia dentro, asociarse con Van Hanegem o Cruyff y aportar una salida limpia desde atrás. Su función se parecía a lo que décadas más tarde veríamos en los «falsos laterales» de Guardiola, como Lahm o Alaba en el Bayern de Múnich, pero en realidad aquel rol ya existía en 1974 con la Naranja Mecánica.

El bueno, el feo y el malo

En el centro del campo de la Naranja Mecánica convivían tres figuras muy distintas, cada una con su propio rol, pero juntas formaban un triángulo que sostenía el equipo. Eran Johan Neeskens, Wim Jansen y Willem van Hanegem.

Neeskens era «el bueno». Fue el máximo goleador (5 goles) de Holanda en el Mundial y aportaba llegada en segunda línea, a menudo intercambiando posiciones con Cruyff. Definirlo como interior, mediapunta o simplemente centrocampista sería limitarlo. Si olía sangre, se metía en el área, y cuando había que presionar era el primero en lanzarse. Si en aquel tiempo hubieran existido los mapas de calor, el suyo estaría teñido de rojo en casi todo el campo. Todo lo hacía bien, por eso aquí lo bautizo como «el bueno» del trío.

Jansen encarnaba «lo feo», aunque no por estética sino porque hacía el trabajo menos vistoso. Era el guardián del centro del campo, el escudero silencioso que daba equilibrio. Cuando Neeskens se lanzaba al ataque, Jansen siempre estaba ahí, cubriéndole la espalda para que el equipo no se partiera.

Y Van Hanegem era «el malo». Su zurda era malicia pura. Te filtraba un pase imposible entre centrales o cambiaba el juego con un envío de más de 35 metros. Sus pases no eran neutros, siempre iban con intención, con la picardía de colocar la pelota justo donde más dolía para que Rep o Rensenbrink atacaran los espacios.

Oxígeno, por favor

En una máquina que funcionaba a máxima presión como la Naranja Mecánica, alguien tenía que aportar aire cuando el juego se ahogaba por dentro. Ese papel lo cumplían a la perfección los extremos, Johnny Rep por la derecha y Rob Rensenbrink por la izquierda.

Su misión era abrir el campo y dar oxígeno al equipo. Jugaban a pierna natural, lo que les permitía desbordar por fuera en lugar de cerrarse hacia dentro y chocar con sus compañeros. Con cada desmarque estiraban a la defensa rival y creaban espacios interiores que Cruyff o Neeskens aprovechaban.

En defensa también eran esenciales. Se sacrificaban tapando la banda, ayudaban a sus laterales y formaban una red que impedía la progresión rival hacia su portería. Eran extremos con alma de obreros, tan importantes sin balón como con él. Eran el oxígeno que evitaba que aquella máquina llamada Holanda se recalentara.

Johan Cruyff, el falso 9

Si los extremos daban oxígeno, Cruyff era quien lo transformaba en energía. Oficialmente partía como delantero centro, pero en realidad fue el gran exponente del falso 9. No se quedaba entre centrales esperando balones, sino que retrocedía hasta el medio campo y arrastraba con él a su marcador.

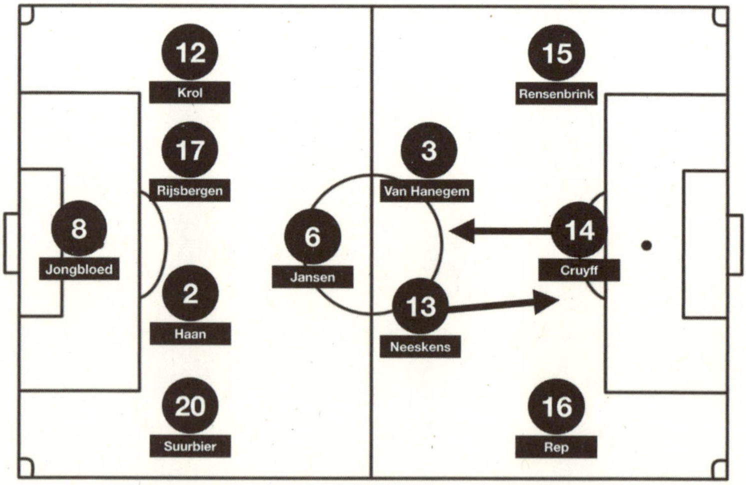

Pizarra 3.4 - Movimiento típico de Cruyff y Neeskens

Si el central lo seguía, dejaba un hueco que Neeskens o Rep atacaban sin piedad. Si dudaba y se quedaba atrás, Cruyff recibía libre, giraba y empezaba a dirigir la jugada. Era un señuelo y a la vez el director de orquesta.

Él fue el jugador que convirtió una posición (la de 9) en un concepto. Y aunque aquí lo estamos viendo en sus orígenes con Cruyff, más adelante volveremos sobre este rol para analizar en profundidad al futbolista que lo perfeccionó como nadie: Lionel Messi.

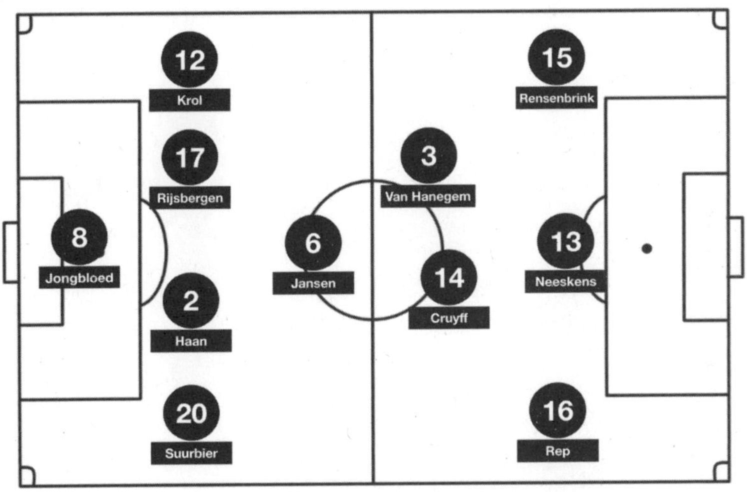

Pizarra 3.5 - Posición tras el movimiento

La zona 14

Quiero pedir disculpas por adelantado a mis seguidores en redes sociales porque suelo ser bastante pesado al mencionar la famosa zona 14 y repetir que es la más importante de un campo de fútbol.

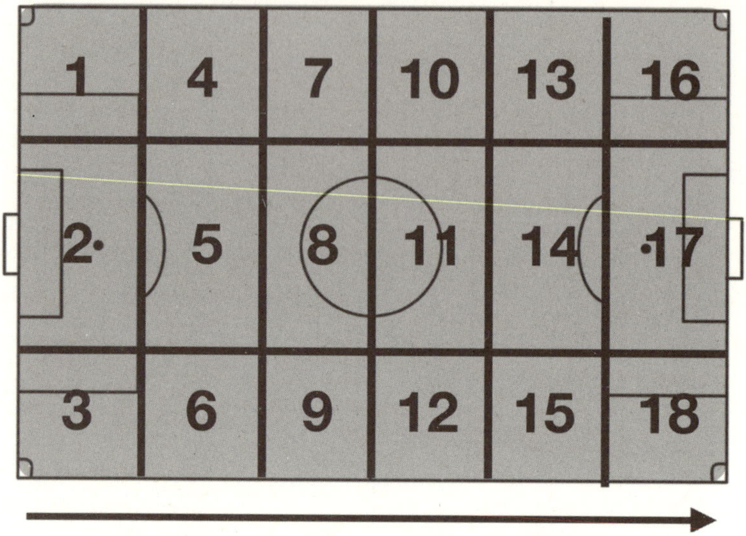

Pizarra 3.6 - División del campo en celdas de 6x3

Hoy, por fin, es un buen momento para explicar qué son exactamente esas zonas, por qué están numeradas y cuál es su importancia real en el juego. Y, ya que estamos, también veremos cómo Holanda revolucionó el fútbol precisamente a partir de esta idea.

La división en 18 zonas nació tiempo después, en los años noventa, como un modelo académico[1] para estudiar desde dónde nacían los goles. Se descubrió que la más decisiva era la número 14, situada justo frente al área rival, el corazón del juego ofensivo.

En los años setenta, este enfoque aún no estaba ampliamente extendido. Sin embargo, Holanda lo intuía de forma natural. No jugaba a que cada hombre defendiera su puesto, sino a que cada espacio estuviera ocupado. Y cuando se trataba de atacar la zona

1. La división en 18 zonas fue desarrollada a finales de los años noventa por investigadores de la Liverpool John Moores University, entre ellos Mike Hughes y Mike Franks.

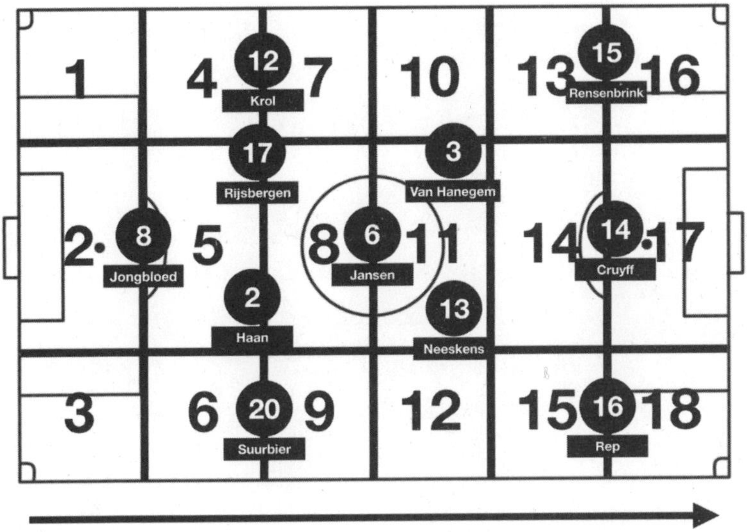

Pizarra 3.7 - División del campo en celdas de 6x3 aplicada a Holanda

más peligrosa, no había dudas. El dueño de la zona 14 era Johan Cruyff, el genio que, como una premonición, llevaba en la espalda el número 14.

Por ejemplo, en el debut contra Uruguay (minuto 14), Cruyff abandona el área y baja hasta el medio campo para recibir el balón. Su defensor lo persigue y deja vacía la zona 14. Rep, que partía como extremo derecho, se mete hacia dentro y aparece como delantero centro. Suurbier, el lateral, interpreta al instante el movimiento de su compañero, sube por la banda y centra. Rep remata y marca.

Un delantero convertido en mediocentro, un extremo convertido en delantero y un lateral convertido en extremo. Mientras el rival perseguía hombres, Holanda ocupaba las zonas.

Ganaron el futuro

Holanda deslumbró al mundo en su debut en el Mundial el 15 de junio de 1974 frente a Uruguay.

Para los uruguayos, entender aquel fútbol era misión imposible. La selección holandesa no disputaba un Mundial desde 1938 y, en una época sin vídeos, sin redes sociales y con escasa información de los rivales, preparar un partido era muy diferente de como se preparan hoy en día.

El propio Julio Montero, defensor uruguayo, lo recordaba así: «Entonces el entrenador Roberto Porta, que agarró el equipo a menos de cinco meses del Mundial, nos dijo que no sabía nada de Holanda, pero que no había que preocuparse y que nos entrenáramos como siempre».

El partido fue un choque de estilos. Jongbloed, portero de la Naranja Mecánica, no tuvo que intervenir ni una sola vez. El primer disparo de Uruguay llegó ya en la segunda parte y, durante la mayor parte del encuentro, Uruguay apenas superó la línea de medio campo.

Cuando se produce un *shock* futbolístico de este calibre, ocurre como con un virus para el que no existe vacuna. El sistema defensivo de Holanda era tan novedoso que nadie sabía cómo combatirlo. En el fútbol, la historia demuestra que los antídotos tácticos pueden tardar años, e incluso décadas en aparecer y poner fin a la hegemonía de un estilo.

Holanda presionaba al poseedor del balón con varios hombres y, de forma sincronizada, adelantaba la línea defensiva hasta medio campo:

- Si la presión no iba acompañada de la defensa, quedaban espacios para un pase entre líneas.
- Si la defensa subía sin presión en el medio, el rival tendría tiempo para encontrar un pase preciso.

La clave era que ambas acciones ocurriesen al mismo tiempo. De este modo, cuando el jugador uruguayo se veía presionado, tenía menos tiempo para pensar y solía recurrir a un pase largo que, de inmediato, encontraba a su compañero en fuera de juego.

Holanda no defendía persiguiendo hombres, sino controlando zonas del campo, y fue pionera en explotar una norma arbitral como parte esencial de su sistema.

El duelo terminó 0-2 para Holanda, con dos goles de Johnny Rep, el «extremo derecho» (y lo pongo entre comillas porque en este equipo nadie tenía un rol fijo).

La lección de ese partido fue clara: el marcaje individual, tan característico en Uruguay, se desmoronaba ante un rival que intercambiaba posiciones constantemente. Cuando Cruyff abandonaba el área para recibir en medio campo, arrastraba al defensor y abría un hueco que Neeskens o Van Hanegem aprovechaban al instante.

La gran debilidad de la Naranja Mecánica

Tras la victoria inicial ante Uruguay, cuatro días después, el empate frente a Suecia en el segundo partido pudo parecer un simple tropiezo, pero fue mucho más que eso. En aquel encuentro quedó expuesta una carencia que, junto a otros factores, fue determinante en la final contra Alemania.

Como detalle adicional, en este partido no jugó Rensebrink por lesión, sino Keizer por la izquierda. Todo el plantel seguía exactamente igual. Si algo funciona..., ¿para qué tocarlo?

Suecia no repitió la receta uruguaya. Se encerró en un 4-4-2 compacto y defendió en zona. No perseguía camisetas naranjas, protegía espacios. Así, daba igual que Cruyff bajara a recibir como un central, que Suurbier se convirtiera en delantero o que Rep permutara con Jansen. El bloque sueco no se rompía, porque su referencia era la posición, no el adversario.

Esta defensa zonal neutralizaba gran parte del caos que generaban las rotaciones neerlandesas. Si el rival no te sigue, los huecos no aparecen tan fácilmente.

Y en ese contexto, la ausencia de un rematador puro se sintió aún más. En el minuto 18'50", Cruyff puso un centro preciso y el área estaba vacía. Suecia resistió sin sobresaltos porque no tenía que lidiar con un delantero que fijara a sus centrales. Holanda dominaba, rotaba, presionaba..., pero el gol no llegaba.

De este partido saco una opinión bastante personal con la que tal vez estés de acuerdo. Todo equipo debería contar con un 9 clásico, aunque no sea titular. Al menos, como plan B cuando el plan A no funciona. Por ejemplo, España, campeona del mundo en 2010, tenía a Fernando Llorente en ese rol. Su presencia fue decisiva ante Portugal, pues rompió una defensa que les negaba cualquier espacio a los «bajitos» de la Roja.

Lo de Suecia fue el primer indicio de un patrón que Alemania explotaría semanas después. No fue la única razón de la derrota en la final, pero sí una pieza clave del puzle.

Sin embargo, antes de esa cita en Múnich, la Naranja Mecánica tenía un mensaje que enviar al mundo.

El contraataque de la Naranja Mecánica

En el tercer partido y último de la primera fase de grupo, ante Bulgaria, Holanda ofreció una lección perfecta para derribar el mito de que su juego se basaba solo en la posesión.

Frente a Suecia, el plan de defender en zona y esperar atrás había funcionado para frenar a los neerlandeses. Pero Bulgaria no podía permitirse ese lujo, ya que llegaba con solo dos puntos de los cuatro posibles, empatada a puntos con Suecia, por lo que necesitaba ganar para pasar a la segunda fase del Mundial. Esa obligación de ir a por el gol abrió un escenario completamente distinto.

	EQUIPO	PUNTOS	GF	GC	DF
1°	Países Bajos	3	2	0	+2
2°	Bulgaria	2	1	1	0
3°	Suecia	2	0	0	0
4°	Uruguay	1	1	3	-2

Tabla 3.3 - Clasificación tras la segunda jornada - Fase de grupos

Holanda lo aprovechó como un depredador que huele la sangre de su presa. Más allá de sus ataques posicionales, que seguían presentes para mover al rival y encontrar huecos, su verdadero veneno estuvo en las **transiciones rápidas**. Cada pérdida búlgara era el inicio de un latigazo ofensivo:

- **Minuto 4** → Presión inmediata tras la pérdida, recuperación de Van Hanegem en el centro del campo y el balón le llega a Cruyff, que conduce hacia el área búlgara hasta que es derribado dentro de esta, provocando el penalti. Neeskens manda un misil desde los 11 metros para marcar el primer gol.
- **Minuto 14** → Tras recuperar el balón en su propio campo, Holanda lanza un contraataque con Cruyff como conductor y Van Hanegem apoyando la jugada. Neeskens recibe y, con un disparo potente, estrella el balón en el palo.
- **Minuto 44** → Otro penalti fruto de un ataque rápido y directo que nace en un saque de banda desde el campo de Holanda y es liderado por Cruyff, quien filtra un pase que rompe la línea defensiva. Jansen lo recibe y es derribado dentro del área.

En estas tres acciones se puede ver con claridad lo que ocurrió, ya que fueron dos goles y un disparo al palo nacidos de ataques rápidos y directos, todos ellos liderados por Johan Cruyff. Esto dejó en evidencia que el Flaco era el jugador diferencial. Aunque todos los hombres de Rinus Michels tenían una calidad técnica altísima, Cruyff era la guinda del pastel y, cada vez que recibía el balón, pasaban cosas.

Frente a un rival obligado a atacar, la Naranja Mecánica de Michels convirtió cada recuperación en una oportunidad para sentenciar y al final se impuso por 1-4. Como detalle, ese único gol en contra fue el primero que encajaba Holanda en el torneo y llegó en propia puerta, obra de Ruud Krol, el «lateral izquierdo».

Con este resultado, Holanda cerraba la primera fase como líder de su grupo, invicto y avanzando a la segunda ronda.

La consagración del fútbol total: Holanda 4-0 Argentina

Ante Argentina, la Naranja Mecánica firmó quizá el partido que resume de la mejor manera su esencia. Un **4-0 aplastante** en el que todo lo que había imaginado Rinus Michels se desplegó sobre el césped.

Johan Cruyff, que hasta entonces no había marcado, se estrenó en el torneo, pero no como un delantero centro clásico, sino como **creador y llegador**. En el minuto 11, tras un pase filtrado de Van Hanegem, regateó a un defensa y anotó su primer gol. Era el ejemplo perfecto de cómo un jugador podía aparecer desde cualquier zona y convertirse en la referencia ofensiva.

El partido estuvo lleno de **cambios constantes de posiciones**: Haan actuó de líbero, Suurbier pasó a ser central zurdo, Rijsbergen ocupó el lateral derecho y Jansen se transformó en carrilero izquierdo en varias ocasiones. Nadie era dueño fijo de un espacio, pero todas las zonas estaban siempre ocupadas. Esa fue la magia de este equipo.

La **presión en manada** volvió a ser decisiva. En el **19'23"**, tras una falta de Argentina, Holanda apretó con todo el bloque para recuperar metros. Apenas cinco minutos después, Jansen rompió por el espacio indefendible entre central y lateral. La jugada terminó en córner y gol de Krol desde la frontal (2-0), otro defensa convertido en goleador.

Cruyff, además, mostró su faceta más defensiva. Replegó como un central más (**49'45"**) e incluso jugó como pivote (**52'19"**) para iniciar ataques desde campo propio. La idea era atacar y defender con todos, sin distinción de etiquetas.

Los goles reflejaron esa anarquía ordenada:

- **1-0** Cruyff llegando desde segunda línea.
- **2-0** Krol, el lateral, rematando desde la frontal.
- **3-0** Rep al segundo palo tras un centro de Cruyff desde la izquierda en el minuto 72.
- **4-0** Cruyff cerrando la goleada en el 90 tras un rechace de Van Hanegem.

Aquella tarde, Holanda no solo derrotó a Argentina. También **demostró que el fútbol podía ser otra cosa**. Que los defensores podían ser delanteros, que los atacantes podían ser defensores, y que el balón pertenecía a un colectivo en movimiento perpetuo. Fue una clase magistral de Fútbol Total, el día en que el mundo comprendió que así se jugaría en las siguientes décadas.

Con Alemania Democrática se vio la misma dinámica, pero algo muy distinto pasó ante Brasil, que defendía el título ganado en el Mundial de 1970.

Fútbol Total versus *Jogo Bonito*

El duelo ante Brasil, vigente campeona del mundo y heredera del *jogo bonito* de Pelé, fue otra prueba de fuego. Por primera vez, Holanda no pudo imponer su presión asfixiante con tanta claridad, ya que el rival tenía demasiado buen pie como para escapar de la presión en manada de los holandeses.

La Naranja Mecánica se vio obligada a replegar en fases largas y, aunque resolvió el partido, con los goles de Neeskens y Cruyff que pusieron el 2-0 final, aquel repliegue dejó al descubierto una faceta menos convincente. Cuando Holanda esperaba y no salía a presionar, ya no era la misma máquina implacable, perdía metros, sufría más y concedía espacios que no solía permitir en campo propio.

Es como si pusiéramos un coche de Fórmula 1 a circular por una carretera de montaña: seguiría siendo rápido, pero no está diseñado para eso. Con Holanda pasaba lo mismo, no había trabajado para defender en su campo.

De esta manera, el partido se convirtió en otro precedente de la final, porque frente a un adversario capaz de mover el balón con precisión, el bloque neerlandés ya no parecía invulnerable.

La gran final: Cruyff versus Beckenbauer

Apenas se llevaban 54 segundos de partido y la pelota todavía no había tocado un pie alemán. Dieciséis toques seguidos, todos ellos naranjas, y el estadio de Múnich ya intuía que algo extraordinario estaba a punto de suceder.

Johan Cruyff, delantero centro, retrocede hasta la defensa para recibir el balón de Arie Haan y en ese momento intercambian roles sin avisar, sin pedir permiso. Haan se lanza al ataque y Cruyff queda como último hombre de Países Bajos.

Con la pelota pegada al pie, avanza desde el círculo central sorteando camisetas blancas hasta entrar en el área. Allí Berti Vogts lo derriba. Penalti. Neeskens marcaba el primer gol de la final del Mundial del 74 y el fútbol..., el fútbol ya nunca más volvería a ser el mismo.

La jugada del primer gol es la más icónica y resulta el ejemplo perfecto para enseñar a cualquier aficionado cómo practicaba el fútbol aquella selección.

Sin embargo, contra todo pronóstico, perdieron. Y tras darle varias vueltas, estos son algunos de los motivos que podrían explicar la sorprendente derrota holandesa:

Exceso de confianza tras el gol inicial

Es el argumento que más se repite y con el que coincido plenamente. El penalti convertido por Neeskens en el primer minuto fue histórico, pero lejos de despertar aún más hambre competitiva y empujar a Holanda hacia el segundo gol, provocó un exceso de confianza. Los neerlandeses venían de aplastar a Argentina y de derrotar a la vigente campeona del mundo, Brasil, y esa sensación de superioridad podría haberlos llevado a bajar un punto su intensidad.

El marcaje de Vogts y el sistema defensivo alemán

Al inicio de este capítulo explicaba cómo Gabriele Oriali, defensor del Inter de Milán, tuvo que seguir a Johan Cruyff durante toda la final de la Copa de Europa de 1972. Algo parecido sucedió dos años después con Berti Vogts en Alemania. En los primeros minutos, Vogts marcaba a Cruyff tan solo cuando entraba en su radio de influencia, es decir, cuando el neerlandés se movía cerca de su zona de central. Sin embargo, cuando Cruyff abandonaba ese espacio, Vogts no lo seguía.

Todo cambió tras el gol de Holanda. A partir de entonces, no dudó más y tomó una decisión radical: perseguir a Cruyff por todo el campo abandonando por completo su posición natural. Un ejemplo muy ilustrativo, entre tantos que dejó la final, ocurrió en el minuto 18 de la primera parte. En esa jugada, Cruyff aparecía como último hombre de Holanda y era marcado por Vogts, que lo seguía hasta una zona más propia de un delantero centro que de un defensa central.

La gran diferencia entre Oriali y Vogts fue que el alemán sí logró su objetivo. Consiguió incomodar a Cruyff, reducir su influencia, y además contó con un respaldo táctico que el italiano no tuvo. Mientras el Inter defendía al estilo del *catenaccio*, con marcajes individuales que las rotaciones del Ajax podían desordenar, Alemania apostó por un bloque zonal. Esa fue la clave, porque frente a los constantes intercambios de posiciones neerlandeses, los alemanes no perseguían camisetas, sino que protegían espacios. Era el mismo patrón que ya había mostrado Suecia en la primera fase. El bloque se mantenía compacto y no se desarmaba, con una única excepción, Vogts, que se convirtió en una sombra permanente de Cruyff, siempre pegado a sus pasos en cada rincón del campo.

La eterna ausencia de un 9 puro

Ante Suecia, la falta de un 9 puro para finalizar las jugadas ya fue uno de los precedentes para entender, en parte, la derrota en la final. Aunque Holanda tenía mucho juego, carecía de un especialista que finalizara las ocasiones, y eso supuso un gran hándicap contra equipos que habían intuido cómo defender el fútbol total propuesto por el equipo de Rinus Michels.

Cuando el rival defendía zonas clave como la zona 14 o la propia área, resultaba mucho más difícil llegar desde atrás y encontrar un espacio libre para rematar. La ausencia de un delantero especialista en fijar centrales y pelear balones aéreos agravaba el problema. Contra Suecia primero y contra Alemania después, el patrón se repitió. Holanda, cada vez más desesperada por marcar, terminó colgando balones al área, pero casi nunca había nadie capaz de rematar o bajar esos envíos.

Hoy en día, el antídoto más efectivo frente a equipos que proponen un fútbol ofensivo como Barcelona, Manchester City, Arsenal, Liverpool o PSG son las defensas cerradas en zona. El fútbol ha pasado de los marcajes individuales a estructuras zonales y, en determinadas situaciones, un jugador se sacrifica para seguir al hombre clave del rival. No es casualidad que Pep Guardiola, el gran impulsor del falso 9 con Messi, haya terminado apostando por un delantero clásico como Erling Haaland para su Manchester City.

Todo en el fútbol es cíclico. A lo largo de este libro verás cómo muchas tácticas que parecían olvidadas vuelven a imponerse y otras que parecían definitivas acaban desapareciendo.

El respeto hacia Beckenbauer

Uno de los motivos principales de la derrota fue el respeto que los neerlandeses mostraron hacia Franz Beckenbauer, el líbero y capitán alemán. Su capacidad para filtrar pases largos precisos y para conducir con elegancia desde atrás lo convertían en un futbolista prácticamente imposible de presionar con eficacia. Si un rival se le echaba encima, él explotaba el espacio libre con un pase certero o con una salida en conducción que desarmaba cualquier intento de presión.

La presencia del Káiser condicionó todo el plan de Michels. Holanda, que había presionado con decisión a lo largo del torneo, articuló su presión dependiendo de quién iniciara la jugada alemana.

Si la salida era por banda, los neerlandeses sí se atrevían a ir arriba, pero cuando el balón llegaba al centro y pasaba por los pies de Beckenbauer, preferían replegarse hasta la línea del medio campo para no quedar expuestos.

Esa cautela quedó reflejada en varias acciones, como al inicio de la segunda parte. En el minuto 45'28" se aprecia que Cruyff mira hacia atrás, dudando entre ir a la presión o mantenerse en su posición, precisamente porque el balón estaba en los pies de Beckenbauer. Al final, Holanda optó por replegarse en su propio campo y renunció a presionar. Esa misma dinámica se repitió en distintos pasajes del encuentro.

Fue una decisión lógica, porque un pase largo del Káiser a la espalda de la línea defensiva podía ser letal. Sin embargo, al renunciar a su presión característica, la Naranja Mecánica perdió una de sus principales armas. Algo parecido había ocurrido frente a Brasil, la vigente campeona, cuando Holanda también optó por un bloque más bajo y menos agresivo al presionar.

Con esto podemos concluir que, frente a rivales con un buen trato de balón, Holanda dudaba más a la hora de adelantar su defensa y arriesgar con el fuera de juego.

Jongbloed fue el efecto y no la causa

Muchos han señalado a Jongbloed como culpable de la derrota en la final. Es verdad que su titularidad generó polémica desde el inicio del Mundial, aunque su juego con los pies y su rol de líbero encajaban perfectamente en una Holanda que defendía muy arriba. En mi opinión, Jongbloed fue más una consecuencia que una causa.

Era ágil para salir a cortar balones y seguro con los pies, pero bajo palos no era un guardameta tan brillante. Su presencia tenía sentido mientras Holanda cumpliera el plan de Michels, basado en la presión asfixiante y la defensa adelantada. Sin embargo, cuando ese mecanismo se rompía, él quedaba expuesto. Así ocurrió en el segundo gol de Gerd Müller, justo antes del descanso. La presión neerlandesa no llegó, los alemanes progresaron por la derecha y el centro encontró a Müller, que definió sin piedad.

Una derrota que supo a victoria

Aquel 7 de julio de 1974, Holanda cayó por 1-2, pero fue una derrota distinta a todas. El marcador dictó sentencia, aunque la sensación que quedó es que habían vencido en algo más grande y nunca una derrota supo tanto a victoria.

En la historia siempre hemos necesitado héroes y villanos, vencedores y vencidos. Esa dualidad es la que da forma a los relatos que nos contamos. Y no está mal que sea así. Sin embargo, en el fútbol —como en la vida— la línea que separa la gloria del fracaso es tan fina que a veces depende de un resbalón del defensa en el último minuto o de un equipo que decide seguir creyendo cuando todo parece perdido.

Por eso me pregunto: ¿de verdad ganar determina quién fue mejor? ¿Solo importa levantar la copa? Al analizar los partidos de Holanda y revisar la prensa de la época comprendí algo que choca con la cultura de la inmediatez y el «resultadismo» que define el fútbol actual, esa que repite que si no ganas no existes. Llegué a la conclusión de que, en el fútbol, y quizá en todo el deporte, no existen las derrotas absolutas.

Holanda, en aquella final de 1974, ganó mucho más que un trofeo. Ganó el futuro. Su manera de jugar fue la semilla del fútbol que hoy practican los grandes equipos de Europa, con matices adaptados a los tiempos, claro, pero con la misma esencia. La Naranja Mecánica no levantó la Copa del Mundo, pero transformó el juego para siempre. Y por eso seguimos fascinados con aquellos 11 jugadores vestidos de naranja que desafiaron todas las normas.

A mí solo me queda darles las gracias. Porque el fútbol que amamos en la actualidad es, en gran parte, el legado de esa selección que perdió el presente..., pero conquistó el futuro.

EL MILAN DE **SACCHI**

Recuerdo que, en cuarto de primaria, allá por 2006, saqué dos dieces seguidos en Conocimiento del Medio. Salté del pupitre incrédulo y le dije al profesor: «No me lo creo... Estás de broma».

Era un alumno de notables, aplicado, pero no de sobresalientes. Aquel diez me pareció un accidente, una casualidad que no estaba destinada a repetirse.

No sé si alguna vez te ha pasado. Esa sensación de obtener un logro importante y, en lugar de disfrutarlo, pensar que no lo mereces. Que ha sido suerte. Que tarde o temprano alguien se dará cuenta de que no eres tan bueno como pareces.

Me volvió a pasar años más tarde, en mi primera entrevista de trabajo como programador. Fue online. Cerré la cámara y pensé que no me cogerían, que se me había notado demasiado nervioso, que no daba el nivel. Pero a los pocos días me escribieron para decirme que estaba contratado. Y, aun así, no me lo terminé de creer.

Con el tiempo supe que eso tenía nombre. Algunos lo llaman «síndrome del impostor».

Y volvió a sucederme, una vez más, cuando mi canal de YouTube alcanzó los cien mil suscriptores. Debería haberme sentido orgulloso, satisfecho. Pero en el fondo, una parte de mí seguía repitiéndose que había sido suerte. Supongo que por eso la historia de Arrigo Sacchi me marcó (y me ayudó) tanto.

Suena «No Surrender», de Bruce Springsteen. Empecemos.

E tu chi sei?

Arrigo Sacchi dirigió el Milan entre 1987 y 1991, tras haberse forjado en el Parma, donde su mayor mérito había sido lograr el ascenso y, sobre todo, vencer dos veces al propio Milan en la Copa de Italia. Aquel joven técnico sin pasado como futbolista profesional llamó la atención del presidente del Milan, Silvio Berlusconi, que quedó fascinado por su audacia táctica y su manera de concebir el juego.

Cuando finalmente lo contrató, muchos dudaron. Sacchi jamás había jugado en la élite. En una conferencia de prensa, un periodista le preguntó con cierto escepticismo:

—¿Cómo puede entrenar a jugadores de alto nivel si usted nunca lo ha sido?

Y Sacchi respondió:

—No sabía que, para ser jinete, antes hubiera que ser caballo.

Esa frase, tan simple como demoledora, lo cambió todo. Y confieso que su historia siempre me ha tranquilizado. Porque somos muchos los que soñamos con dirigir un gran equipo sin haber sido virtuosos con el balón en los pies.

Aunque lo más fascinante no fue su ingenio, sino su autoridad. ¿Por qué los jugadores del Milan decidieron creer en un hombre que nunca había sido uno de ellos? Todos sabemos que, cuando un entrenador te explica cómo atacar, si se llama Zidane no suena igual que cuando lo hace alguien sin pasado o pedigrí como futbolista. El mensaje no tiene el mismo peso, no atraviesa con la misma fuerza. Y, aun así, Sacchi no solo consiguió que lo escucharan. Consiguió que lo siguieran. Como él mismo relata en su autobiografía, *Il calcio totale*, fue clave el respaldo de Berlusconi que confió en su visión incluso cuando muchos la consideraban una locura. Con esa garantía de paciencia desde arriba, Sacchi se atrevió a imponer sus ideas, convencido de que su método acabaría dando resultados.

Pero su ambición iba mucho más allá de ganar partidos. Quería cambiar la cultura futbolística de todo un país. Su mayor reto no fue conquistar trofeos, sino desterrar el *catenaccio*, acabar con esa herencia de miedo, de marcajes al hombre y defensas encerradas que habían definido el fútbol italiano durante décadas. Sacchi quería liberar al jugador de la dependencia de su marca y enseñarle a pensar en el espacio, en el compañero, en el todo. Quería demostrar que la inteligencia colectiva podía superar al talento individual. Y, para sorpresa de todos, lo hizo.

El balón como centro del universo

El *catenaccio* más elitista tenía una jerarquía muy clara: primero el adversario, luego el compañero y, por último, el balón. Cualquier defensor italiano tenía como misión principal seguir a su par allá donde fuera. Solo después, si podía, ayudar a un compañero en la cobertura. En última instancia, pensar en el balón.

Con esta filosofía era imposible formar un bloque compacto,

que era justo lo que Sacchi consideraba esencial. Para él, el fútbol debía entenderse como un deporte colectivo, un engranaje donde cada pieza se moviera en sincronía para maximizar la probabilidad de alcanzar los objetivos. Si cada jugador actuaba por libre, imponiendo sus propios fines, el equipo se descomponía. Sacchi quería que todos pensaran, al mismo tiempo, qué era lo mejor para el grupo en cada momento.

Quizá, para un delantero, lo ideal es regatear a varios rivales y marcar un gol memorable. Si lo consigue, el estadio se levantará a aplaudirlo. Pero Sacchi sabía que la probabilidad de éxito individual es mínima frente al poder del grupo. Él decidió invertir el orden de prioridades del fútbol italiano.

Fue un auténtico choque cultural, que solo pudo sostenerse gracias al respaldo incondicional de la directiva. En su autobiografía, Sacchi recuerda el día en que Berlusconi bajó al vestuario y pronunció una frase breve pero decisiva: «A este entrenador lo he elegido yo. Goza de mi máxima confianza. Quien no siga sus indicaciones, no seguirá aquí».

Con aquel apoyo, Sacchi se atrevió a desafiar décadas de ortodoxia táctica.

Por un lado, el *catenaccio* representaba un modelo geocéntrico del fútbol, es decir, cada jugador giraba en torno a su marca, encerrado en su pequeño universo, con el rival como centro del sistema. Era un fútbol donde el adversario ocupaba el lugar del Sol.

Sacchi rompió esa visión estática e introdujo una auténtica revolución copernicana. Puso el balón en el centro del universo y organizó su equipo en torno a él. Cada jugador pasó a orbitar no alrededor del rival, sino alrededor de la pelota. El balón se convirtió en el Sol que daba sentido a todos los movimientos.

Este cambio de paradigma viene de la fuerte influencia que tuvo Sacchi del fútbol total del Ajax y de Holanda de Rinus Michels. Con el balón como centro del universo milanista, Arrigo Sacchi cambió para siempre la forma de defender en Italia.

La defensa en zona

Como te decía, hasta entonces el fútbol italiano vivía bajo el dominio del *catenaccio*, un estilo en el que los defensores seguían al adversario por todas las zonas del campo, incluso a costa de romper la estructura del equipo. Era un fútbol de marcajes personales, en el que cada jugador orbitaba alrededor de su marca y no del juego, lo que generaba un desorden constante en los sistemas defensivos.

Un ejemplo claro se vio en la final de la Copa de Europa de 1972, aquella que analizamos en el capítulo de la Naranja Mecánica. En aquel partido, Gabriele Oriali tuvo la misión de seguir a Johan Cruyff por todo el terreno de juego. Sin embargo, las permutas y movimientos constantes de los jugadores del Ajax desdibujaron por completo las marcas del Inter y provocaron que su estructura se descompusiera. Lo que debía ser una defensa ordenada se transformó en un caos.

El fútbol total se había convertido en el verdadero antídoto del *catenaccio*, y Sacchi lo comprendió mejor que nadie. Su Milan no imitó al Ajax, pero adoptó su principio más profundo: la organización debía nacer del colectivo, no del individuo.

Y por eso profundizó y perfeccionó la defensa zonal por encima de los marcajes individuales.

Menos espacio, más control

Pizarra 4.1 - Las zonas del campo de fútbol

Si rescatamos las zonas del campo que analizamos en el capítulo dedicado a la Naranja Mecánica de Rinus Michels, entenderemos mejor que la filosofía de Sacchi consistía en proteger los espacios más relevantes del terreno de juego por encima de perseguir al adversario. Era una forma de pensar profundamente michelsiana, en la que el equipo priorizaba el control del espacio antes que el control del rival. El objetivo de Sacchi fue reducir las parcelas del campo que su Milan tenía que vigilar, y esto se traducía en posicionar a los jugadores muy cerca entre sí.

Veamos un ejemplo. En la Pizarra 4.2, el equipo A ocupa más terreno, extendiendo sus líneas y repartiendo a los jugadores en una mayor cantidad de zonas. Sin embargo, ocupar más campo no equivale a dominarlo. Al dispersar a sus futbolistas, la densidad por zona disminuye y el control sobre el espacio se debilita.

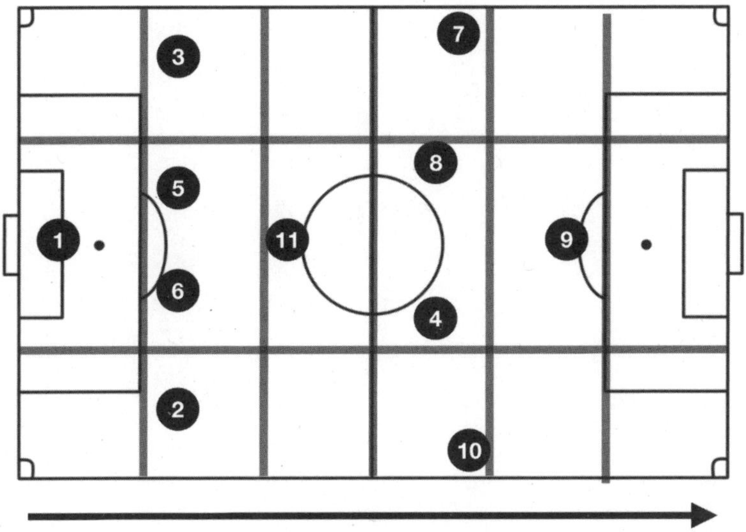

Pizarra 4.2 - Equipo A

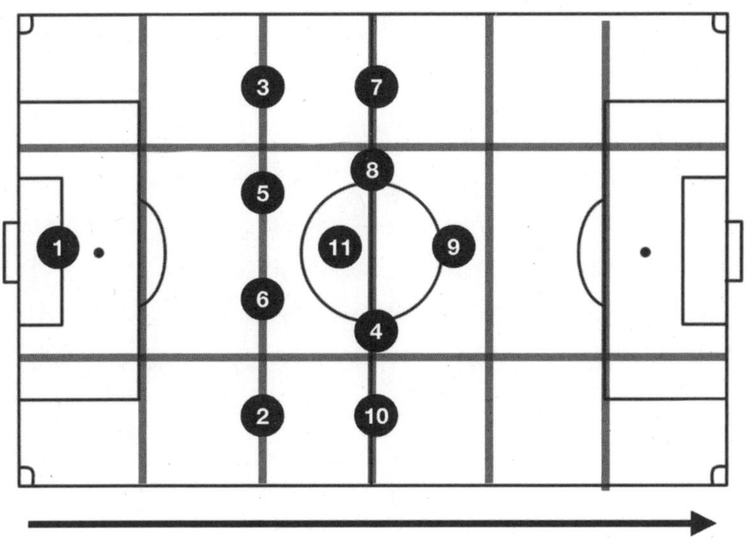

Pizarra 4.3 - Equipo B

Por el contrario, el equipo B comprime su estructura y concentra más jugadores en menos metros, lo que le permite reaccionar de manera colectiva, presionar con mayor intensidad y mantener las distancias cortas entre líneas. Sacchi entendía que reducir el espacio era una forma de multiplicar el control. Dicho de otra forma: el equipo A ocupa más espacio sin dominarlo mientras que el equipo B domina el espacio que posee.

A menudo, el Milan de Sacchi solía formarse en un bloque compacto de unos treinta metros. Este espacio, el de treinta metros, era el que dominaba su Milan. Sobre él, se construyó uno de los equipos más revolucionarios de la historia del fútbol.

La línea adelantada

Existen dos formas de compactar un equipo en apenas treinta metros. Una es replegando en bloque bajo (un ejemplo es el *catenaccio* clásico); la otra, adelantando las líneas hasta formar un bloque medio. Sacchi eligió la segunda.

Para lograrlo, adelantó la defensa hasta situarla casi en el centro del campo. Con ese gesto rompió todas las concepciones tradicionales del fútbol italiano. Renunció a los viejos cerrojos herrerianos, salió de la cueva y demostró que Italia podía defender hacia delante, sin miedo, sin depender del error del rival.

Pero esa audacia conllevaba un riesgo evidente. Al empujar la defensa tan arriba, el equipo quedaba expuesto a los balones a la espalda. ¿Cómo podía resolver ese problema sin renunciar a su idea? Para ello utilizó la regla del fuera de juego a su favor.

En la época de Arrigo Sacchi, la regla del fuera de juego era mucho más severa con los atacantes. Bastaba con que un delantero estuviera en línea, es decir, a la misma altura que el penúltimo defensor, para que el árbitro anulara la jugada favoreciendo a los equipos que defendían con la línea adelantada. En la temporada 1990-1991, la IFAB actualizó la norma y aclaró que estar en línea no debía considerarse fuera de juego. Pero entre 1987 y 1991, los años en que Sacchi dirigió al Milan, aquel vacío interpretativo fue su arma más letal.

Sin embargo, los hombres de Sacchi no activaban la trampa del fuera de juego siempre. Tenían que darse unas condiciones muy concretas para que toda la línea dejara en fuera de juego a sus rivales. El patrón era claro: cuando el rival lograba progresar por el carril central y el poseedor del balón empezaba a disponer de tiempo y espacio para lanzar balones a la espalda de la defensa, el Milan activaba la trampa. La defensa daba un paso al frente, al mismo tiempo que los centrocampistas y delanteros presionaban en manada al portador del balón.

Con un solo movimiento, conseguían dos cosas: dejar a los posibles receptores en fuera de juego y asfixiar al poseedor del balón, que veía cómo se le cerraban todos los caminos. Era un gesto defensivo con alma ofensiva. Como decía Sacchi: «El objetivo era que el equipo se defendiera atacando, no retrocediendo, sino avanzando».

En conclusión, la línea adelantada era la primera arma ofensiva del Milan para detener los ataques centrales de los rivales. Al compactar el equipo en apenas treinta metros, el bloque se cohesionaba y reducía el espacio del adversario hasta asfixiarlo. La prioridad no era esperar, sino negar espacios. Cuanto menos terreno tuviera el rival, más opciones tendría el Milan de recuperar el balón y transformar la defensa en el inicio del contraataque.

La cobertura al compañero

La segunda prioridad de Sacchi era el compañero, y esto se veía con total claridad cuando el rival atacaba por alguna de las bandas. Cada vez que el balón se desplazaba hacia un costado, todo el bloque del Milan basculaba en esa dirección, y se movía como un solo organismo.

El centrocampista de esa banda salía a presionar al atacante, mientras que el lateral, ligeramente más retrasado, cubría su espalda por si el rival lograba superar la primera marca.

Esa coordinación constante reflejaba la importancia que Sacchi concedía a las ayudas defensivas y a la solidaridad colectiva. El Milan se convirtió así en un equipo con un alto grado de empatía táctica, capaz de defender como una unidad en la que cada jugador se movía en función de los demás. Una virtud que Sacchi consiguió inculcar a sus jugadores y que se repetiría en todos los partidos.

El 4-4-2 como sistema base

Sin embargo, pese a todas las ideas que te he comentado, Sacchi necesitaba una estructura, un andamio sobre el que construir su castillo. Ese andamio fue el 4-4-2, el sistema que lo sostendría todo.

Desde una perspectiva geométrica, es el sistema que mejor encarna los tres principios que guiaron su modelo: solidaridad, equilibrio y cohesión.

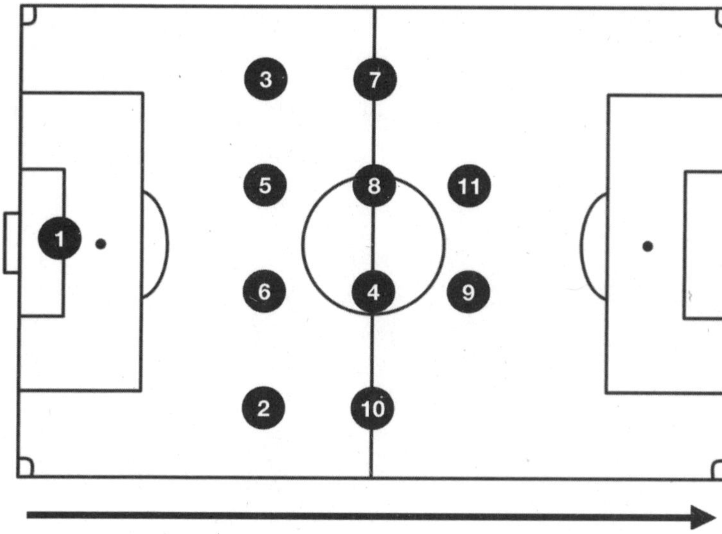

Pizarra 4.4 - El andamio de Sacchi: 4-4-2

Si observamos el esquema, cada posición aparece doblada: dos centrales, doble pivote, dos jugadores de banda (lateral e interior) y dos delanteros. Esta dualidad garantiza que las ayudas entre compañeros sean constantes y eficaces. Si uno de los dos se descolgaba o salía de zona, el otro podía cubrirlo sin que el sistema perdiera su forma.

En los partidos, era habitual ver cómo Colombo, centrocampista de banda, retrocedía para cubrir la espalda de Tassotti cuando este se proyectaba por el carril derecho. O cómo Rijkaard compensaba los movimientos de Ancelotti cuando caía a banda, ocupando el espacio que dejaba libre.

El Milan de Sacchi funcionaba como una cadena de montaje, donde cada engranaje tenía una función distinta según el lugar en que se encontrara. Sus jugadores actuaban de una determinada forma dependiendo de la posición que ocupasen en cada momento.

Además, el 4-4-2 resultaba ser el sistema que mejor rellenaba los espacios, precisamente porque era homogéneo, es decir, cada línea mantenía la misma distancia y proporción, lo que favorecía que el equipo se moviera como una unidad compacta, sin fisuras ni vacíos.

Los obreros de Sacchi

Pero para que este andamio no quedara vacío, Sacchi necesitaba a sus peones de obra. Futbolistas con disciplina, inteligencia y sacrificio, capaces de hacer realidad las ideas que Arrigo tenía en la cabeza.

Aunque algunos futbolistas como Filippo Galli (defensa central), Evani (centrocampista) o Virdis (delantero) también fueron piezas importantes, este podría considerarse el once más representativo de aquel Milan. La columna vertebral la formaban tres nombres esenciales: Baresi, Ancelotti y Gullit.

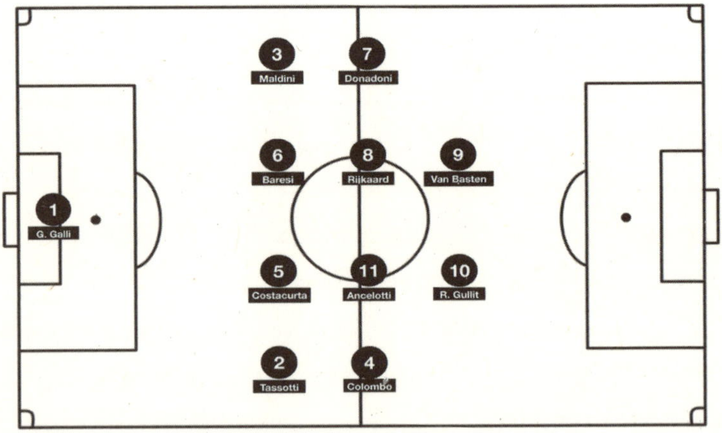

Pizarra 4.5 - Once representativo del Milan de Arrigo Sacchi

Franco Baresi, actuando como líbero en línea, era el auténtico metrónomo defensivo. Él daba la orden para adelantar la línea, sostenía el fuera de juego y era, al mismo tiempo, el primer iniciador del ataque con sus envíos largos hacia Gullit o Marco van Basten.

El segundo eslabón era Carlo Ancelotti, que ofrecía una vía segura de salida en corto para los defensas. Desde ahí, distribuía el juego hacia las bandas o lanzaba en largo para aprovechar los movimientos al espacio de Gullit.

El último eslabón era Ruud Gullit, cuya presencia física y versatilidad resultaban determinantes. Aunque en la selección holandesa solía actuar como líbero, Sacchi lo convirtió en segunda punta, y le dio libertad total. Gullit podía caer a las bandas para recibir al espacio, bajar unos metros para generar superioridad en el centro del campo, o fijar a los centrales rivales con su presencia física. Era el jugador más libre del sistema, el que unía fuerza, técnica y creatividad. Era el futbolista total.

En torno a estos tres pilares giraba el resto del conjunto. Los interiores solían cerrarse hacia dentro para liberar la banda a los laterales (Maldini o Tassotti), lo que generaba constantes intercambios de posición entre jugadores como Ancelotti y Donadoni. En el costado derecho, Colombo ofrecía ayudas constantes a Tassotti, asegurando el equilibrio en las coberturas. Rijkaard, el mediocentro más posicional, era el punto de apoyo de todos, el jugador que siempre estaba en el lugar y el momento justos. Detrás, Costacurta (y, en ocasiones, Galli) aportaban el componente físico que complementaba la inteligencia táctica de Baresi, con lo que se completaba una defensa muy sólida.

Sacchi anula a Maradona

El 1 de mayo de 1988, el Milan estaba a un punto del Napoli de Diego Armando Maradona. Si ganaban, no solo ascenderían al primer puesto de la clasificación, sino que prácticamente tendrían ganado el Scudetto después de nueve años sin conseguirlo (la última liga había sido la de la temporada 1978-1979).

EQUIPO	PTS	PJ	PG	PE	PP	GF	GC	TA	TR
Napoli	42	27	18	6	3	50	19	29	2
Milan	41	27	16	9	2	39	11	26	4
Roma	34	27	13	8	6	36	23	40	3
Sampdoria	34	27	12	10	5	38	26	20	1
Torino	29	27	7	15	5	30	26	37	0
Inter	28	27	10	8	9	36	31	47	1
Juventus	28	27	10	8	9	32	27	31	1
Hellas Verona	25	27	7	11	9	23	27	43	6
Fiorentina	24	27	7	10	10	23	28	39	2
Cesena	24	27	7	10	10	21	29	39	3
Pescara	23	27	8	7	12	24	39	33	2
Empoli	21	27	4	13	10	16	27	49	1
Ascoli	20	27	5	10	12	28	37	50	3
Como	20	27	4	12	11	18	35	42	0
Avellino	20	27	4	12	11	17	36	42	2
Pisa	19	27	4	11	12	20	30	43	2

Tabla 4.1 - Clasificación de la Serie A 1987-1988 - Jornada 27 (antes del partido). Datos de BDFutbol

Para llevarse los tres puntos, Sacchi sacó el siguiente equipo ante el Napoli.

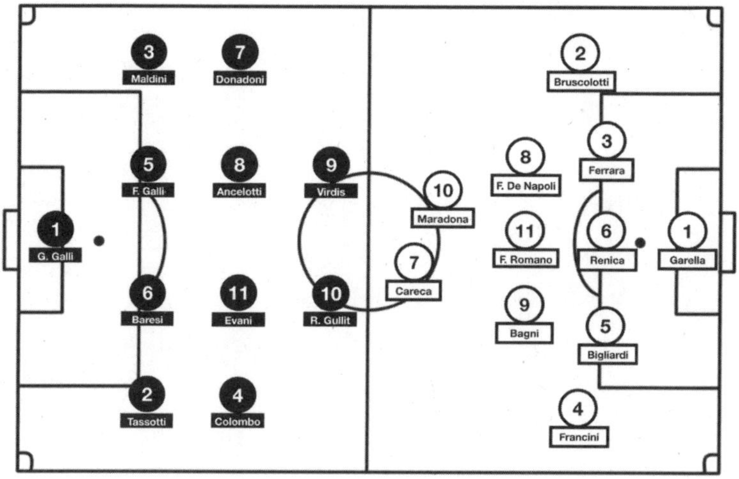

Pizarra 4.6 - Posiciones iniciales del Milan y el Napoli

En este partido se pudo observar un patrón muy claro: hasta en nueve ocasiones, la línea defensiva del Milan se activó para adelantarse y asfixiar al rival.

El comportamiento era siempre el mismo:

1. El poseedor del balón que está en el carril central se perfila para conducir o filtrar.
2. Un jugador del Milan (por lo general, un centrocampista) sale a encimarlo de inmediato para que tenga menos tiempo para tomar una decisión y así que la misma sea menos precisa.
3. Simultáneamente, toda la línea defensiva se adelanta en bloque unos metros para achicar el campo, reducir el espacio de juego y dejar en fuera de juego a los posibles receptores (Careca o Maradona).

Aquí algunos ejemplos claros:

- **Minuto 18:** Careca conduce por dentro, el Milan no logra taponar y entonces la línea se adelanta en seco. Bagni recibe e intenta armar el pase a la banda derecha, pero ya es tarde: Maldini intercepta el balón.
- **Minuto 20:** Maradona recibe el esférico, logra girarse y conducir hacia dentro, con lo que escapa de la marca de Ancelotti. De inmediato, otro defensor del Milan salta a presionarlo. De no haber habido falta, la línea se habría adelantado para achicar. La clave estaba en la proximidad entre compañeros: todos los jugadores del Milan permanecían cerca unos de otros, listos para intervenir si el primero fallaba. Si Ancelotti no conseguía detener a Maradona, el siguiente defensor estaba a apenas unos metros para poder hacerlo. Esa densidad colectiva garantizaba que el poseedor del balón nunca tuviera tiempo ni espacio para pensar. Esa era la esencia del juego en espacios reducidos que definía al Milan de Sacchi: jugar en no más de treinta metros.
- **Minuto 42:** La línea del Milan se adelanta. Bagni intenta filtrar un pase largo por alto al espacio, pero un primer defensor se le echa encima para impedirle pensar con claridad. Mientras lo presionan, la zaga milanista avanza en bloque, y deja a Careca en fuera de juego.
- **Minuto 43:** De nuevo, el Milan achica. Ferrara arma el disparo desde la frontal y, en ese mismo instante, la defensa da un paso adelante para reducir el espacio.
- **Minuto 44:** Careca combina con Maradona. En cuanto el argentino recibe, toda la defensa del Milan se acerca en

bloque, con lo que le niega tiempo para decidir. El balón rebota en una mano milanista y el árbitro pita falta al borde del área. De ese tiro libre nacería el gol de Maradona (1-1, minuto 45).

La activación se producía cuando el balón entraba en la zona de mayor riesgo (el carril central) y el rival levantaba la cabeza para decidir. En ese instante, el Milan no esperaba la pérdida, sino que la forzaba. La línea avanzaba en bloque, reduciendo el espacio y el tiempo de pensamiento del poseedor. Sacchi defendía hacia delante, no hacia atrás.

El mejor ejemplo se dio en el minuto 36 de la primera parte. Maradona recibió libre entre líneas y, de inmediato, los cuatro defensores del Milan se abalanzaron sobre él. Al reducirle el espacio disponible, lo obligaron a pensar y ejecutar bajo presión, mientras los posibles receptores quedaban automáticamente en fuera de juego. El Milan recuperó el balón y empezó el contraataque que terminó con falta de Renica en la frontal. De ese tiro libre nació el gol de Virdis (0-1). Era la confirmación práctica de la idea de Sacchi: una defensa proactiva, diseñada para atacar.

A partir de ahí, el partido siguió un guion claro. El Napoli, con Renica como líbero, insistía en los balones largos hacia Maradona, que trataba de desequilibrar con conducciones por dentro. Pero el Milan, compacto y solidario, se desplazaba como un bloque hacia donde viajaba el balón, neutralizando los intentos del astro argentino. Pese al gol de falta directa de Maradona, aquella tarde demostró que el orden colectivo puede imponerse al talento individual.

El encuentro terminó 3-2 para el Milan, con goles de Virdis

(minutos 36 y 67) y Van Basten en el 76, que entró en la segunda parte para sentenciar tras un contraataque conducido por Gullit.

El conjunto de Arrigo Sacchi consiguió hacerse con el campeonato liguero 1987-1988, con el que se inició una gloriosa etapa en el Milan, no solo por los trofeos conseguidos, sino también por la adquisición de un estilo y una cultura que rompían con lo preestablecido.

El fin de la Quinta del Buitre

Aquel 19 de abril de 1989, San Siro fue testigo de una de las demostraciones tácticas más perfectas que se recuerdan en la historia del fútbol europeo. El Milan de Arrigo Sacchi acabó con el glorioso Real Madrid de la Quinta del Buitre.

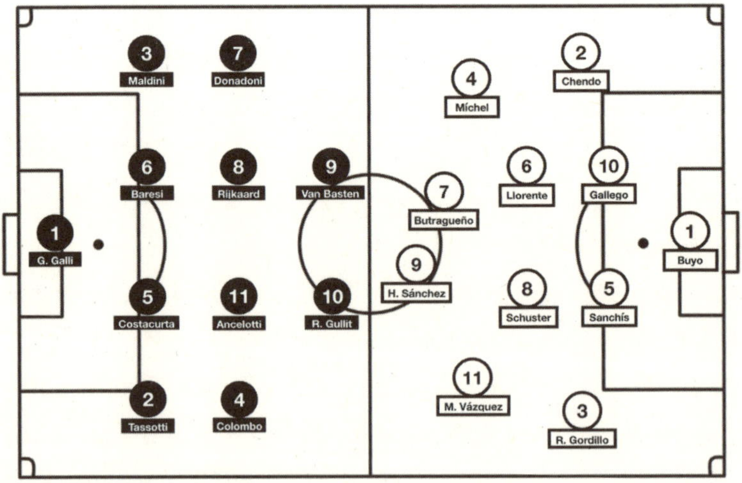

Pizarra 4.7 - Posiciones iniciales del Milan y el Real Madrid

Desde el primer minuto, el Milan impuso su 4-4-2 flexible que alternaba pequeñas rotaciones entre Donadoni y Ancelotti, mientras Rijkaard y Colombo mantenían las posiciones más fijas. Donadoni intercambiaba a menudo su lugar con Ancelotti para liberar la salida y confundir las referencias defensivas del Madrid. Los blancos, en cambio, tendían a lateralizar las jugadas, buscando progresar por fuera con Míchel y Gordillo, pero se encontraban con una red milanista diseñada para enfrentar dos contra uno constantes en banda y marcajes escalonados que impedían la progresión.

A los cinco minutos de empezar el partido, cuando el Madrid atacaba por los costados, el Milan respondía con un duelo directo más una cobertura a la espalda, de modo que blindaba los envíos al área. En cada centro, los italianos llenaban el área de camisetas rojas y negras, y defendían el espacio, no al hombre.

- En el minuto 10, Rijkaard saltaba sobre el posible receptor mientras Ancelotti acosaba al poseedor del balón. Robo, pase largo y salida por la derecha con Colombo.
- En el 17, Gullit presionaba a Chendo y, detrás, otro jugador del Milan barría la línea de pase. Cada intento de salida blanca terminaba en un robo, una transición y un rugido de San Siro.
- En el minuto 18 llegó el primero: Ancelotti recogió un balón y a treinta metros lo envió a la escuadra. 1-0. El comienzo del derrumbe.
- Seis minutos después, en el 24, Tassotti centró desde la derecha y Rijkaard cabeceó en una muestra de la clara superioridad física frente a los blancos. 2-0. El Real Madrid ya estaba desbordado.

La presión y la altura del bloque del Milan eran una lección de sincronía. Cada vez que Schuster intentaba filtrar un pase interior, la defensa achicaba hacia delante, aplicando la trampa del fuera de juego. El Madrid caía una y otra vez en la red invisible que Sacchi había tejido. Antes del descanso, Gullit tuvo un cabezazo claro (minuto 44) y en el 46 convirtió el tercero tras un centro de Donadoni. Era el 3-0.

En la segunda parte, el guion no cambió. A los cuatro minutos, una jugada de escuela holandesa: Rijkaard lanza en largo, Gullit baja el balón y Van Basten define. 4-0.

Gullit se retiró lesionado y entró Virdis, pero nada cambió. En el minuto 60, Donadoni cazó un balón tras un córner y marcó el quinto con un zurdazo seco al palo de Buyo. 5-0.

Lo sorprendente fue que, pese a la goleada, el Milan no bajó la línea ni el ritmo. En el minuto 72, siguieron defendiendo en treinta metros, con la defensa plantada en el medio campo. Cada recuperación era un nuevo intento de contraataque, como si el resultado aún estuviera en juego. Incluso en el tramo final, con todo decidido, el Milan siguió achicando y provocando contras.

La gloria espera

El Milan consiguió el pase para la final de la Copa de Europa y, ante el Steaua de Bucarest, ofreció una de las exhibiciones más completas de la era Sacchi. El conjunto *rossonero* no conquistaba el trofeo desde la final que le había ganado al Ajax en 1969, y aquella noche en el Camp Nou puso fin a dos décadas de espera.

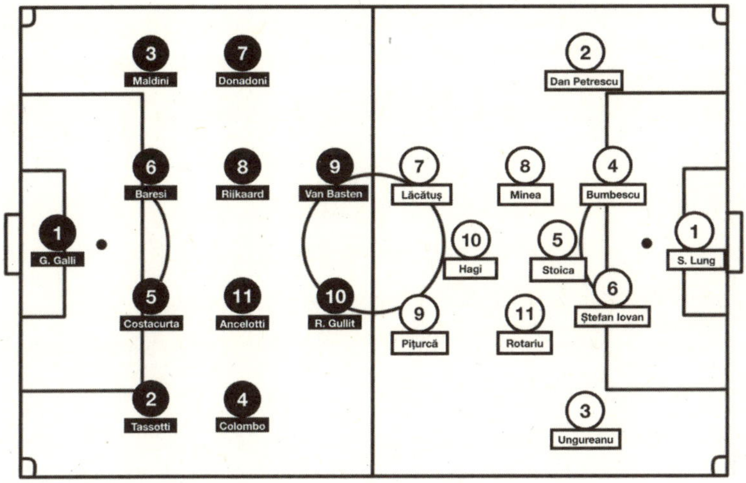

Pizarra 4.8 - Steaua de Bucarest versus Milan.
Final de la Copa de Europa 1988-1989

Desde el inicio impuso su ritmo, cerrando las líneas interiores y lanzando transiciones rápidas tras cada recuperación. Colombo ocupaba el espacio libre por la derecha, mientras Gullit y Van Basten atacaban el área desde dentro. Tras cinco minutos, Rijkaard filtró un pase al espacio para Colombo: la primera ocasión clara.

El Milan atacaba con los laterales muy altos. Cuando Tassotti subía por la derecha, Colombo centraba su posición, y en el área esperaban Gullit y Van Basten. En el minuto 17, el portero despejó un disparo de Colombo que terminó en los pies de Van Basten, quien asistió a Gullit para marcar el 1-0. A los 26 minutos, Tassotti volvió a proyectarse por su banda y envió un centro medido que Van Basten remató de cabeza; era el 2-0.

En defensa, el patrón era el mismo. Cada vez que el Steaua construía por dentro, la zaga del Milan achicaba hacia delante, reduciendo su espacio y tiempo. En el minuto 38, Donadoni centró desde la izquierda y Gullit firmó el 3-0 con una volea perfecta.

La segunda parte comenzó con la misma contundencia. En el 46, Van Basten anotó el 4-0. A partir de entonces, el Milan se limitó a controlar, defender siempre hacia delante y moverse en bloque. La presión colectiva y la sincronía del conjunto italiano neutralizaban cada intento de progresar por parte del Steaua.

Veinte años después, el Milan volvía a reinar en Europa. Y no se detendría ahí: en la temporada siguiente (1989-1990) conquistó su segunda Copa de Europa consecutiva ante el Benfica. Lo del año anterior no había sido una casualidad, sino el nacimiento de una nueva era. El legado de Arrigo Sacchi fueron mucho más que los títulos. Cambió la manera de entender el fútbol. Al principio lo tomaron por loco, pero enseñó que un equipo podía dominar desde la inteligencia colectiva, no desde la inspiración de uno solo. Su Milan reescribió el código del juego al reemplazar el miedo por la valentía, el repliegue por la presión, el instinto por la coordinación, y el marcaje al hombre por una defensa zonal sincronizada. A partir de Sacchi, el fútbol dejó de ser una suma de individualidades para convertirse en una obra coral, una sinfonía en la que cada movimiento tenía sentido dentro del todo. Perfeccionó los principios que ya habían sembrado La Máquina de River o el Ajax de Michels, y los llevó a su máxima expresión.

Quizá su mayor enseñanza fue recordarnos que no hace falta haber sido caballo para ser jinete. Sin haber sido futbolista profesional, desafió los prejuicios y demostró que las ideas, cuando están respaldadas por conocimiento, derriban cualquier barrera. Es la prueba de que no necesitas permiso para ser brillante, que el talento no se hereda en los pies, sino que se construye en la mente. Nos enseñó que no somos lo que los demás esperan que seamos, sino lo que somos capaces de imaginar y llevar a la práctica. Y que, a veces, basta una convicción inquebrantable para cambiar un deporte... o una vida.

EL DREAM TEAM DE **JOHAN CRUYFF**

Es el año 2009. Aún hace frío, pero la primavera empieza a asomar. El sonido de las plazas y el aroma del café llenan aquel bar de Marmolejo donde los ajedrecistas se reúnen cada tarde. Un familiar —también jugador— solía llevarme con él.

Mi papel era escuchar y aprender de los mayores. Había una especie de pacto no escrito: todos podíamos hablar, pero el ritmo de la conversación lo marcaban los que estaban jugando. Eran ellos quienes, entre movimiento y movimiento, guiaban las ideas y los silencios del bar. Y me parecía justo. El que ganaba solía tener más crédito para exponer sus pensamientos, como si el tablero premiara el mérito. Pero nadie quedaba fuera: tarde o temprano, a todos nos llegaba el turno, porque todos jugábamos. Los que vencían eran escuchados, y los que esperaban sabían que su momento llegaría. En el fútbol pasa igual: los que ganan son los que marcan las tendencias tácticas de los próximos años. Y fue en uno de esos turnos cuando por fin me tocó jugar y me animé a hablar. Les hablé del Barça de Guardiola, que aún no había ganado el triplete, pero ya estaba haciendo historia. En los medios decían que aquel equipo recordaba al Dream Team.

—¿Qué narices era el Dream Team? —pregunté, con la ingenuidad de un niño.

Uno de los mayores sonrió apenas.

—El Dream Team no existía —me dijo—. Fue el apodo del Barcelona de Johan Cruyff.

Otro, con voz grave y pausada, añadió:

—Cruyff tocó una tecla que solo conocían los ajedrecistas: el control del centro. Quien domina el centro, domina el tablero.

No entendí del todo sus palabras, pero algo dentro de mí se encendió. Aún puedo oler aquel bar, oír sus voces, el eco de las piezas al caer. Lo que daría por volver a esos tiempos... me enseñaron una forma de ver el fútbol que nunca me había planteado. Y eso fue precisamente lo que hizo Johan Cruyff con su Barça: imponer una manera de jugar que el fútbol español nunca se había planteado pero que fue el inicio de lo que hoy conocemos en el Barcelona y en España.

Suena «Clavado en un bar», de Maná. Empecemos.

Cuando el fútbol no estaba preparado para entender a Johan

Michael Robinson, exfutbolista y periodista muy querido en España, contó en un episodio de *Informe Robinson* —durante una charla con el propio Johan— una anécdota que retrata a la perfección su carácter visionario. Según recordaba, Cruyff le dijo con una serenidad que desarmaba: «Voy a cambiar el mundo del fútbol. Jugaré con dos extremos... y sin delantero centro. Mi jugador más retrasado será un centrocampista».

Cuando escuché este fragmento por primera vez, no entendí nada. ¿Cómo que vas a jugar sin delantero centro? ¿Sin centrales? ¿Y tu jugador más retrasado será un mediocentro? Aquello sonaba a herejía. Lo que Cruyff proponía podría ser para muchos una locura, pero el tiempo demostró que tenía muchísima lógica detrás. Era un pensamiento tan adelantado que el resto solo podía mirarlo con escepticismo..., hasta que el tiempo empezó a darle la razón.

Johan Cruyff había llegado al banquillo del Barcelona el 4 de mayo de 1988. En casi dos años, solo había conquistado un título: la Recopa de Europa de 1989 ante la Sampdoria, un trofeo menor si se comparaba con la Liga o la Copa de Europa. Mientras tanto, el Real Madrid de la Quinta del Buitre dominaba el fútbol español, encadenando cuatro Ligas consecutivas (1986-1989). El Barça acumulaba ya cinco años sin ganar la Liga, y la impaciencia era palpable. La afición reclamaba resultados, el club necesitaba un golpe de autoridad, y Cruyff, más que nadie, una victoria que legitimara su idea. En ese contexto, la final de la Copa del Rey de 1990 ante el Real Madrid no era solo un título en juego. Era su salvavidas. Durante aquellos primeros años, Johan fue un genio incomprendido, un hombre que vio el fútbol antes de que el fútbol estuviera preparado para que lo vieran. Y aquella noche, la victoria lo mantuvo con vida. Y con ella, empezó todo. Pero antes de adentrarnos en el nacimiento del Dream Team, hay que entender la mente de su creador.

Un genio incomprendido

Cruyff estuvo profundamente marcado por lo que había vivido como futbolista. Tanto en el Ajax como en la selección neerlandesa, el fútbol total fue su faro. Pero más que un teórico, fue un entrenador pragmático e intuitivo.

Mientras los técnicos actuales diseccionan cada detalle al milímetro, él confiaba en su instinto y en la comprensión natural del juego. La esencia del fútbol moderno —la posesión, la ocupación racional del espacio y la presión tras pérdida— ya existía en su cabeza mucho antes de convertirse en dogma. Más adelante, sus discípulos, como Guardiola, la convertirían en ciencia.

Una de las pruebas más evidentes fue su célebre 3-4-3 en el Barcelona. Su planteamiento fue, en cierto modo, una reedición del espíritu «rinusmichelsiano», es decir, cuando la mayoría de los entrenadores miraban en una única dirección, él decidía mirar en dirección opuesta.

En una Europa dominada por los carrileros, las defensas de cinco y el doble pivote, Cruyff abrió el campo con extremos puros, redujo la defensa a tres hombres y jugó con un solo pivote. Si el continente apostaba por el 9 corpulento, él se decidió por situar a Laudrup como falso 9, descolocando cualquier referencia defensiva.

Y, como suele ocurrir con los innovadores, las críticas no tardaron en llegar. Pasó con La Máquina de River, tachada como «los caballeros de la angustia» por su posesión excesiva. Pasó con el *catenaccio* de Helenio Herrera, acusado de ser «antifútbol». Pasó con la Holanda de Michels, tildada de «demasiado ofensiva» tras perder la final de 1974. Y volvió a pasar con Guardiola, cuando le dijeron que Xavi e Iniesta no podían jugar juntos.

Así ha sido siempre. Y así fue con Cruyff. También a él le costó imponer sus ideas en el Barcelona. Desde su primera temporada (1988-1989), Cruyff ya ensayó la línea de tres defensores y el 3-4-3 como punto de partida de su idea ofensiva. Sin embargo, la falta de intérpretes adecuados y la inestabilidad del equipo, unida a una segunda campaña (1989-1990) irregular en la que el Barça terminó tercero a 11 puntos del Real Madrid, lo llevó a optar por soluciones más convencionales.

Durante ese periodo, buscó mayor solidez defensiva recurriendo al 4-3-3, con dos centrales y dos laterales puros, un sistema más acorde al contexto táctico europeo de finales de los años ochenta, dominado por estructuras de cuatro defensas y el auge del 4-4-2. Aun así, esa segunda temporada trajo consigo dos fichajes que cambiarían la historia del fútbol: Ronald Koeman, procedente del PSV Eindhoven, y Michael Laudrup, llegado desde la Juventus. Ambos representaban a la perfección la filosofía del fútbol total que Cruyff quería instaurar en el Barça. Y fue en la final de la Copa del Rey de 1990, ante el Real Madrid, cuando todo empezó a encajar. Aquella noche marcó el inicio del Dream Team... y el ocaso de la Quinta del Buitre.

Nace el Dream Team

Observa esta alineación. Y ahora pregúntate en silencio: ¿No te parecería una locura jugar así hoy en día?

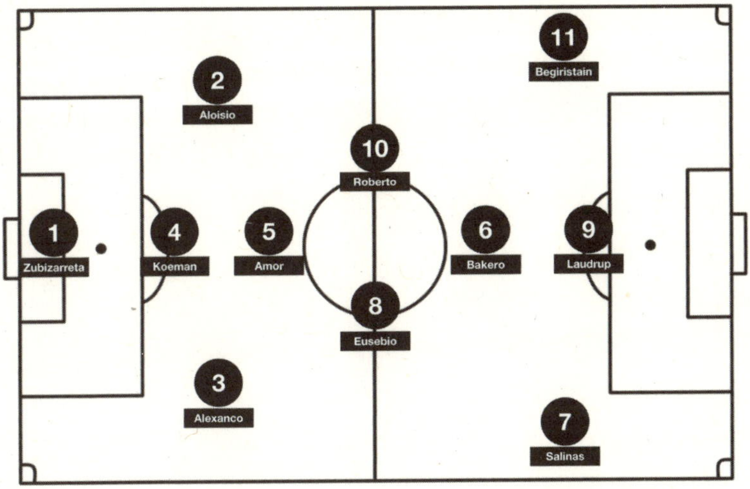

Pizarra 5.1 - Alineación del Barcelona - Final Copa del Rey 1990

Es comprensible pensar que esta formación es muy arriesgada. Jugar solo con tres defensas y sin carrileros rompía por completo los esquemas de la época.

En España, los pocos equipos que se atrevían con una línea de tres lo hacían siempre acompañada de carrileros, para poder transformarla en una defensa de cinco en el repliegue. Pero el Barça de Cruyff borró del mapa a los laterales/carrileros. Según *Jot Down*, el propio Andoni Zubizarreta recordaba años después la sorpresa que causó el 3-4-3 de Cruyff: «¿Cómo vamos a cubrir más de cincuenta metros de ancho con solo tres tíos y dejando tanto espacio a la espalda entre los defensas y la portería?».

Y no, aquellos centrales —Koeman, Alexanco o Aloisio— no eran especialmente rápidos a la hora de anticipar o cubrir espacios. Tampoco lo eran sus mediocentros. Milla primero y luego Guardiola no se caracterizaban por su potencia física, ni por abarcar grandes distancias. Aun así, Cruyff jugaba con un solo pivote, en una era en la que el doble pivote era sinónimo de equilibrio. ¿Y en punta? Laudrup, un delantero que no era delantero. Todo parecía un sinsentido. Un equipo ofensivo, arriesgado, casi podríamos decir que kamikaze. Y, sin embargo, esa misma alineación fue la que derrotó 2-0 al Real Madrid en la final de la Copa del Rey de 1990.

Segundos antes de que empezara la final, un periodista de TVE le lanzó a Johan Cruyff a pie de campo la pregunta que muchos se hacían: «Una alineación, se comenta, de mucho riesgo la del Barcelona... porque prácticamente va a jugar usted como siempre: al ataque. ¿No piensa un poco en el ataque del Real Madrid?».

El periodista tenía razón: el Madrid contaba con un frente ofensivo demoledor: Hugo Sánchez y Butragueño apoyados por Míchel y Martín Vázquez. Y la respuesta de Cruyff fue tan sencilla como brillante: «Nosotros pensamos en el ataque del Real Madrid, porque es un arma buena que tienen..., pero siempre que llegan».

Detengámonos en ese «siempre que llegan». Tres palabras que, en su momento, pasaron casi desapercibidas, pero que condensan toda la esencia del pensamiento de Johan Cruyff. Una frase que explica no solo su idea del fútbol, sino también su manera de entender el juego.

Si aún no puedes comprender del todo qué quiso decir con ese «siempre que llegan», lo entenderás en las siguientes líneas de texto.

Como se observa en la pizarra siguiente, Johan Cruyff alinearía su tan famoso 3-4-3, aunque con ligeras variantes. En primer lugar, Koeman no sería el líbero, sino que jugaría de pivote debido a que Butragueño se encargaba de tapar los pases que

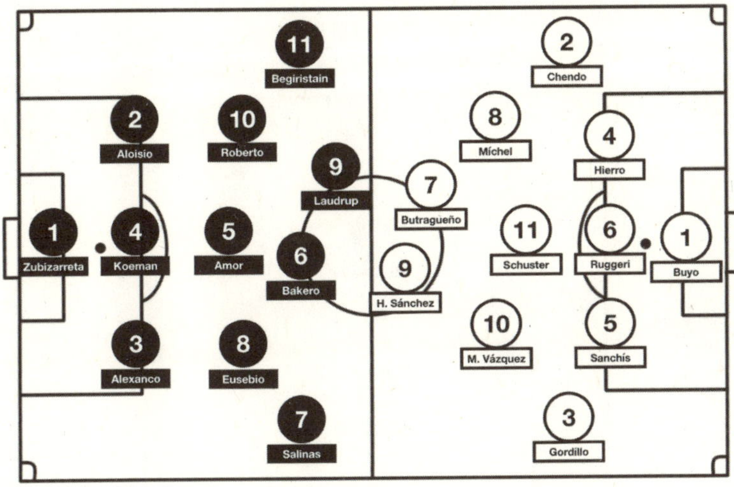

Pizarra 5.2 - Alineaciones - Real Madrid versus F. C. Barcelona - Final Copa del Rey 1989-1990

recibía el holandés. Como Alexanco y Aloisio no eran centrales con tan buena salida de balón como sí lo era Koeman, el que se encargaría de la salida de balón desde atrás fue Eusebio Sacristán que se posicionaba como central/lateral por la banda derecha. La permuta de posiciones nos hace recordar los mejores años de las Naranjas Mecánicas. El esquema del Barcelona con balón quedaba como se recoge en la página siguiente.

De esta forma, el Barcelona siempre se aseguraba una salida limpia de balón gracias a la vía alternativa que se abría en la banda derecha con Eusebio. En este partido, Koeman apenas tuvo un rol de creación, sino que fue el señuelo perfecto para arrastrar la marca de Butragueño. Por otro lado, nadie le saltaba a Eusebio debido a que el Madrid jugaba 5-3-2 y en esa banda estaban Rafael Gordillo como carrilero izquierdo y Martín Vázquez como interior. Mientras Amor arrastraba la marca de Martín Vazquez, Salinas, bien abierto en la derecha, fijaba a Gordillo. De esta forma, el único que podía saltarle

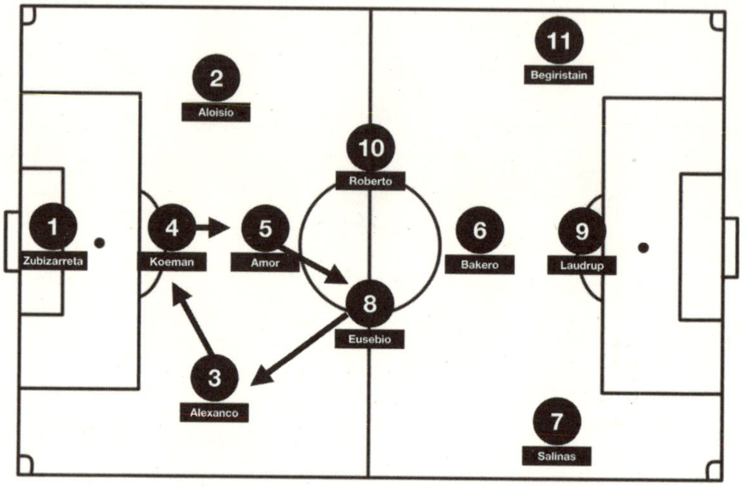

Pizarra 5.3 - La permuta de posiciones

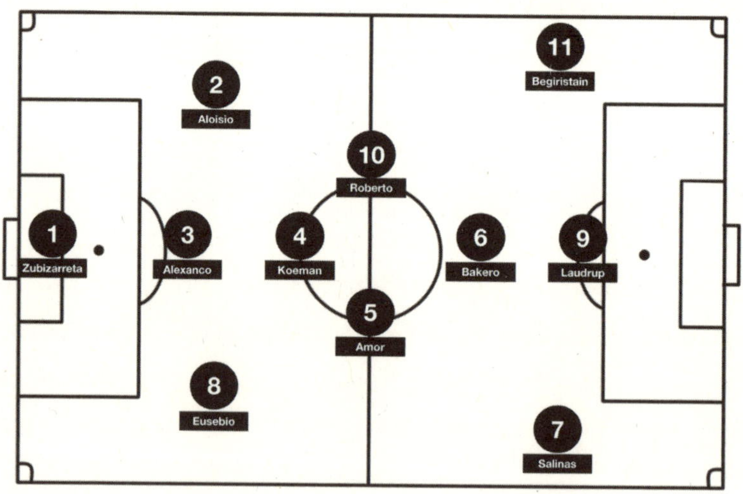

Pizarra 5.4 - Las posiciones finales

a Eusebio era Hugo Sánchez, pero entonces Alexanco era ahora el jugador libre.

«Si tú tienes el balón, el rival no lo tiene». Pocas frases resumen tan bien la esencia de Johan Cruyff. Este partido es la mejor demostración de que su prioridad nunca fue defender. Nunca. Incluso Guardiola lo reconoció años después en el documental de Movistar: ellos no entrenaban la defensa.

El objetivo era claro —mantener la posesión—, porque, con el balón en los pies, el rival simplemente no podía hacerte daño. Cruyff entendía que la mejor forma de protegerse era atacar. Y para hacerlo, necesitaba siempre un jugador más en el centro del campo, una superioridad que le garantizara el control del juego y, con él, el dominio del partido.

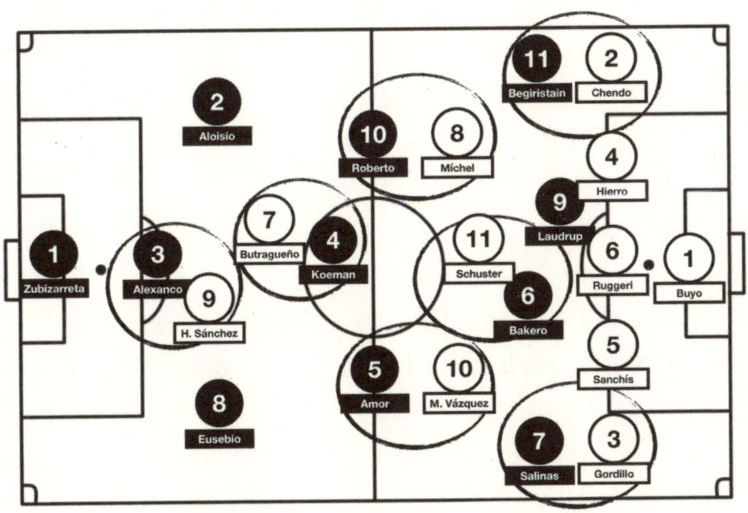

Pizarra 5.5 - Marcajes durante el partido

Como puedes observar, la piedra angular del juego de Cruyff siempre fue el espacio. A partir del espacio, los jugadores se situaban de forma que se generaran ventajas. La clave estaba en tener siempre un hombre libre en cada línea. En defensa, ese rol recaía en Eusebio, pero en el centro del campo la situación fue mucho más complicada. Mientras Eusebio, Alexanco y Aloisio disponían de tiempo para mover el balón, durante toda la primera parte el Barcelona no encontraba receptores libres en el medio. Esto se debía a que nadie del Real Madrid saltaba a presionar a los zagueros. Si Butragueño no avanzaba sobre Eusebio, Koeman no podía recibir, y sin esa recepción, Schuster no se veía obligado a salir de su zona, lo que impedía que Bakero quedara libre entre líneas. Era una cadena perfectamente diseñada..., pero si el primer eslabón no mordía el anzuelo, la superioridad numérica nunca se activaba.

En el minuto 43 de la primera parte se reveló con claridad la mayor debilidad del Dream Team (y, en cierto modo, el preludio de su caída años más tarde). Bakero intentó un pase interior hacia Eusebio, pero Gordillo lo interceptó y desató un contraataque fulminante. Hugo Sánchez se lanzó hacia el corazón del área, y solo la intervención desesperada de Alexanco evitó el gol. Aquella jugada fue un resumen perfecto del problema estructural del Barcelona: las transiciones defensivas.

El Real Madrid no necesitaba presionar arriba, sino que le bastaba con esperar en bloque medio, ordenado y paciente, para golpear cuando el Barça se desprotegía. Cada pérdida azulgrana se convertía en una amenaza inmediata. Mientras tanto, los de Cruyff seguían sin encontrar ese hombre libre en el medio campo. El partido fue de ida y vuelta hasta la expulsión de Fernando Hierro. Con un jugador menos, el Barcelona encontró por fin la superioridad numérica y logró instalarse en campo rival durante la segunda parte. Ahora el Barcelona conseguía dominar el tablero.

Entonces, Koeman, con libertad para incorporarse al ataque, probó suerte con un potente disparo desde la frontal. Buyo logró detenerlo, pero el balón quedó suelto en el área. Begiristain recogió el rechace y centró hacia Amor, que llegaba desde segunda línea para marcar el primer gol azulgrana en el minuto 68. En el tiempo añadido, Salinas conseguía el segundo gol tras un fallo en la salida de balón del Real Madrid.

Cruyff se había salvado. Aquella noche marcó un punto de inflexión: terminaba la era de la Quinta del Buitre, golpeada por esta derrota y por el reciente 5-0 sufrido ante el Milan de Sacchi la temporada anterior, y al mismo tiempo nacía el Dream Team.

Wembley 92: El Dream Team más pragmático

La Sampdoria de Vujadin Boškov llegó a Wembley con un 3-5-2 meticulosamente preparado. En defensa, Manini y Vierchowod ejercían de marcadores laterales, con Lanna como líbero. Cada uno tenía una responsabilidad: Manini debía frenar a Stoichkov, Vierchowod vigilaba a Salinas, y Lanna actuaba libre, atento a los movimientos de Laudrup, que se movía constantemente entre líneas como un falso nueve. Si Laudrup se quedaba fijo en ataque, Lanna realizaba un marcaje al hombre, pero si el danés salía de zona, Lanna no lo seguía hasta el centro del campo.

Por delante, el doble pivote, Cerezo y Pari daban equilibrio al centro del campo, mientras Katanec, teórico lateral izquierdo, jugaba realmente como un interior adelantado, colocándose por delante del doble pivote. Esta altura adicional era clave, ya que su función principal era impedir que Guardiola recibiera cómodo.

En los carriles, Bonetti mantenía una posición prudente, pero Lombardo, por la derecha, fue el jugador más dañino. Su despliegue físico, velocidad y agresividad hicieron que Cruyff alineara al Dream Team más prudente. Renunciando a su habitual 3-4-3 para añadir un cuarto defensor: Juan Carlos, encargado de seguir a Lombardo. El resultado fue una línea de cuatro con Nando, Koeman, Ferrer y Juan Carlos.

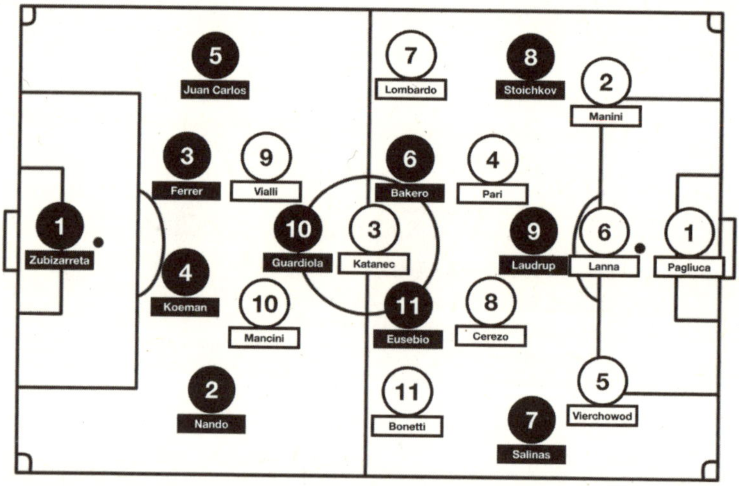

Pizarra 5.6 - Posicionamiento inicial del Barça y del Sampdoria

En ataque, el Barça mantenía la estructura del rombo en medio campo con Guardiola como pivote, Eusebio interior derecho, Bakero mediapunta y Laudrup descendiendo desde la posición de delantero centro a la zona de interior izquierdo. En el sector izquierdo, Stoichkov, Laudrup y Juan Carlos intercambiaban posiciones constantemente, es decir, cuando Laudrup caía al interior, Stoichkov atacaba la diagonal al área y Juan Carlos ganaba altura por banda. En cambio, en el flanco derecho todo era más estático: Salinas fijaba a su lateral y ofrecía amplitud.

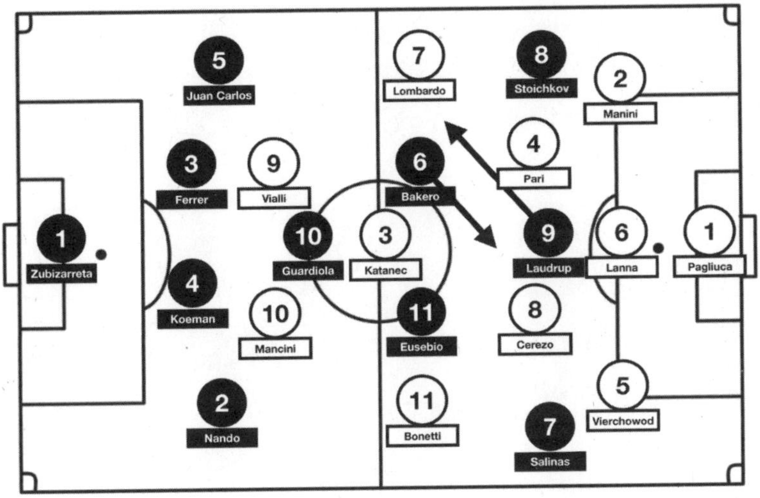

Pizarra 5.7 - Laudrup ocupa el carril interior

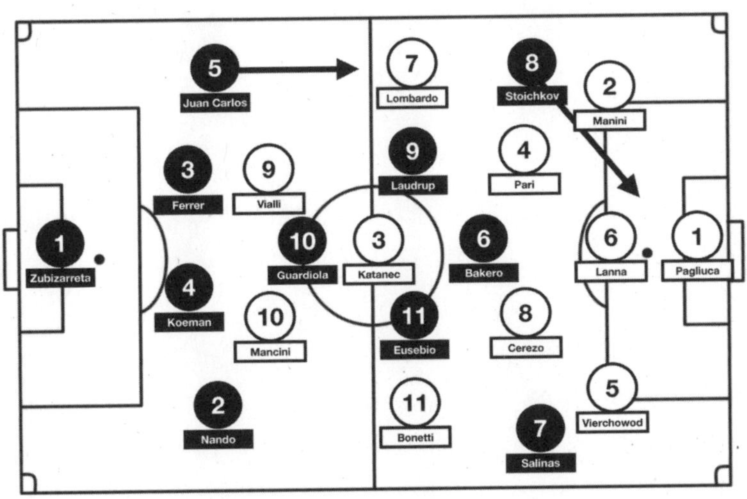

Pizarra 5.8 - Stoichkov ataca el espacio y Juan Carlos sube

Durante la primera parte, el Barcelona fue un equipo partido. El principal motivo fue su abuso del pase vertical. En teoría, el pase vertical es el más dañino del fútbol ya que rompe líneas, acelera el juego y permite conectar con el tercer hombre (ese jugador que recibe de cara tras una pared o un apoyo interior). Pero ese tipo de pase solo resulta eficaz si existe superioridad numérica en la zona de recepción.

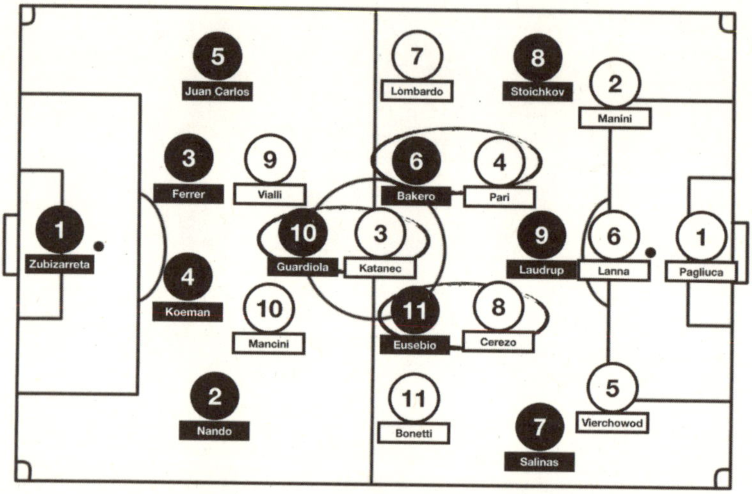

Pizarra 5.9 - Los emparejamientos

Como puedes observar en la pizarra, la Sampdoria anuló esa superioridad. Pari y Cerezo junto con la vigilancia de Katanec sobre Guardiola permitieron a los italianos igualar los números en el centro. Por esta razón Bakero apenas apareció entre líneas en la primera parte del encuentro. Cuando Koeman lanzaba un pase vertical hacia Bakero, este no lograba conectar con Laudrùp para darle continuidad y el equipo quedaba roto, con el medio campo superado y los defensas demasiado lejos de la jugada.

El consiguiente resultado era un partido de ida y vuelta, más físico que posicional, en el que el Barça sufría cada pérdida. Además de todo ello, los laterales no se incorporaban al ataque, conscientes del peligro que suponía Lombardo en las transiciones. Nando, especialmente, jugó con mucha precaución, lo que redujo significativamente la profundidad ofensiva por la derecha. Sin embargo, todo cambió en la segunda parte. Cruyff movió a Ferrer del centro de la defensa al lateral derecho y colocó a Nando como escolta de Koeman. Ese simple ajuste le dio al equipo mayor proyección por el lateral derecho y, sobre todo, permitió a Guardiola entrar definitivamente en juego, ya que ahora se le abría una línea de pase que antes no existía.

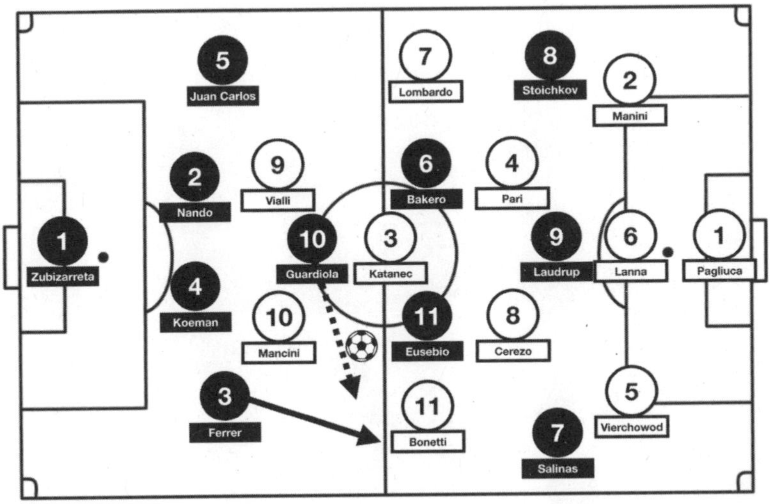

Pizarra 5.10 - Ferrer sube y se habilita nueva línea de pase

Con el balón en sus pies, el Barça dejó de insistir en los pases verticales y empezó a moverlo horizontalmente, de un lado a otro. A diferencia del pase vertical, que busca el desequilibrio inmediato, el horizontal tiene un propósito táctico distinto y es mover al rival, obligarlo a bascular para abrir espacios en el lado contrario.

Guardiola fue el hombre ideal para ejecutar el plan. Su precisión y serenidad permitían mantener el control incluso en zonas de riesgo. Y aunque un pase horizontal es peligroso si se pierde —porque deja al equipo expuesto—, él no fallaba. Gracias a su fiabilidad, el Barça pudo estirar a la Sampdoria y desorganizarla.

Un ejemplo claro se produce en la segunda parte, cuando Pep cambia el juego hacia Laudrup en el costado izquierdo. Ese desplazamiento obliga a Pari y Cerezo a bascular, dejando un hueco en la frontal.

Bakero, libre entre líneas, recibe de cara y filtra un pase para Stoichkov, que casi marca. En esa jugada se resume la esencia del juego de posición, es decir, mover al rival para abrir huecos, abrir huecos para encontrar al jugador libre y así crear ocasiones de gol.

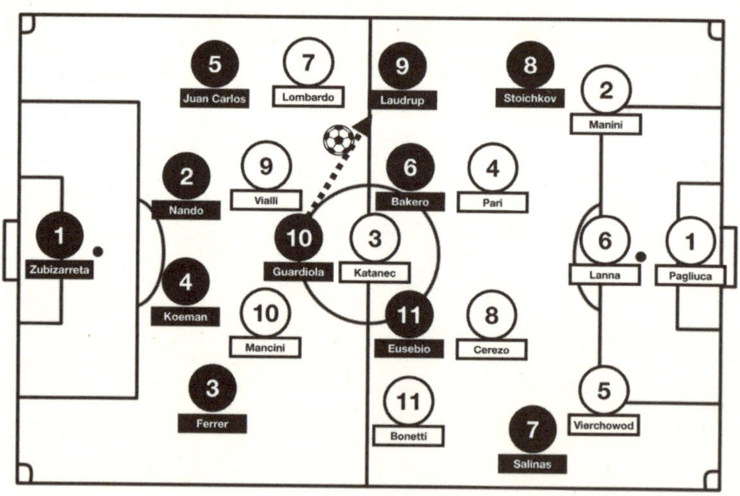

Pizarra 5.11 - Guardiola cambia el juego hacia Laudrup

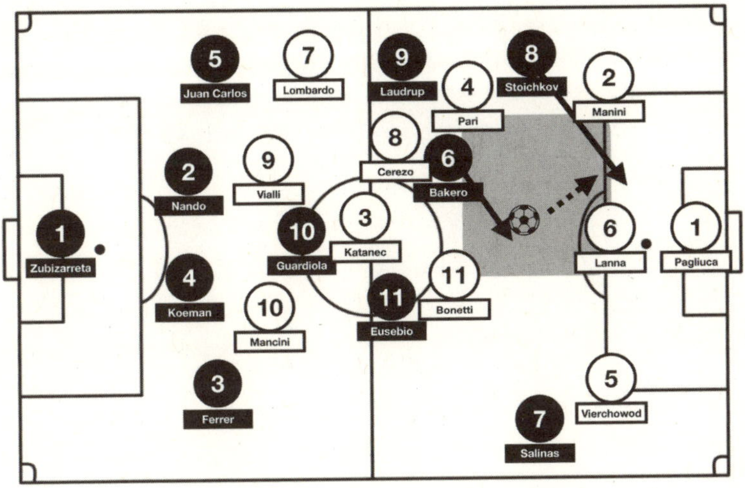

Pizarra 5.12 - Bakero combina con Stoichkov

La prórroga fue una cuestión de resistencia. Los ataques se fueron apagando, el cansancio pesaba en las piernas y el tiempo parecía detenido. Hasta que, en el minuto 112, Ronald Koeman, de tiro libre, golpeó el balón desde la frontal. Fue un disparo seco, limpio, directo... y eterno. Aquella pelota no solo atravesó la red de la Sampdoria, sino que atravesó también la historia. El Barcelona conquistaba su primera Copa de Europa, pero quizá eso fuera lo de menos. Porque, más allá del trofeo, ese día el Barça ganó una identidad. Y aquella noche en Wembley, la idea de Cruyff dejó de ser una utopía para convertirse en una verdad irrefutable. Desde entonces, en el Barcelona ya no bastaba con ganar: ahora había que ganar jugando bien al fútbol, puesto que jugar bien era la única vía para ganar. La victoria dio forma a una filosofía. Validó años de dudas, críticas y derrotas. Y, con ella, Johan obtuvo algo aún más poderoso que un título: la autoridad para llevar su visión al extremo. Gracias a ese golpeo de Koeman, el Dream Team se convirtió en una revolución futbolística.

La consagración del cruyffismo

En la temporada 1993-1994, con Romário ya en la plantilla, el Barcelona alcanzó el punto más alto de su expresión futbolística. Si en 1988 Cruyff había imaginado un modelo ideal de juego, aquel equipo fue, sin duda, la materialización más cercana a ese sueño: un fútbol fluido, creativo y total.

El partido que mejor lo representa fue el 5-0 al Real Madrid en el Camp Nou, una exhibición en la que se plasmó cada principio de su filosofía.

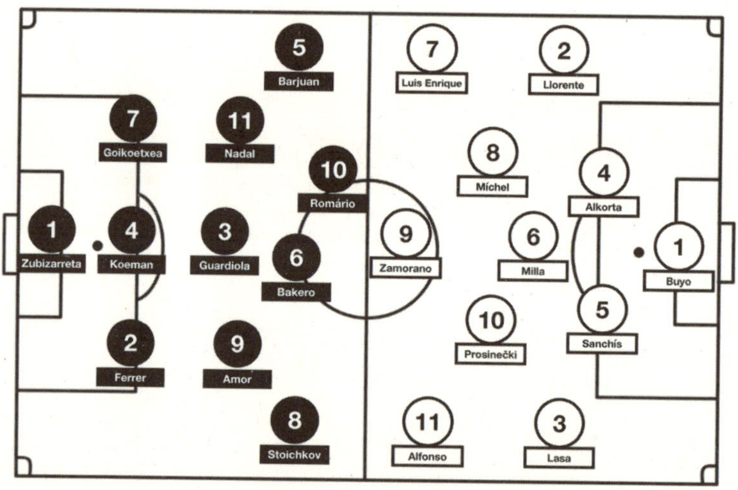

Pizarra 5.13 - Alineaciones jornada 18 de liga (1993-1994) - Barcelona versus Real Madrid

El tercer hombre

En la primera parte de aquel encuentro, el Barcelona de Cruyff ofreció una auténtica lección de juego posicional. En el minuto

16 se observa una jugada que explica a la perfección el concepto del tercer hombre, uno de los principios más profundos del modelo cruyffista.

La acción parte con Bakero, que recibe entre líneas y, en lugar de girarse o intentar encarar para conectar directamente con Romário, elige una opción más inteligente: descargar hacia Nadal, que actúa como jugador de apoyo. En ese instante, el pase de Bakero no es un fin, sino un medio. Nadal no es el objetivo de la jugada, sino el enlace que permite que el verdadero destinatario —Romário, que viene desmarcándose en carrera— reciba con ventaja.

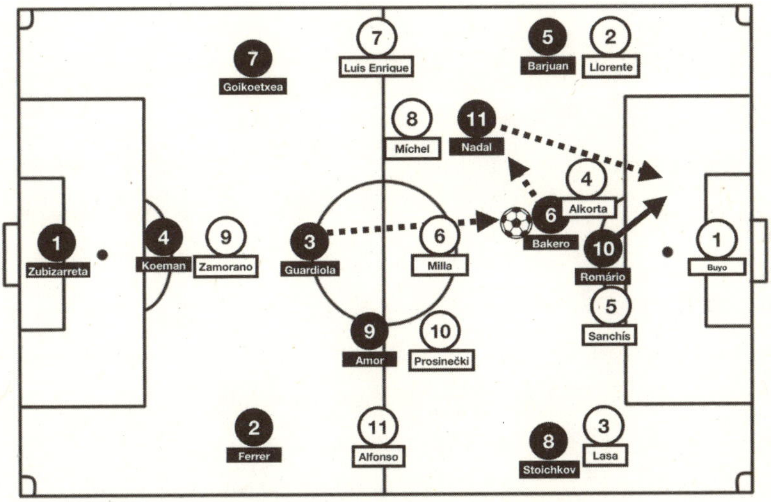

Pizarra 5.14 - Concepto de tercer hombre

Ahí reside la esencia del concepto: el tercer hombre es aquel que aparece libre gracias a la intervención de un compañero intermedio que facilita la progresión del balón. Bakero (primer hombre) juega con Nadal (segundo), y este habilita a Romário (tercer hombre), que ataca el espacio a la espalda de la defensa.

Este mecanismo, sencillo en apariencia, desorganiza por completo la estructura rival. El central que había salido a presionar a Bakero queda fuera de la jugada, el medio campo se parte y el Barcelona encuentra profundidad sin necesidad de un regate.

Dominar el centro del tablero

El Barcelona contaba con el 64 por ciento de la posesión del balón en los treinta primeros minutos del partido. El secreto de ese dominio residía en la superioridad numérica del Barça en el centro del campo: cuatro centrocampistas frente a los tres del Real Madrid.

El equipo de Benito Floro defendía con Prosinečki (interior izquierdo), Milla (pivote) y Míchel (interior derecho), escoltados por Alfonso y Luis Enrique en las bandas, con Zamorano en punta. Sobre el papel era un 4-1-4-1, pero en la práctica los extremos blancos no cerraban hacia dentro, lo que dejaba grietas entre el interior y el jugador de banda. Por eso Nadal se ubicaba constantemente entre Luis Enrique y Míchel, moviéndose en ese intervalo donde el Madrid dudaba a quién debía saltar. Desde atrás, Guardiola o Koeman encontraban con facilidad a uno de los interiores —Nadal o Amor—, mientras Milla quedaba atado a Bakero. Si Prosinečki se adelantaba para presionar a Guardiola, el Madrid quedaba en clara inferioridad (dos contra tres) en el medio, y el Barça progresaba con mucha facilidad.

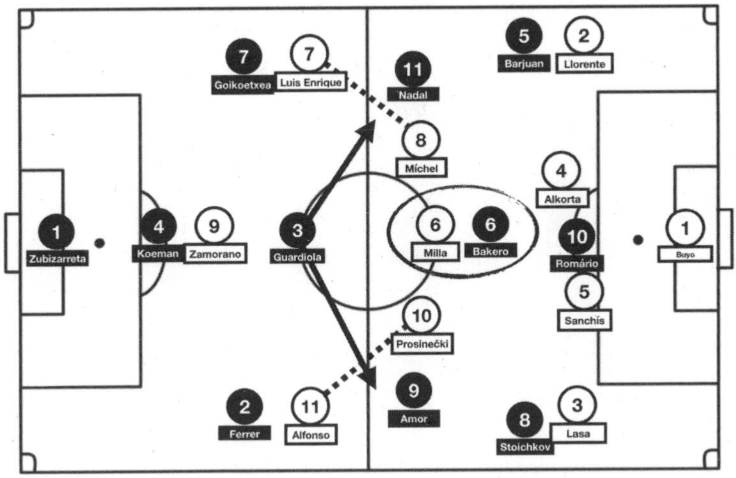

Pizarra 5.15 - Guardiola es el hombre libre

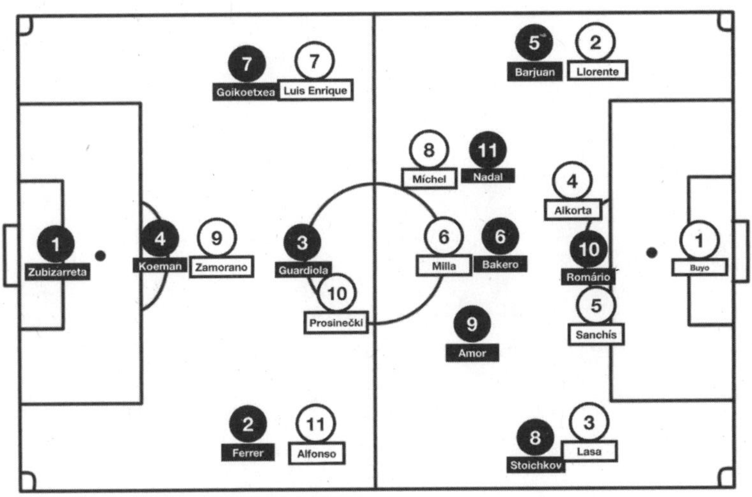

Pizarra 5.16 - Si Prosinečki marca a Guardiola,

Amor queda libre. Cuatro contra tres

La secuencia se repitió una y otra vez hasta el minuto 24, cuando Romário culminó la superioridad posicional con su legendaria «cola de vaca» ante Alkorta. Aquel gol no solo rompió el equilibrio, sino que hundió emocionalmente al Real Madrid, que empezó a replegarse cada vez más.

En ese contexto, Guardiola siguió encontrando pases filtrados que desarbolaban al rival y mantenían al Barcelona instalado en campo contrario. Tras el primer gol, Floro reaccionó introduciendo a Fernando Hierro por Alfonso, intentando reforzar el medio campo. El Madrid pasó a un 4-1-4-1 más rígido, con Luis Enrique como extremo izquierdo, Míchel en la derecha, y una línea interior compuesta por Prosinečki, Hierro y Milla. Sin embargo, la intención defensiva no cambió el fondo del problema: el Barça seguía teniendo un jugador más por dentro y, sobre todo, una mejor comprensión del espacio y el tiempo. Cruyff demostró que el fútbol no se gana añadiendo músculo, sino añadiendo uno más al centro del tablero.

Un guiño al fútbol total

La entrada de Fernando Hierro en el minuto 24 (tras el gol de Romário) provocó una nueva mutación en el tablero de Cruyff. El técnico holandés reordenó las posiciones de su equipo, dando una lección de flexibilidad táctica y control del espacio. Fue un movimiento que recordó las permutas constantes de la Naranja Mecánica de 1974, cuando los jugadores intercambiaban roles sin perder la estructura colectiva.

En ese tramo del partido, Sergi Barjuan, que hasta entonces seguía al extremo izquierdo rival, retrocede para posicionarse como central zurdo. Goikoetxea, que ocupaba inicialmente ese rol de central izquierdo, pasa a ser central diestro. Stoichkov se desplaza hacia el extremo izquierdo, manteniendo la amplitud en ese sector, mientras que en la banda opuesta Ferrer, que hasta entonces actuaba como central derecho, pasa a ocupar todo el carril, con lo que da amplitud desde la derecha.

Este movimiento colectivo no fue casualidad. Cruyff entendía que la manera más eficaz de romper las referencias defensivas del rival era cambiar constantemente las posiciones sin romper la estructura. Cada permuta obligaba al Real Madrid a reajustar sus marcas, y eso generaba dudas y desorden en el campo. Aquella fase del partido fue un guiño directo al legado del fútbol total.

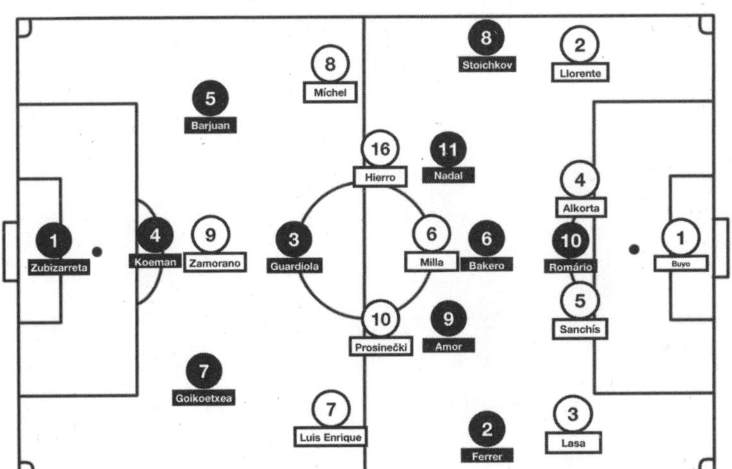

Pizarra 5.17 - Rotación de posiciones tras la entrada de Fernando Hierro

Trascender en el tiempo

Apenas había comenzado la segunda parte cuando Koeman, con su zurda inapelable, clavó un libre directo poniendo en el marcador el 2-0. El Real Madrid, herido en su orgullo, se volcó al ataque. Milla dejó su sitio a Butragueño, un cambio que lo decía todo. Floro buscaba aire, buscaba gol, pero lo que encontró fue el principio del fin. La defensa blanca adelantó líneas intentando achicar el campo, y justo ahí, en ese espacio que solo aparece cuando un equipo se desespera, Guardiola vio la grieta. Con total frialdad, filtró un pase a la espalda de la zaga. Nadal, llegando desde segunda línea, la dejó de cara para Romário, que definió con la calma de los elegidos. Era el 3-0, y el Camp Nou era una fiesta.

A partir de ese instante, el partido dejó de ser una jornada más de liga para convertirse en una oda al fútbol. El Real Madrid, desbordado, solo podía mirar. Laudrup, que había partido como suplente, robó un balón y asistió a Romário para su tercer gol. La última pincelada del brasileño llegó en el minuto 81 con una asistencia a Iván Iglesias que ponía el quinto. Cuando el árbitro señaló el final, el marcador decía 5-0, pero el resultado era lo de menos.

En aquella temporada 1993-1994, ya nadie discutía que el Barcelona no solo era el mejor equipo del mundo, sino que también jugaba a un fútbol que los demás aún no conseguían descifrar. Los seres humanos, cuando algo se nos escapa de la razón, tendemos a elevarlo a lo divino. Y así ocurrió con aquel equipo: ante la imposibilidad de explicarlo con palabras, lo bautizamos como un sueño. Porque no había otra forma de entender cómo once futbolistas podían moverse con esa armonía, con esa precisión casi celestial. El Dream Team no solo había ganado un partido, sino que además pasaría a la historia como uno de esos conjuntos que revolucionaron el fútbol, no solo por lo que lograron, sino también por la forma en que lo hicieron.

El final del sueño

Mientras jugaba mi partida de ajedrez contra los mayores en aquel viejo bar de Marmolejo, alguien, entre el humo del café y el sonido de las piezas golpeando el tablero, comentó que todo principio tiene su final. Hablaban del Barcelona de Cruyff, y uno de ellos aseguró que el declive comenzó tras la derrota en la final ante el Milan. Yo escuchaba de reojo, intentando concentrarme en mi partida, cuando el hombre del bigote, que siempre jugaba con negras y rara vez sonreía, movió su reina.

—Jaque mate, chaval —dijo, sin levantar la vista del tablero.

Me quedé en silencio, observando el tablero, mientras el murmullo del bar seguía girando en torno a Cruyff, a Koeman, a Romário... Volví a mi asiento y le di un sorbo a mi batido de chocolate, pensando que, quizá, en el ajedrez y en el fútbol ocurre lo mismo: todo principio tiene su final.

Esto mismo fue lo que le ocurrió al Barcelona de Cruyff en la final de la Copa de Europa de 1994. Tras haber conquistado cuatro Ligas consecutivas y levantado la primera Copa de Europa en 1992, el equipo azulgrana llegaba a Atenas con la ambición de repetir la gesta. Pero aquella noche, el Milan de Fabio Capello le recordó a Cruyff que todo sistema tiene su antídoto. Fue una final que evocó de manera inevitable la de 1974, cuando la Alemania de Beckenbauer frenó el idealismo de la Holanda Total.

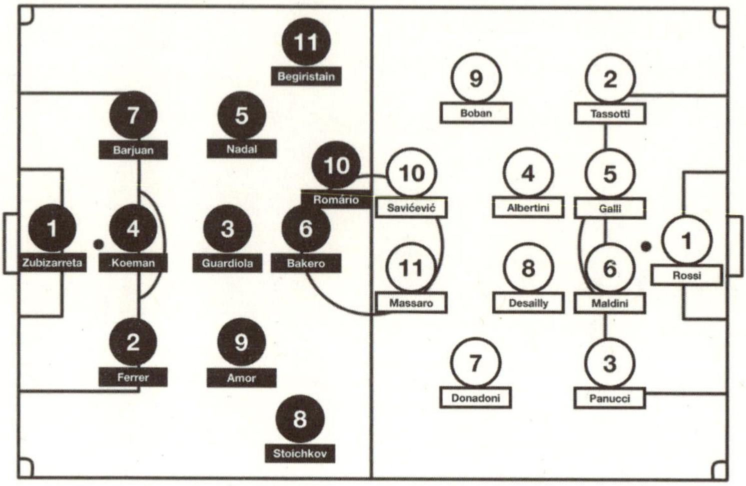

Pizarra 5.18 - Final Copa de Europa 1994: Milan 4-F. C. Barcelona 0

Los italianos eran herederos directos de la escuela de Arrigo Sacchi, aunque Capello había moldeado un Milan más pragmático y prudente. La estructura seguía siendo la misma: defensa zonal, presión coordinada y un 4-4-2 muy bien sincronizado. Esa fue, precisamente, el arma con la que desarmaron al Barcelona. El conjunto de Cruyff, guiado por Guardiola y Koeman, movía el balón con paciencia hasta alcanzar la mitad del campo, pero a partir de ahí, en territorio italiano, todo se estrechaba. El Milan cerraba líneas, ajustaba distancias y esperaba. Su plan era tan simple como demoledor: dejar jugar y golpear cuando el Barcelona se estiraba. Cada vez que el Barça intentaba un pase vertical para romper líneas, el Milan adelantaba su bloque perfectamente sincronizado. Era como el depredador que olía sangre. Aquella defensa, trabajada durante años en el sistema zonal de Sacchi, no se desordenaba ante los movimientos azulgranas. Al contrario, esperaba el error, la pérdida, el instante en que el balón quedara suelto entre líneas.

Y así fue como la final se tiñó de rojo y negro. Los cuatro goles del Milan nacieron de errores en la salida de balón del Barcelona, el punto débil que Capello había detectado. El primer gol llegó en el minuto 22, tras una pérdida en la banda derecha y el segundo, en el 45+3, desde el costado opuesto, cuando el Barça se desarmó intentando construir. Nada más empezar la segunda parte, en el 47, Nadal cometió un error fatal y Savićević lo castigó con una vaselina magistral sobre Zubizarreta. El cuarto, obra de Desailly en el 58, selló la herida: otro balón perdido en la base de la jugada, otro golpe que hundía a los de Cruyff.

El 4-0 final no fue solo una derrota, sino también una lección táctica. Capello demostró que podía vencerse al Dream Team y que, por tanto, quedaba revalidado lo de que a todo sistema revolucionario le terminan encontrando un antídoto. Esa noche en Atenas marcó el principio del fin de una era. El Dream Team de Cruyff había encontrado su jaque mate.

El legado: La Capilla Sixtina de Cruyff

El legado de Johan Cruyff va mucho más allá de los títulos. Cambió la manera de entender el fútbol en el F. C. Barcelona y, con ello, la del fútbol moderno. Transformó un club sin un estilo definido en una escuela reconocible en todo el mundo: el Barça pasó de buscar ganar a buscar ganar jugando bien. Su filosofía de juego de posición, la noción del tercer hombre y la defensa de tres como vía para dominar el balón se convirtieron en los cimientos del llamado ADN Barça y también de la etapa más gloriosa de la selección española (2008-2012).

Su impacto trascendió generaciones. De su cantera salieron Guardiola, Busquets, Xavi, Iniesta y Messi, herederos naturales de sus principios. Pero también trascendió fronteras: entrenadores como Van Gaal, Rijkaard, Pep Guardiola, Wenger o incluso Luis Enrique adaptaron sus ideas. El cruyffismo dejó de ser un sistema para convertirse en una forma de pensar, una religión futbolística que defiende la creatividad, la valentía y el control del juego como camino hacia la victoria.

Años después de su marcha, el propio Guardiola lo resumió con una frase que define su influencia: «Cruyff hizo la Capilla Sixtina», a lo que se le suele añadir la coletilla: «y los demás solo la restauran». Y así, su obra sigue —y seguirá— viva, no solo en el Camp Nou, sino en cualquier rincón del mundo donde se siga entendiendo el balón como el elemento central de la galaxia fútbol.

EL PORTO DE **MOURINHO**

No siempre fui un buen estudiante. Tampoco uno malo. Era... selectivo. En términos futboleros, yo habría sido ese enganche talentoso que da el pase de gol pero que necesita un doble pivote detrás para que corran por mí. Cuando una asignatura me gustaba, estudiaba horas y sacaba notas excelentes. Pero cuando no me interesaba, cada página del temario era una montaña cuesta arriba. Tuve que construir a base de tropiezos la disciplina, ese músculo con el que algunos nacen pero yo no.

Mis mayores repetían siempre las mismas frases:

«Estudia, aunque no te guste».

«Hoy no salgas a jugar al fútbol, que mañana tienes examen».

«Tienes que esforzarte más».

Y, quizá como tú, yo pensaba que exageraban, que eran unos pesados, que no entendían lo importante que era bajar al parque a jugar un tres contra tres hasta que anocheciera. Pero luego creces. Y un día, sin avisar, te encuentras diciendo:

«Cuánta razón tenía mi padre».

«Mi madre me lo dijo mil veces y yo pasé de todo».

Con los años descubrimos que aquella insistencia no era un capricho, sino un intento sincero de prepararnos para un mundo que no espera a nadie. Porque querían nuestro bien, incluso cuando nosotros no entendíamos nada.

Entre 2002 y 2004, en Oporto, José Mourinho hizo exactamente eso. Solo que su «familia» no eran hijos, sino los apestados de Europa. Jugadores descartados por los grandes, infravalorados en sus países, desplazados, suplentes crónicos, talentos que nunca habían recibido confianza. Gente que venía del Leiria, del Setúbal, del Marítimo. Un portero cuestionado. Un mediapunta considerado irregular. Un defensa central al que nadie imaginaba levantando una Champions. Eran aquellos a los que nadie quería.

Y él los trató como un padre trata a un hijo al que el mundo subestima, con una mezcla de exigencia brutal y protección absoluta. Los apretó, los corrigió, los enfrentó a sus debilidades. Pero también los defendió, los unió y los hizo escribir una página en la historia del fútbol.

Mourinho fue un padre para aquel grupo. Un padre incómodo, insistente, obsesivo... pero necesario. Y, como nos pasa con nuestros propios padres, muchos de ellos no entendieron nada en el momento. Solo años después, cuando vieron su imagen levantando la Champions, pudieron decir: «Cuánta razón tenía».

Suena «Fix You», de Coldpaly. Empecemos.

Antes de ser *The Special One*

Según Transfermarkt, en la temporada 2003-2004 el mercado se movía en cifras muy alejadas de la realidad del Porto. El Olympique de Lyon pagó 11,7 millones por Michael Essien, el Manchester United desembolsó 19 millones para llevarse a un joven Cristiano Ronaldo, el Chelsea incorporó a Hernán Crespo por 26 millones y el Real Madrid cerró el fichaje galáctico de David Beckham por 37,5 millones de euros. Todos estos movimientos superaron ampliamente la inversión total del Porto en ese mismo curso.

El equipo de José Mourinho levantó la Champions con apenas 8,5 millones de euros invertidos en fichajes, en la que quizá sea la edición más *underdog* de la historia moderna del torneo.

El contraste se vuelve aún más brutal si sumamos las cifras de los dos finalistas. El Mónaco gastó 3,2 millones, y el Porto, 8,5. Sin embargo, fueron ellos —los subestimados, los descartados, los «apestados» del continente— los que terminaron disputándose el título más prestigioso de Europa. Una final que demostró que el fútbol siempre será un deporte de equipo y no de nombres.

Pero ¿cómo fue posible todo esto? ¿Cómo pudo el Porto, sin el presupuesto, sin las estrellas y sin el pedigrí europeo de los grandes, conquistar la Champions League 2003-2004?

Por un lado, Mourinho implantó su particular método de fichajes; pero, además, sus métodos de entrenamiento tanto físicos como psicológicos rompieron con lo establecido en el club. Estos dos grandes cambios que trajo consigo hicieron posible que su *libretto* táctico se desplegara a los cuatro vientos.

Fichajes que nadie quería

Desde enero de 2002 hasta mayo de 2004, el Porto de Mourinho realizó un total de 21 fichajes (20 traspasos, 3 de ellos como agentes libres, y una cesión) cuya inversión ascendió a 17,5 mi-

TEMPORADA	JUGADOR	PROCEDENCIA	COSTE	TIPO
2002-2003	Nuno Espírito Santo	Deportivo La Coruña	3.000.000,00 €	Traspaso
2002-2003	Paulo Ferreira	Vitória Setúbal	2.000.000,00 €	Traspaso
2002-2003	Marco Ferreira	Vitória Setúbal	1.230.000,00 €	Traspaso
2002-2003	César Peixoto	Belenenses	1.000.000,00 €	Traspaso
2002-2003	Nuno Valente	U. D. Leiria	550.000,00 €	Traspaso
2002-2003	Ákos Buzsáky	MTK Budapest	525.000,00 €	Traspaso
2002-2003	Derlei	U. D. Leiria	450.000,00 €	Traspaso
2002-2003	Tiago	U. D. Leiria	250.000,00 €	Traspaso
2002-2003	Pedro Emanuel	Boavista	- €	Libre
2002-2003	Maniche	Benfica	- €	Libre
2002-2003	Bruno	Marítimo		Traspaso
2002-2003	Pedro Oliveira	F. C. Porto B	- €	Promoción
2003-2004	Benni McCarthy	Celta de Vigo	3.500.000,00 €	Traspaso
2003-2004	Carlos Alberto	Fluminense	2.500.000,00 €	Traspaso

llones de euros: 9 millones en la temporada 2002-2003 y 8,5 en la 2003-2004.[4]

El denominador común de todos estos fichajes fue el mismo: fichar futbolistas infravalorados. Mourinho recuperó a Nuno Valente y a Derlei —claves en la Champions 2003-2004— de su etapa en el U. D. Leiria. Convenció a la directiva para reincorporar a Jorge Costa, que estaba cedido en el Charlton de la Premier League y que se convertiría en su extensión dentro del campo. También

4. Algunos fichajes aparecen sin importe porque Transfermarkt no ofrece datos económicos para esas operaciones.

TEMPORADA	JUGADOR	PROCEDENCIA	COSTE	TIPO
2003-2004	Maciel	U. D. Leiria	1.500.000,00 €	Traspaso
2003-2004	José Bosingwa	Boavista	1.000.000,00 €	Traspaso
2003-2004	Sérgio Conceição	Lazio	- €	Libre
2003-2004	Ricardo Fernandes	Sporting C. P.		*Draft* (sin cifra)
2003-2004	David Júnior	Galo Maringá		Traspaso
2003-2004	Pedro Mendes	Vitória Guimarães		Traspaso
2003-2004	Bruno Moraes	Santos B		Traspaso
2003-2004	André Vilas Boas	Rio Ave	- €	Cesión
2003-2004	Hugo Luz	F. C. Porto B	- €	Promoción
2003-2004	Bruno Vale	F. C. Porto B	- €	Promoción
2003-2004	Hugo Almeida	F. C. Porto B	- €	Promoción
2003-2004	Sérgio Organista	F. C. Porto U19	- €	Promoción

Tabla 6.1 - Lista de fichajes del Porto (2002-2004)

sumó a Pedro Mendes, un mediocentro de pausa y criterio procedente del Vitória Guimarães. Y apostó por Carlos Alberto, quizá el jugador más diferencial de aquel Porto, llegado desde el Fluminense. A la vez, identificó como pilares del proyecto a Deco, Vítor Baía, Ricardo Carvalho, Costinha y Hélder Postiga, futbolistas que ya formaban parte del club. Todos eran perfiles que aún no habían dado el salto a las grandes ligas europeas o a quienes Europa directamente les había cerrado la puerta. Algunos llegaban como descartes. Otros como jóvenes promesas. Y otros simplemente buscaban una oportunidad real para relanzar su carrera. Pero todos compartían el mismo sentimiento: demostrar su verdadero valor.

Soldados de una causa

Mourinho llegó al Porto con una idea muy sencilla. Antes de mover una pizarra, había que mover las cabezas de los futbolistas. Y lo primero que cambió fue la narrativa. Se colocó él mismo en el centro del huracán para quitar presión a los jugadores. Si había críticas, que fueran hacia él. Ese gesto generó algo poco común: un vestuario que se sentía protegido desde el primer día. A partir de ahí creó una identidad muy fuerte, casi tribal. La sensación de nosotros contra el mundo. Nos subestiman, así que vamos a demostrar quiénes somos.

También supo elegir a sus lugartenientes. Jorge Costa no era solo central, era la prolongación del entrenador dentro del campo. Ese liderazgo interno permitía que la exigencia no dependiera solo del técnico, sino también del grupo.

Y luego estaba la confianza. Mourinho repetía que podían competir contra cualquiera hasta que el vestuario se lo creía de verdad. Antes de enfrentarse al Manchester United, él ya había cambiado la mentalidad. El United no era un gigante al que temer, era un gigante al que había que derribar.

Todo aquello dio como resultado un equipo emocionalmente blindado. La presión no se vivía como una amenaza, se vivía como parte natural del oficio. Y cuando llegó el momento clave, el Porto jugó con la convicción de que estaban preparados para competir ante cualquier rival.

Entrenamientos revolucionarios

Es bien conocido su coaching psicológico con los jugadores y su mentalidad de estratega militar en los grandes partidos. Pero quizá sean menos conocidas su forma de trabajar y las innovaciones que llevó a cabo en los entrenamientos cuando llegó al Porto.

Mourinho no entrenaba como los demás. Mientras muchos seguían dividiendo el fútbol en cajones —entrenar técnica el lunes, físico el martes, táctica el jueves—, él entendió que el juego nunca se fragmenta. En el campo todo ocurre a la vez. Debes replegar 40 metros mientras persigues al delantero en velocidad y, una vez que recuperas el balón, debes tener resistencia mientras formas un contraataque letal. Si todo ocurre en el partido, todo debe entrenarse junto.

Esta idea la resumió de forma casi cómica Rui Faria, preparador físico e inseparable de Mourinho. En su primer día en el Inter, los periodistas le preguntaron por qué los jugadores no hacían carrera continua. Faria respondió con una lógica que desarmaba: «Por la misma razón por la que los atletas no juegan al fútbol y no se entrenan con el balón».

A esa forma de entrenar se la terminó llamando periodización táctica. La idea no era suya. El concepto original lo desarrolló Vítor Frade en la Universidad de Oporto. Pero Mourinho fue quien lo llevó a su máxima expresión. Todo giraba en torno al modelo de juego. Cada tarea, cada pausa, cada explicación. Mourinho quería que sus equipos jugaran de una manera concreta, reconocible, y diseñó una metodología para transformar esa idea en un hábito colectivo tan fuerte que saliese natural en el jugador.

Para entender la diferencia, basta un ejemplo muy sencillo:

- En un entrenamiento tradicional, si quieres mejorar la resistencia haces carrera continua durante veinte minutos, y luego, más tarde, un ejercicio táctico. Es un entrenamiento por capas. Primero corres, después piensas.
- En la periodización táctica, la resistencia se trabaja dentro de un ejercicio que ya exige decisiones, cambios de orientación, superioridades e inferioridades. Lo físico nace del juego mismo. No corres por correr. Corres para activar un principio de juego. Es la diferencia entre preparar el cuerpo y preparar al jugador.

Con esa lógica, cada tarea debía pertenecer a uno de los cuatro momentos del juego: ataque, defensa, transición defensa-ataque y transición ataque-defensa. Y cada ejercicio exageraba los comportamientos que él quería ver en el partido. No existían tareas neutras, ni ejercicios «para rellenar». Si algo no servía al modelo de juego, no se hacía.

Por eso sus entrenamientos estaban llenos de situaciones que obligaban al jugador a repetir la conducta deseada muchas más veces que en un partido real. Eran las llamadas «prácticas condicionadas», ejercicios en los que el contexto estaba diseñado para que el principio buscado apareciera de forma constante, casi inevitable.

Mourinho lo explicó con bastante claridad, tal y como lo recoge B. Gaiteiro: «El entrenamiento solo merece la pena cuando permite poner en práctica las ideas y los principios. Por tanto, el entrenador tiene que encontrar ejercicios que guíen a su equipo para que haga lo que se pretende que haga en el partido».

Si buscaba la presión inmediata tras pérdida, diseñaba un ejercicio en el que esa situación aparecía una y otra vez. Si quería un repliegue coordinado, creaba escenarios en los que ese repliegue era inevitable. Así construía hábitos. El contraataque del rival dejaba de ser una sorpresa para convertirse en un trámite más del día a día. Los jugadores ya habían vivido esa secuencia decenas de veces durante la semana. El cuerpo y la mente la reconocían antes incluso de pensar en ella.

Mourinho ya tenía a sus hombres. Fichajes infravalorados que irían a muerte con él para demostrar su valía. Además, gracias a su trabajo de campo, les inculcó que podían ganar a cualquiera y además les quitó toda la presión mediática al responsabilizarse de las derrotas. El equipo estaba listo para tener una idea de juego.

El sistema de juego: formación en diamante

El 4-3-1-2 fue la estructura sobre la que Mourinho levantó el equipo. Una línea de cuatro defensas, un mediocentro posicional, dos interiores, un enganche con libertad total y dos delanteros móviles. Los más románticos lo describen como un 4-4-2 en rombo por la figura geométrica que se dibuja en el centro del campo. En apariencia es un sistema sencillo, pero está lleno de matices.

La elección de Mourinho tenía lógica. Por un lado, encajaba a la perfección con las características de los jugadores que tenía. Por otro, resultaba un quebradero de cabeza para los sistemas defensivos de la época, acostumbrados a estructuras más planas y menos preparadas para responder a la libertad del enganche y al constante movimiento de los dos delanteros.

Los soldados del diamante

Si tuviéramos que dibujar el once tipo del Porto, sería el siguiente.

Vítor Baía en la portería. Destacaba por sus reflejos y su dominio del juego aéreo. Tácticamente imponía por su colocación y capacidad para anticiparse. Un ejemplo perfecto fue aquella salida valiente ante el Mónaco, nada más comenzar la final, para desactivar un mano a mano. En transición defensa-ataque cumplía un rol clave.

El Porto de Mourinho casi nunca iniciaba el juego desde atrás, prefería lanzar en largo justo después de recuperar, buscando a los delanteros antes de que el rival pudiera reorganizarse.

La pareja de centrales la formaban Jorge Costa y Ricardo Carvalho. Se entendían de memoria. Carvalho era el iniciador. La salida de balón pasaba por él. Volcaba el juego hacia las bandas o filtraba pases interiores hacia Deco, que solía aparecer libre por detrás de los mediocentros rivales.

Jorge Costa era el líder. Un central sobrio, duro, que siempre estaba bien colocado y emocionalmente determinante dentro del grupo.

En los laterales actuaban Nuno Valente por la izquierda y Paulo Ferreira por la derecha. Su papel estaba sincronizado a la perfección. Si uno se proyectaba al ataque, el otro guardaba la posición. Todo dependía de quién generara la amplitud arriba. Si Carlos Alberto caía a la izquierda, Ferreira era quien se incorporaba por la derecha. Si Derlei se abría a la banda derecha, era Nuno Valente quien avanzaba.

La intención siempre era la misma: llegar a línea de fondo y centrar para los delanteros o para los interiores que atacaban la segunda línea.

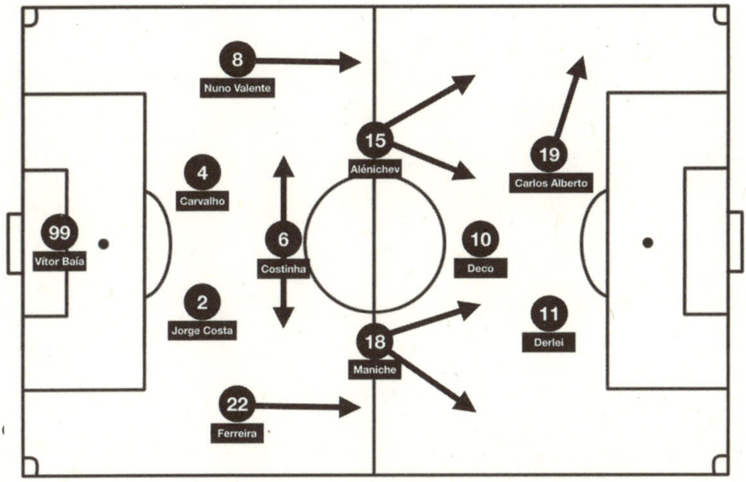

Pizarra 6.1 - Once de gala - Porto 2003-2004

Costinha actuaba como pivote defensivo, instalado en la base del diamante. Era el encargado del trabajo sucio. Funcionaba como el ancla del equipo, colocado justo por delante de los centrales. Su misión principal consistía en proteger la zona central, sobre todo interceptando pases que pudieran filtrarse a la espalda de los interiores. También debía encimar al mediapunta o segundo delantero rival para impedir que recibiera con comodidad o se girara. Y su rol aún iba más allá. Cuando un lateral quedaba descolgado y el central acudía a la cobertura, Costinha se incrustaba entre los dos centrales y actuaba como un defensor más.

Maniche y Alénichev formaban la pareja de interiores. Probablemente eran las piezas más exigidas desde el punto de vista táctico. Con balón, se abrían a banda para crear superioridades junto al lateral y al delantero del sector. El interior del lado contrario atacaba el segundo palo y a menudo generaba peligro cuando llegaban centros de Deco o de los laterales. Sin balón eran igual de importantes. Cuando los laterales salían a fijar a los extremos, ellos acudían a su lado para formar un dos contra uno y cerrar la banda. Su rol pedía una enorme capacidad física. Eran, en esencia, los *box-to-box* del equipo.

Deco ocupaba un lugar especial. Era el jugador con mayor libertad. Se asociaba con los delanteros para generar superioridades, bajaba al centro del campo para iniciar ataques y también aparecía en banda para poner centros. En el plano defensivo tenía menos obligaciones, aunque en un equipo de Mourinho nadie estaba exento del repliegue. La estructura en diamante hacía especialmente difícil defenderlo.

Carlos Alberto y Derlei formaban el frente de ataque. Carlos Alberto tendía a caer a la izquierda para explotar su uno contra uno. Derlei era más posicional, al esperar el centro que llegaba desde los costados. Pero su complementariedad no era solo ofensiva. También tenían responsabilidades defensivas claras. Debían replegar hasta perseguir al lateral rival, intentando recuperar el balón lo antes posible y sosteniendo la primera línea de presión del equipo.

Tras analizar a cada jugador de manera individual, podemos hacernos una ligera idea de cómo funcionaba el equipo tanto en ataque como en defensa. Sin embargo, si alzamos la vista y analizamos el equipo en su conjunto, encontramos una riqueza táctica que quedó plasmada en la final que ganaron los portistas en 2004.

El diamante

Como ya he mencionado, el Porto se organizaba en un 4-3-1-2, o si se prefiere, un 4-4-2 en diamante. Un sistema casi *underdog*, muy propio de aquel Porto.

A comienzos de los años 2000 dominaban los esquemas con doble pivote, y Mourinho fue una de las excepciones más llamativas al apostar por un único mediocentro. Más adelante lo haría también Guardiola con su 4-3-3, pero en aquel momento no era lo habitual.

La gran virtud del diamante era evidente. Concedía un hombre más por dentro. Una superioridad constante en la zona donde se deciden los partidos.

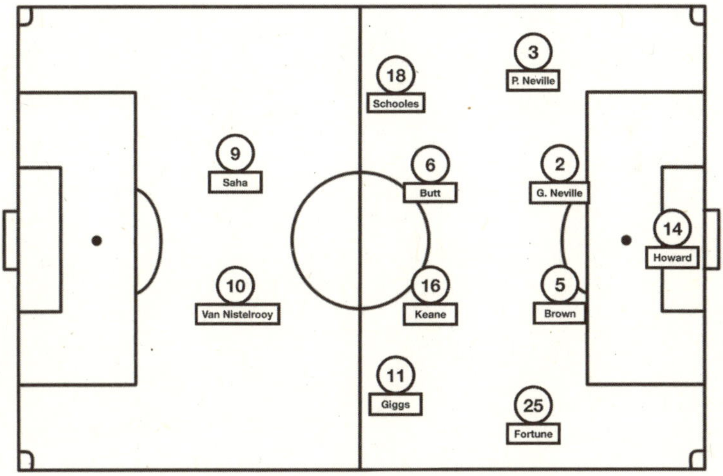

Pizarra 6.2 - Manchester United (4-4-2)

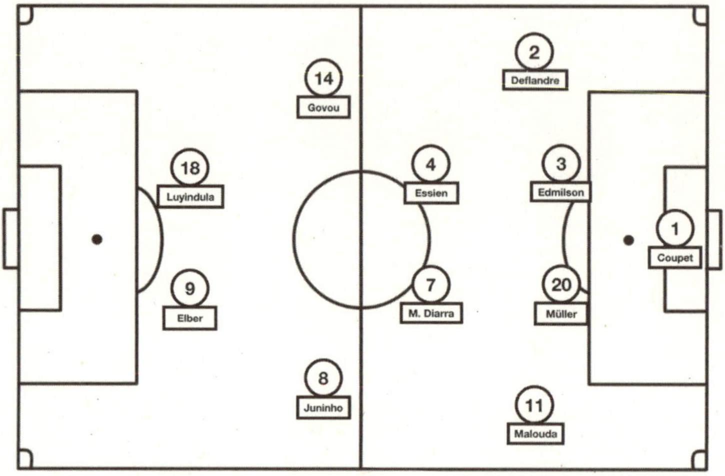

Pizarra 6.3 - Olympique de Lyon (4-4-2)

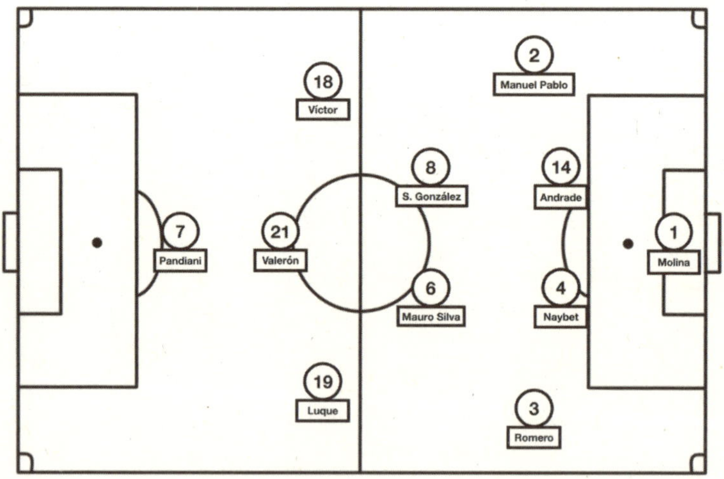

Pizarra 6.4 - Deportivo de La Coruña (4-2-3-1)

Si observamos la fase eliminatoria de la Champions 2003-2004, veremos que casi todos los rivales del Porto utilizaban un doble pivote; más adelante veremos que algunos ajustaron sus sistemas en los partidos de vuelta, e incluso el Mónaco recurrió a un «sistema espejo» en la final.

En aquel contexto, la superioridad numérica que ofrecía el diamante en el corazón del juego explica con claridad por qué resultaba tan difícil de defender en una época dominada por el doble pivote.

En la fase de construcción del Porto, los dos mediocentros rivales solían responsabilizarse de los interiores: Maniche y Alénichev, o Pedro Mendes cuando entraba en el once. Esa fijación liberaba por completo a Deco entre líneas. Y ningún central podía abandonarse para ir a por él, porque Carlos Alberto y Derlei los mantenían pegados, fijándolos y anulando cualquier posibilidad de salto.

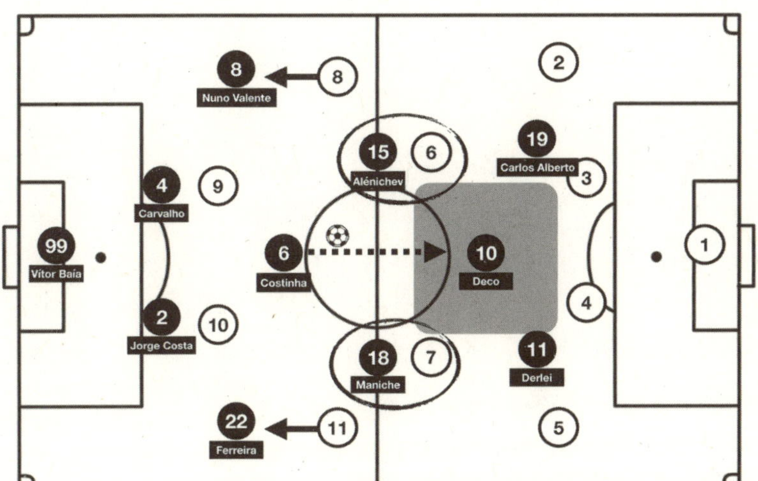

Pizarra 6.5 - Deco queda libre entre líneas

El 25 de febrero de 2004, en el partido de ida de octavos de final de la Champions League, el Porto derrotó 2-1 al todopoderoso Manchester United de Giggs, Van Nistelrooy, Scholes y un joven Cristiano Ronaldo que ya pedía sitio en el equipo de sir Alex Ferguson. A pesar de que los ingleses se adelantaron con un gol de Fortune en el minuto 14, el peso real del partido lo llevaba el Porto.

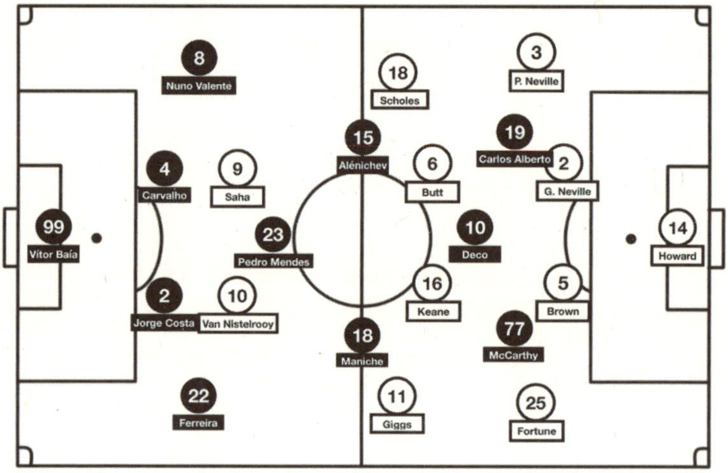

Pizarra 6.6 - Octavos de final (ida) - Porto versus Manchester United

Una y otra vez encontraban a Deco libre en el carril central. El diamante de Mourinho se imponía al rígido 4-4-2 de Ferguson, que carecía de mecanismos naturales para controlar a un enganche flotando entre líneas. Ese desajuste se reflejó en el marcador con dos goles de Benni McCarthy en los minutos 29 y 78, ambos fruto de patrones muy trabajados.

En el primero, Carlos Alberto retrocedió para recibir el balón por la derecha mientras Alénichev atacaba el espacio entre central y lateral. Esa ruptura permitió un centro que McCarthy empujó a la red. En el segundo, fue Nuno Valente quien se proyectó al ataque. Su centro desde la izquierda encontró de nuevo a McCarthy, que remató con la cabeza. El Porto se llevó la ida por 2-1. Y aunque la amenaza del gol fuera de casa planeaba sobre la eliminatoria, los de Mourinho supieron resistir en la vuelta para sellar el pase a cuartos poniendo en el global el 3-2 (en la vuelta empataron 1-1).

No fue hasta la siguiente ronda, en el partido de vuelta ante el Lyon, cuando un rival decidió alterar su estructura para combatir el diamante. Los franceses abandonaron el 4-2-1-3 de la ida y pasaron a un 3-5-2 con un único pivote, igualando la zona central para neutralizar la superioridad que el Porto había explotado en rondas anteriores.

El Porto había resuelto la ida con un 2-0 en casa y, en la vuelta, el Lyon estaba obligado a remontar. El plan, sin embargo, se les complicó muy pronto. En el minuto 6, Maniche adelantó al Porto y puso el 0-1 en el marcador, 3-0 en el global de la eliminatoria.

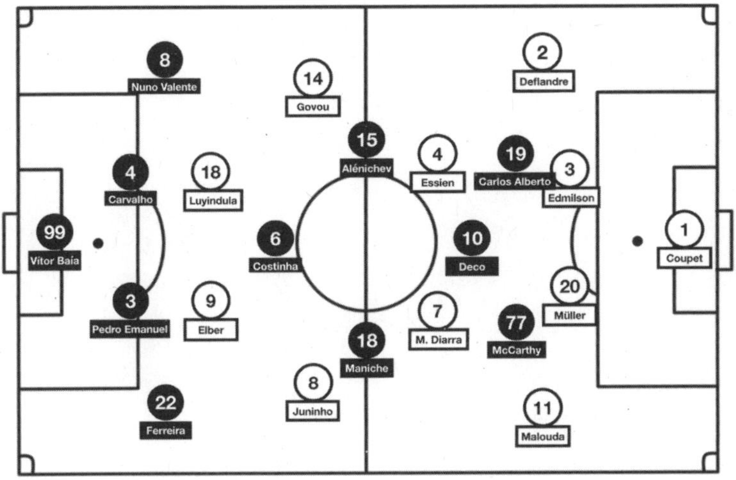

Pizarra 6.7 - Porto versus Olympique de Lyon - Cuartos de final (ida)

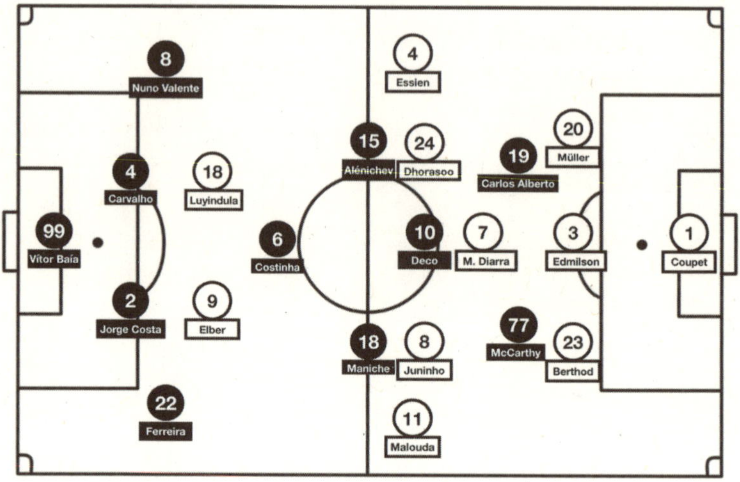

Pizarra 6.8 - Olympique de Lyon versus Porto - Cuartos de final (vuelta)

Paul Le Guen, el entrenador del Olympique de Lyon, reaccionó ajustando el dibujo. Utilizó dos carrileros larguísimos, Malouda y Essien, y cerró el centro del campo con tres centrocampistas, Juninho, Diarra y Dhorasoo. Deco pasó a estar mucho más vigilado y los interiores, Maniche y Alénichev, también. A los centrales del Porto les costaba ahora conectar con el medio y, cada vez con más frecuencia, perdían el balón en zonas comprometidas, justo donde el Lyon esperaba para salir al contragolpe. Así llegó el 1-1, con Malouda lanzando una transición rapidísima, colándose hasta la cocina y sirviendo un centro que Luyindula convirtió en gol. Finalmente, el Porto de Mourinho consiguió un empate (2-2) que le dio el pase a semifinales.

El Porto se encontró en semifinales con el Súper Dépor, armado en un 4-2-3-1. A diferencia de otros rivales, el Deportivo de La Coruña supo cerrar muy bien los pases interiores. Forzó al equipo de Mourinho a jugar más directo, a buscar envíos largos y a convertir tanto la ida como la vuelta en una eliminatoria muy física, en la que el Porto tuvo que sufrir como nunca para llegar a la final.

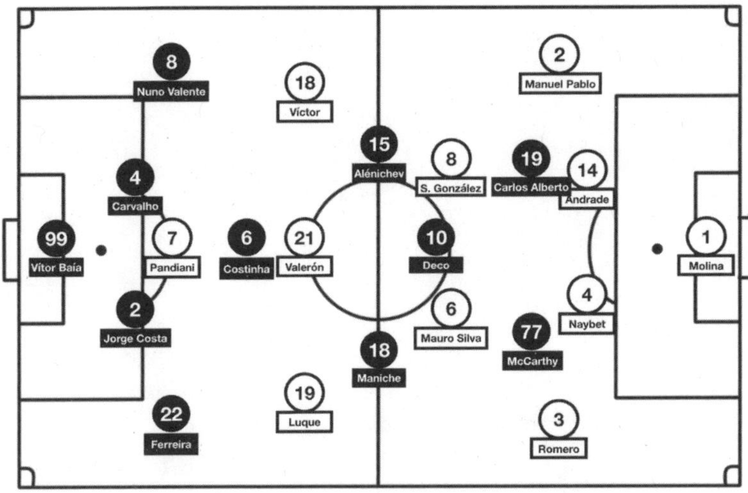

Pizarra 6.9 - Porto versus Deportivo de La Coruña - Semifinales (ida)

El plan gallego fue distinto al de los anteriores oponentes. Uno de los atacantes, normalmente el mediapunta, Valerón, se encargaba de fijar a Costinha. De esta manera, la primera salida del Porto quedaba condicionada y obligada a orientarse hacia fuera, hacia los laterales. En ese momento, la línea de pase hacia el interior cercano se apagaba porque uno de los mediocentros del Dépor saltaba sobre él. Deco quedaba en manos del otro mediocentro. Sobre el papel, el interior alejado podía ser una opción, pero ahí entraba en juego la basculación. El extremo del lado contrario cerraba hacia dentro y negaba también esa recepción.

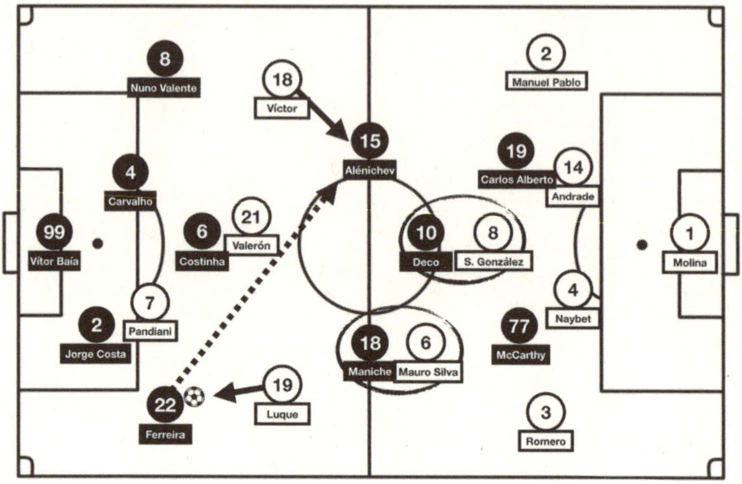

Pizarra 6.10 - Basculación del Deportivo

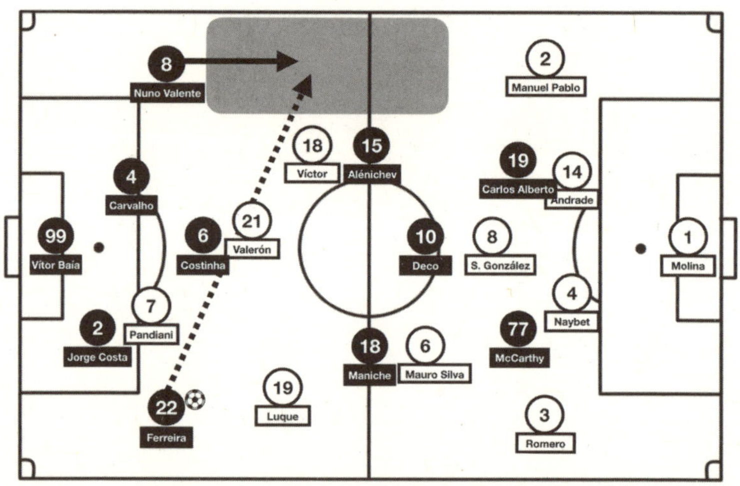

Pizarra 6.11 - Única vía de pase del Porto

Con este mecanismo, el Deportivo apagaba casi todas las vías de pase corto, tanto por dentro como por fuera. Al Porto solo le quedaba jugar en largo sobre los delanteros, en duelos muy disputados. Cambiar el juego hacia Nuno Valente, el lateral izquierdo, podía parecer una salida, porque a menudo era el hombre libre. Sin embargo, desplazar el balón más de treinta y cinco metros sin una precisión técnica muy alta abría la puerta a la intercepción y al contragolpe en zonas delicadas, justo donde el Dépor se sentía más cómodo.

Tras una ida muy igualada que terminó 0-0, el Porto se llevó la vuelta por 0-1 gracias a un penalti transformado por Derlei en el minuto 60. Diez minutos después, en el 70, Naybet fue expulsado y el Deportivo se quedó con diez. A partir de ahí, el equipo de Mourinho pudo gestionar el partido con más calma y asegurar el pase a la final de la Champions, probablemente la final más extraña que ha visto el fútbol moderno.

Si miramos el gasto en fichajes de aquella temporada, la anomalía se entiende todavía mejor. El Chelsea se dispara por encima de los 170 millones de euros. El Manchester United ronda los 56. Real Madrid, Bayern, Juventus, Arsenal, Milan u Olympique de Lyon se mueven en cifras altas. El Porto aparece en la parte

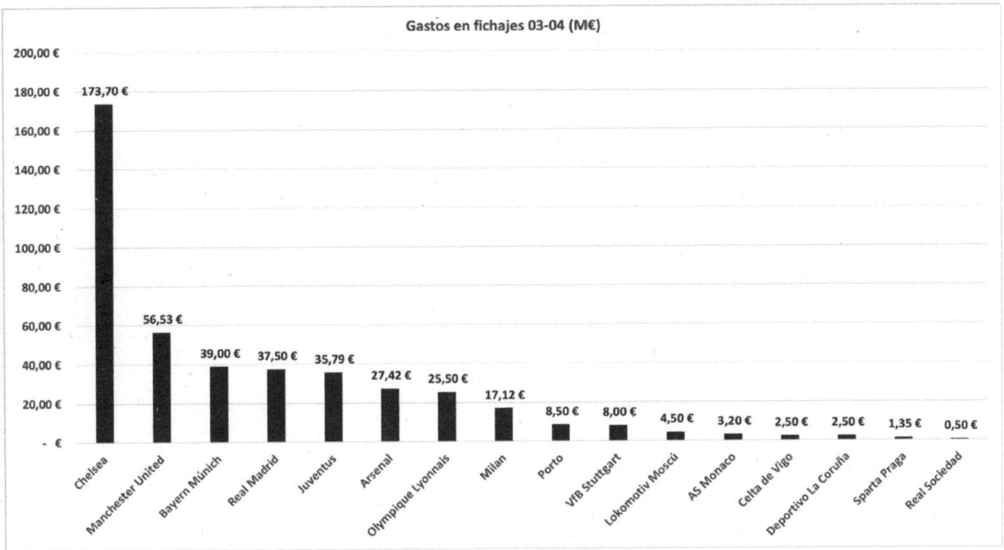

Tabla 6.2 - Gasto en fichajes de los 16 equipos de la fase eliminatoria de la Champions 2003-2004. Datos de Transfermarkt

media con 8,5 millones. El Mónaco, aún más abajo, con 3,2. Entre los dos finalistas no llegan ni a 12 millones. En un mar de proyectos millonarios, los dos equipos que acabaron jugando la final eran, en términos económicos, unos simples aficionados.

La Champions más extraña de la historia

La final fue otro intento de frenar el diamante de Mourinho. Deschamps decidió usar un sistema espejo, es decir, el Mónaco también se ordenó en un 4-3-1-2. Sobre el papel, misma estructura y cantidad de hombres por dentro. La idea era sencilla. Si el Porto generaba superioridad en el centro del campo, la mejor manera de neutralizarla era copiar el dibujo.

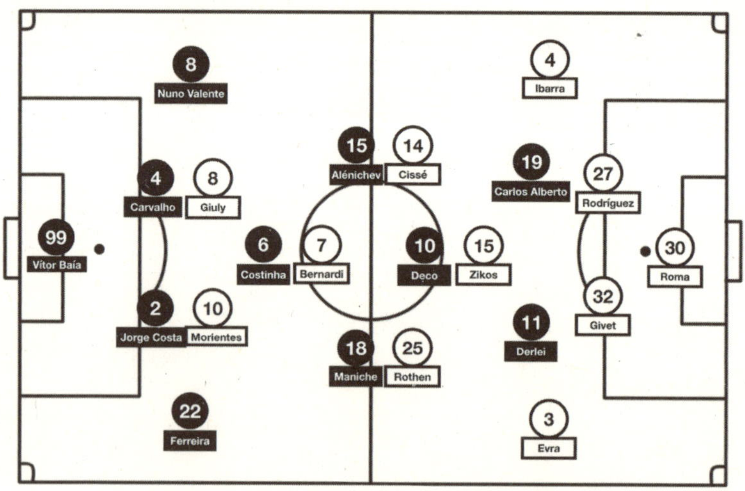

Pizarra 6.12 - Mónaco versus Porto - Final de la Champions League 2003-2004

Los primeros minutos parecieron darle la razón. El Mónaco salió más agresivo que el Porto, mordiéndole arriba y llevando la iniciativa. En los primeros cinco minutos el juego se jugó más cerca del área portuguesa que de la francesa. Aun así, el partido se atascó pronto. Durante la primera media hora no hubo ocasiones claras para ninguno de los dos lados. La única acción reseñable fue una salida de Vítor Baía muy lejos de su área para cortar un balón largo a la espalda de la defensa. Al Porto le costó imponer su ritmo. No lograba acelerar el juego ni encontrar a Deco con la misma facilidad que ante el Manchester United o el Lyon.

El partido cambió justo antes del descanso. En el minuto 40, una acción por la banda derecha terminó abriendo la final. Paulo Ferreira ganó altura, recibió y puso un centro al área. Carlos Alberto estaba preparado allí, intentó rematar y, tras un rebote en un defensor, el balón le quedó franco para poner una volea y marcar el 1-0. Este gol fue clave para que los de Mourinho se fueran al descanso con algo más de calma.

En la segunda parte Mourinho movió ficha. Carlos Alberto dejó su sitio a Alénichev y el equipo ganó un centrocampista más con balón. Deco pasó a relacionarse todavía más cerca de Derlei. El Mónaco, obligado a arriesgar, adelantó metros y dejó más espacio a la espalda. Justo lo que el Porto necesitaba.

El 2-0 llegó en una transición de manual. Pedro Mendes robó el balón en campo propio y conectó con Deco que inició el contraataque. Por la derecha corría Derlei. Por la izquierda aparecía Alénichev, recién entrado y fresco. Deco condujo, atrajo y definió, cerrando la jugada que había iniciado. Otra vez el Porto castigaba al rival en el momento en el que se abría.

Pocos minutos después, una nueva recuperación cerca del área portuguesa volvió a encender la contra. Deco lanzó en largo a Derlei, que bajó el balón y trató de filtrar un pase al interior alejado. El envío rebotó y la pelota cayó en los pies de Alénichev, que no perdonó. 3-0 y final prácticamente sentenciada.

A partir de ahí, Mourinho se dedicó a cerrar el partido. Derlei dejó su lugar a McCarthy para refrescar la punta de ataque y, en los minutos finales, Deco fue sustituido por el defensa central Pedro Emanuel, formando una línea de cinco atrás. El Porto conseguía la ansiada Champions League y aquella edición de la Champions nos hizo recordar que el fútbol sigue siendo un deporte colectivo en el que es posible que David derrote a Goliat.

El legado de *The Special One*

Mourinho comenzó su camino en los banquillos en el Sporting y en el Porto como asistente, pero fue en el Barcelona —como traductor y ayudante de Bobby Robson y de Louis van Gaal, coincidiendo con el Guardiola jugador— donde terminó de completarse como entrenador. Después dirigió al Benfica y al União de Leiria, hasta que llegó su verdadero primer éxito: el Porto.

Con el club portugués conquistó la Liga 2002-2003, la Copa de la UEFA 2003, la Liga 2003-2004, la Taça (Copa) de Portugal, la Supertaça (Supercopa) y, como cierre de ese ciclo, la Champions League 2003-2004. Su pragmatismo, su disciplina y su obsesión por los detalles moldearon a un grupo de jugadores sin gran estatus internacional para competir como un equipo hecho para las grandes noches. No había estrellas: Mourinho las creó.

Trataba al equipo como un padre: duro cuando era necesario y protector cuando el grupo lo pedía. Ellos respondieron con la misma energía. Sabían que no partían como favoritos, y esa sensación de tener algo que demostrar se convirtió en un combustible. No aceptaron el papel de secundarios ni de invitados incómodos: querían enfrentarse a los clubes más poderosos de Europa y ganar.

La conquista de la Champions cerró esa misión que se habían propuesto. Y, curiosamente, fue ese logro —no un rival ni un antídoto táctico— el que cambió la dinámica interna. El reconocimiento que buscaban desde hacía dos años llegó de golpe. Europa empezó a fijarse en ellos. Deco se marchó al Barcelona por 21 millones de euros; Carvalho, por 30 millones, y Ferreira, por 20, siguieron a Mourinho al Chelsea; y otros tantos recibieron ofertas imposibles de rechazar. El vestuario comenzó a vaciarse con una rapidez que contrastaba con la intensidad del camino que habían recorrido juntos. Solo ese verano, el Porto ingresó alrededor de 95 millones de euros en ventas. Y en ese proceso quedó marcada la identidad del club para los años siguientes: captar talento joven, desarrollarlo y venderlo a los grandes de Europa.

Lo que ocurrió entonces se parece mucho a lo que sucede en cualquier familia. El progenitor dedica años a preparar a sus hijos, a enseñarles cómo moverse en el mundo, a darles herramientas para crecer. Pero llega un momento en que ese crecimiento hace que ya no puedan quedarse bajo el mismo techo. No porque quieran romper el vínculo, sino porque necesitan avanzar hacia horizontes más grandes. Eso fue exactamente lo que le pasó al Porto, el propio desarrollo impulsado por Mourinho abrió a sus jugadores las puertas de clubes mayores y proyectos más ambiciosos.

El antídoto de aquel equipo no fue táctico. Fueron ellos mismos. El éxito que perseguían acabó por separarlos. Cada uno siguió su camino y el equipo que había nacido con un propósito común se deshizo en el momento exacto en que ese mismo propósito se cumplió. Y Mourinho..., Mourinho estaba preparado para dar el siguiente paso y presentarse al mundo como *The Special One*.

EL BARCELONA DE **GUARDIOLA**

Si estoy escribiendo este libro es, en gran parte, por culpa de este equipo.

Tenía diez años cuando, el 17 de junio de 2008, Pep Guardiola fue presentado como entrenador del primer equipo del Barcelona. Recuerdo que volvía de vacaciones en Roquetas de Mar y que mi primo, sin darle mayor importancia, me contó dos noticias: Ronaldinho no seguiría en el club y el nuevo entrenador se llamaba Guardiola.

Para un niño de diez años, aquello fue devastador. Se iba mi ídolo, llegaba un técnico sin experiencia y, encima, el equipo llevaba años sin ganar ni Liga ni Champions. ¿Guardiola? ¿Quién era ese? Yo quería a Mourinho. Y que volviera Ronaldinho. Y, si podía ser, seguir veraneando sin malas noticias.

Lo confieso: no tenía ninguna fe en ese equipo.

Pero cuatro años después, el 27 de abril de 2012, Guardiola anunciaba su marcha del club. Tenía catorce años y lloré. Literalmente. Me costó entenderlo. Durante ese tiempo, había pasado cada fin de semana pegado al televisor, escuchando a Andrés

Montes gritar «Tiki-Taka» mientras el Barça reinventaba el fútbol ante mis ojos.

Aquella marcha me marcó. Pasé años repasando partidos enteros, buscando entender cada movimiento, cada automatismo, cada detalle que hacía único aquel equipo. Me empapé de libros, foros, vídeos, cualquier cosa que explicara lo que había vivido. Sin darme cuenta, aquella obsesión moldeó mi forma de pensar el fútbol.

Hoy, con bastantes años más, he perdido la cuenta de las veces que he visto, una y otra vez, los mismos partidos del Barça de Guardiola. Lo que viene a continuación no es solo un análisis táctico. Es una conversación entre dos versiones de mí mismo: el Pedro de ahora que le explica al Pedro de diez años cómo jugaba el equipo que cambió su manera de ver el fútbol para siempre.

Suena «Viva la vida», de Coldplay. Empecemos.

Los pilares del Pep Team

El Barcelona de Guardiola se construyó sobre un principio innegociable: dominar el juego a través del balón.

Aunque el sistema base fue un 4-3-3, el equipo no tuvo un 11 titular fijo. Las alineaciones y variantes tácticas cambiaban temporada tras temporada. Mientras los rivales dedicaban semanas a estudiar cómo frenarles, Guardiola respondía con una evolución constante.

Entre 2008 y 2012, esa evolución se plasmó sobre todo en estas cuatro formaciones:

Pizarra 7.1 - 2008-2009: 4-2-1-3
en la primera temporada con Iniesta como
centrocampista más adelantado

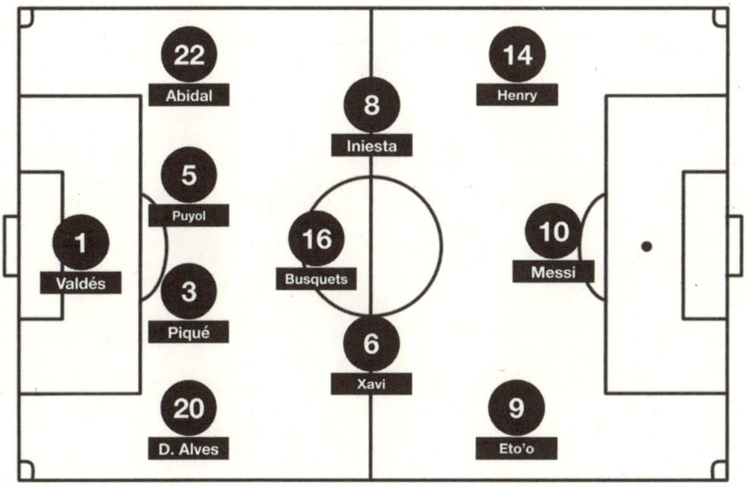

Pizarra 7.2 - 2008-2009: 4-3-3 con Messi de falso 9
y aparición de Sergio Busquets

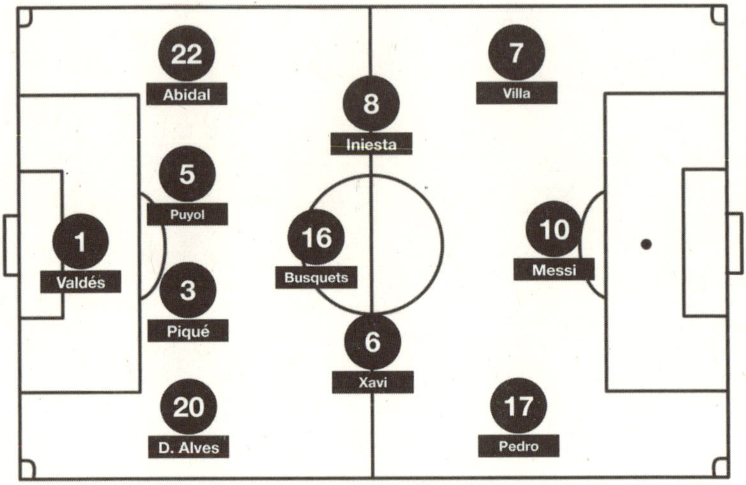

Pizarra 7.3 - 2010-2011: Consagración de Messi como falso 9 y la irrupción de Pedro y Villa como fichaje

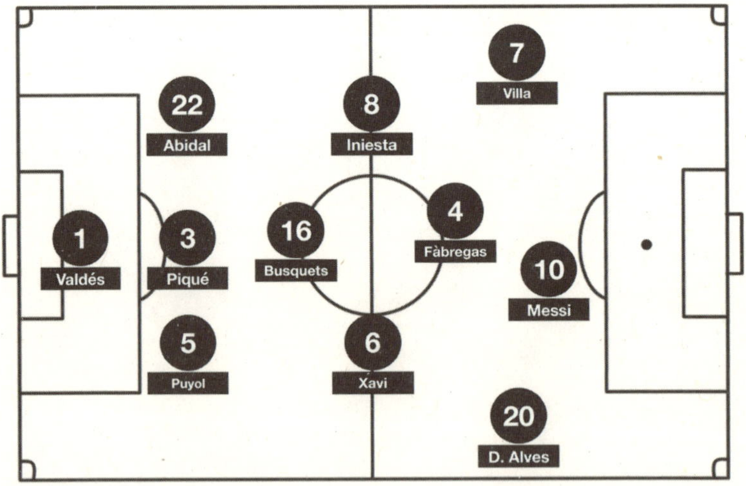

Pizarra 7.4 - 2011-2012: Doble falso 9 con Fàbregas y regreso al 3-4-3, evocando el Dream Team de Cruyff

La salida lavolpiana o salir de novios

Como se explica en el documental de 2018 *Take the Ball, Pass the Ball*, cuando Guardiola llegó al primer equipo, les pidió expresamente a los porteros que jugaran con los pies.

A principios de los 2000, a los porteros no se les pedía que supieran jugar bien con los pies. Su trabajo era parar, no pasar ni construir juego. Figuras como Buffon, Casillas o incluso Víctor Valdés no destacaban por su manejo del balón, al menos no como lo harían más tarde porteros como Neuer, Ter Stegen o Ederson.

Todo cambió con el Barça de Guardiola. Su forma de entender el fútbol marcó un antes y un después: el portero pasó a ser casi un jugador más, clave no solo para iniciar las jugadas desde atrás, sino sobre todo para ayudar al equipo a defender mejor desde la posesión.

Espera, Pedro, ¿me estás diciendo que Guardiola le pedía a Valdés jugársela con los pies para mejorar la defensa del equipo? Pues sí. Pero no vayas tan rápido, que primero te tengo que hablar de Ricardo La Volpe.

Pep Guardiola tuvo una gran influencia de La Volpe, seleccionador de México entre 2002 y 2006, año en el que disputó el Mundial de Alemania.

Ricardo La Volpe fascinó al mundo del fútbol con su particular salida de balón. Todos sus equipos salían de la misma forma. Fue tal la personalidad que adquirió su salida que la bautizaron popularmente como la salida «lavolpiana». Pero ¿en qué consiste exactamente?

Se trata de un mecanismo táctico en el que un mediocentro defensivo se retrasa y se coloca entre los centrales, formando una línea de tres en la base de la jugada (existen variantes que más adelante abordaré). Si quieres escuchar la explicación de su propia voz, Ricardo La Volpe la detalla en una entrevista disponible en YouTube.

El objetivo de todo ello es generar superioridad numérica en la salida de balón (por lo general, un tres contra dos frente a dos delanteros rivales en un 4-4-2 que era el esquema habitual de los rivales en los años 2000) para asegurar una salida limpia desde el fondo.

De esta manera, los laterales suben hasta la mitad del campo y los extremos, que estaban en banda, se meten por dentro obligando al rival a estirarse y así generar hombres libres para salir con balón por uno de los sectores (izquierdo o derecho).

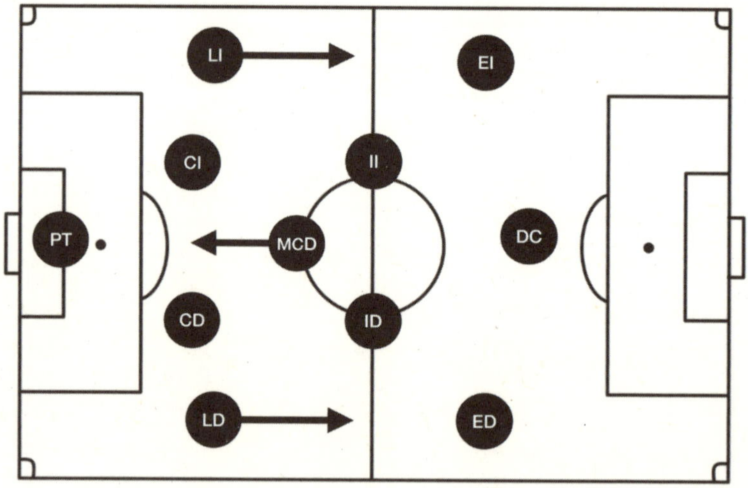

Pizarra 7.5 - El mediocentro defensivo baja como tercer central y los laterales suben hasta la mitad del campo

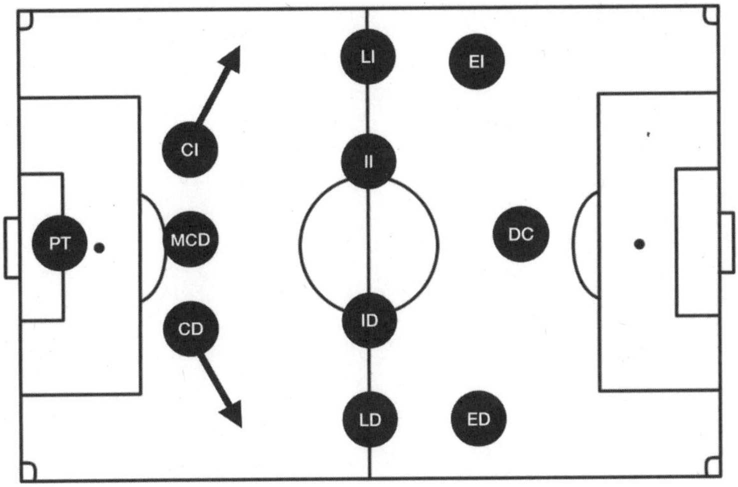

Pizarra 7.6 - Los centrales se abren a banda casi como laterales

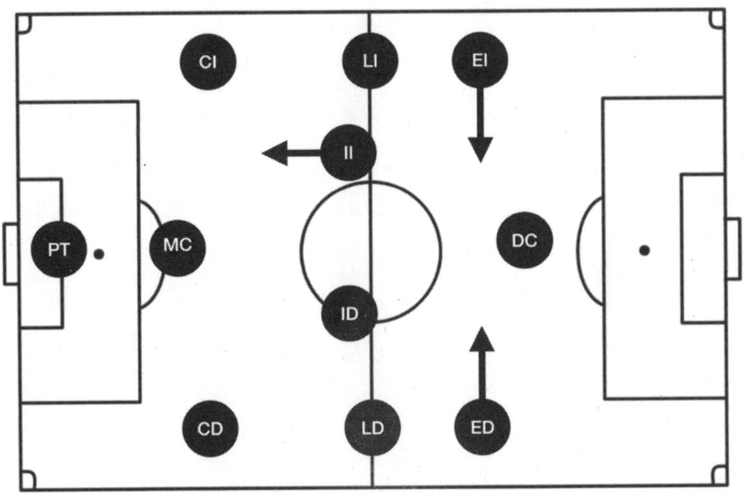

Pizarra 7.7 - Los extremos se van al centro y los interiores se escalonan en medio campo

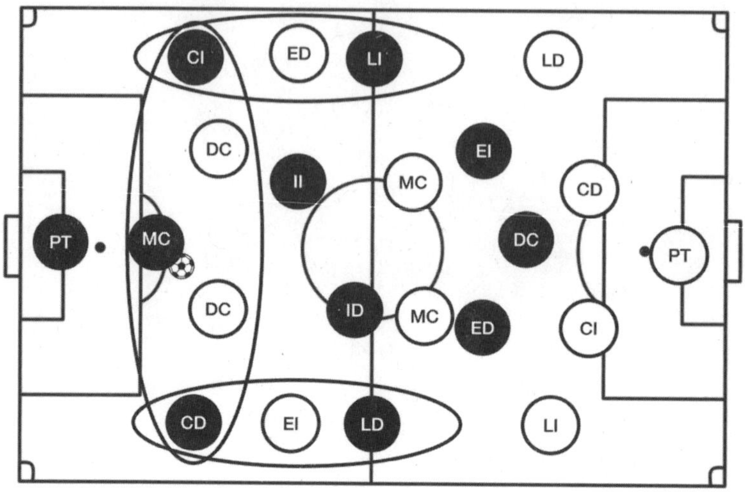

Pizarra 7.8 - Situaciones dos contra uno en fase de salida con balón

Posteriormente, en una entrevista para el canal *Lavolpismo* que tiene como protagonista a **Ricardo La Volpe**, afirman que **Guardiola le preguntaba a Rafa Márquez** sobre la salida lavolpiana.

De hecho, el propio **Guardiola** llegó a bautizar humorísticamente esta acción como la **«salida de novios»**, aludiendo a que los centrales «salen juntos» con el mediocentro entre ellos. Usó esa expresión en un artículo que escribió como columnista en *El País* durante el Mundial de Alemania 2006.

Veamos ahora un caso real de la salida «lavolpiana» en el Barça de Guardiola:

Competición: La Liga; partido: Sevilla 0-Barcelona 3 (jornada 13); fecha: 29/11/2008.

Minuto 5'18" – Salida lavolpiana (con una ligera variante) del Barça ante el Sevilla. El Sevilla jugaba con 4-4-2 con doble punta con Luis Fabiano y Kanouté en la presión.

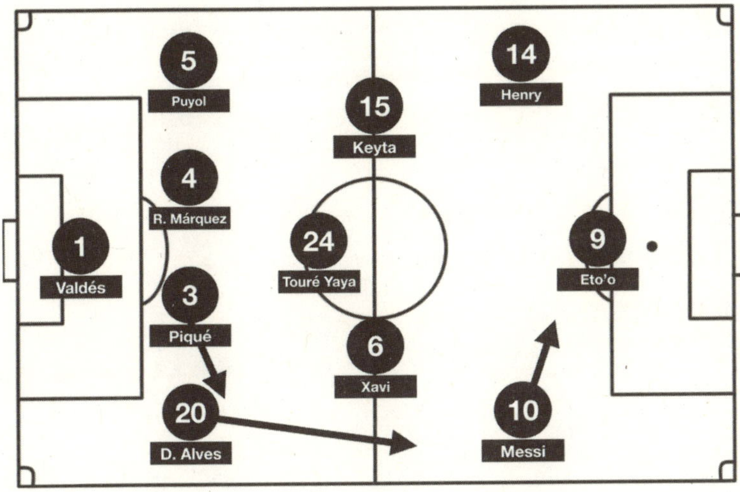

Pizarra 7.9 - Piqué se abre como lateral derecho y Alves crea la amplitud casi como extremo derecho. Messi se mete por dentro

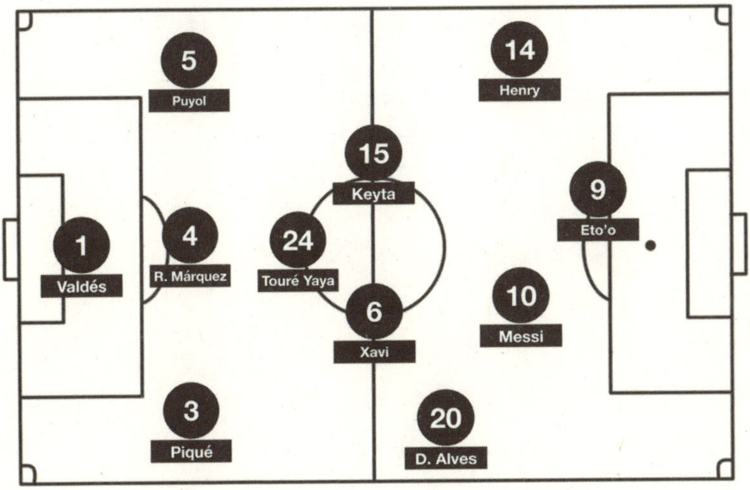

Pizarra 7.10 - Línea de 3: Piqué - Márquez - Puyol. Variante: el líbero no es el pivote (Touré), sino el central más técnico (Márquez)

En la Pizarra 7.11 se aprecia de qué manera Adriano se encuentra en inferioridad: debe elegir entre saltar sobre Dani Alves o quedarse con Piqué. Al mismo tiempo, Messi se mueve hacia dentro y arrastra a Fernando Navarro, que lo sigue para evitar que reciba entre líneas. Esa atracción libera a Dani Alves, y obliga a Adriano a salir a por él, con lo que deja a Piqué completamente solo.

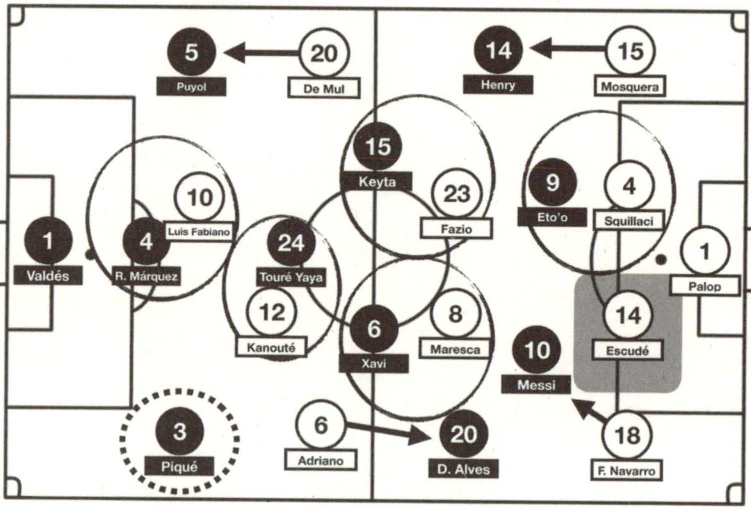

Pizarra 7.11 - Kanouté fija a Touré y Luis Fabiano a Márquez. Piqué es el jugador libre al abrirse a banda

Así es como el Barcelona encuentra superioridad constante por el sector derecho durante este partido contra el Sevilla. La estructura lavolpiana se mantiene, pero el rol del líbero varía según las piezas disponibles. En este caso, Guardiola opta por Márquez, y prioriza su capacidad para sacar el balón jugado desde atrás.

Ese partido terminó con el Barcelona ganando por tres goles a cero. En esa época era normal que los culés golearan a sus rivales. Nadie encontraba un antídoto: este tardaría unos años en llegar.

La salida lavolpiana fue la primera herramienta de Guardiola para superar la presión alta y avanzar en bloque o, como él decía, «salir de novios».

Pero no fue la única.

La amplitud no se negocia

El Barça de Guardiola estaba lleno de matices tácticos. Cuanto más analizas sus partidos, más detalles encuentras. He llegado a analizar casi todos sus partidos —algunos, más de una, dos o incluso tres veces— y hay un patrón que siempre se repite: la amplitud.

El Barcelona siempre tenía dos jugadores (por lo general, los extremos) pegados literalmente a las bandas, a la altura de los laterales rivales.

¿Por qué Guardiola situaba a los extremos pegados a la línea?

Cuando el extremo se mantiene bien abierto, el lateral rival se ve obligado a seguirlo y salir de su zona. En un equipo como el Barça de Guardiola, eso suponía un problema constante. Si en la temporada 2008-2009 dejabas girarse a Messi o a Henry, o en la 2010-2011 a Villa o Pedro, estabas prácticamente vendido. Al perseguir al extremo, el lateral genera una separación con su central, tal como se aprecia en las pizarras de la página siguiente.

Y es en ese hueco donde comienza a aparecer la magia del juego.

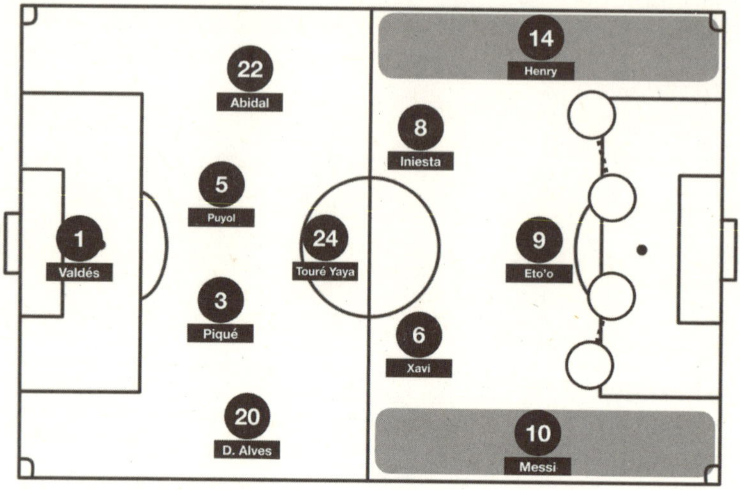

Pizarra 7.12 - Extremos pegados a la línea

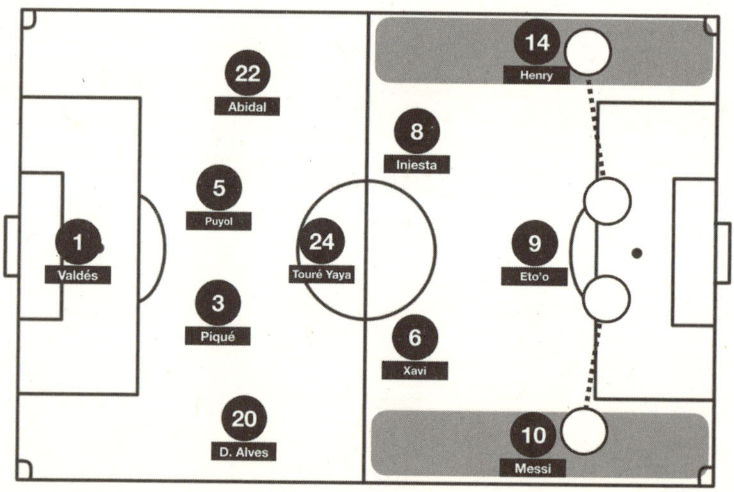

Pizarra 7.13 - Los laterales se separan de sus centrales

Un partido muy instructivo fue el que enfrentó al Barça con el Olympique de Lyon el 11 de marzo de 2009. El Barça les pasó por encima con un 5-2 en el Camp Nou.

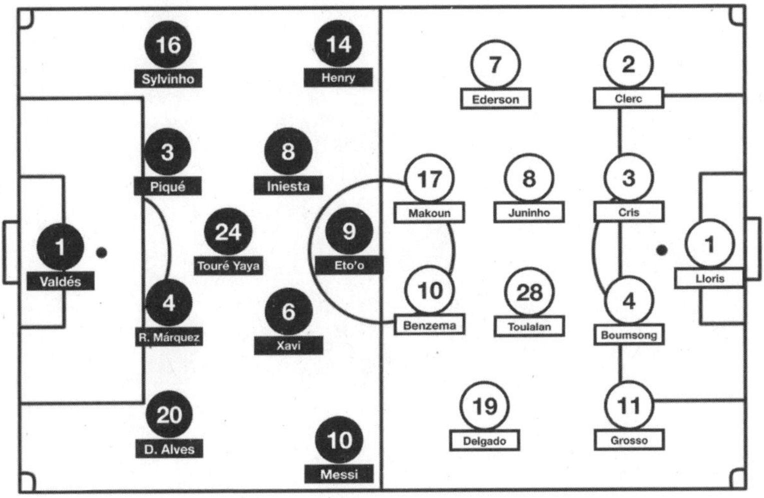

Pizarra 7.14 - Barça - Olympique de Lyon -
11 de marzo de 2009

En el minuto 39, Messi, pegado a la banda derecha a la altura del centro del campo, recibe un pase largo de Piqué que controla fácilmente con el pecho.[2] El lateral rival, que le había dejado unos dos metros de margen, cometió un error fatal: le dio tiempo para pensar.

Messi encaró hacia dentro. Nadie pudo pararlo. Pared con Eto'o y gol. El Barça se ponía 3-0 en apenas 39 minutos de los octavos de final de la Champions.

Estas son las consecuencias de darle unos segundos de más a uno de los mejores jugadores de la historia (o el mejor, si me preguntáis a mí). Y eso que, en aquel entonces, aún partía desde la banda derecha.

2. Si quieres revivir esa jugada, el canal oficial de YouTube del F. C. Barcelona tiene los *highlights* de aquel partido: https://www.youtube.com/watch?v=oSDobkWsg8M

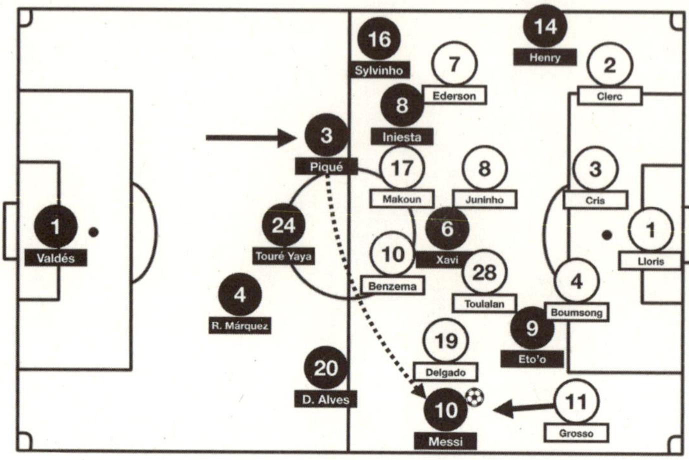

Pizarra 7.15 - Messi recibe el pase de Piqué

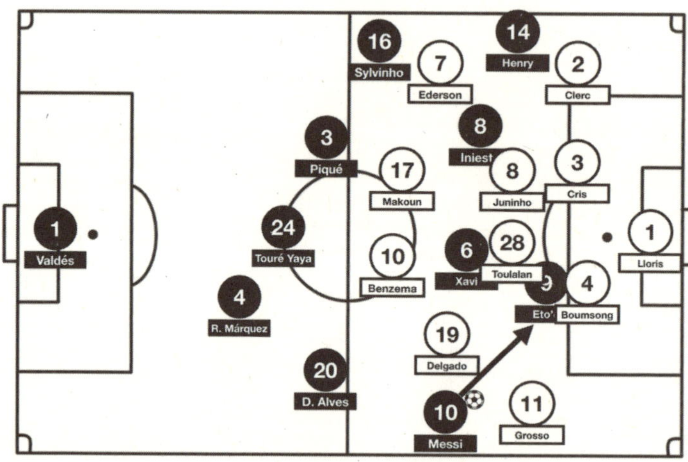

Pizarra 7.16 - Messi conduce en diagonal
y realiza la pared con Eto'o

Por eso, los laterales rivales estaban obligados a encimar de cerca a los extremos. No podían permitirse ni un metro de distancia.

Pero en el momento en que el lateral seguía al extremo..., se abría la grieta. Y era justo ahí, en ese pequeño espacio, donde empezaba la magia.

Los cuadrados mágicos de Andrés Iniesta

Recuerdo que, en el PES, aquel videojuego mítico de principios de los 2000, existía un rol llamado «jugador de huecos». Era ese futbolista que, en cuanto veía un espacio, se lanzaba al ataque sin pensárselo dos veces. Por lo general lo ocupaba un centrocampista con inteligencia táctica y buen *timing*.

Andrés Iniesta era exactamente eso.

Partía desde el medio, junto a Xavi y Busquets (o Touré Yaya en los primeros años), y acababa convertido en el socio ideal de Henry, Messi o Eto'o. Aparecía entre líneas, rompía defensas sin balón, y siempre llegaba justo a tiempo.

La pregunta que debes hacerte es: ¿por qué Iniesta era el centrocampista más adelantado de los tres?

Pizarra 7.17 - Iniesta como centrocampista más adelantado

Para responder a eso, toca volver al partido entre el Barcelona y el Olympique de Lyon, ese 5-2 inolvidable.

Ya hablamos del gol de Messi en el minuto 39'09", pero ahora te invito a que atrases el reloj exactamente 15 segundos.

Piqué conduce el balón por el sector izquierdo (Pizarra 7.18), y se acerca al círculo central.

Y en ese preciso instante, ocurre algo que no verás reflejado en ninguna base de datos. No está en los mapas de calor. No está en las estadísticas de pases clave. Pero está ahí y lo cambia todo.

En este momento estás viendo cómo se forman tres cuadrados imaginarios cuando el Lyon está replegado en un 4-4-2 (Pizarra 7.19):

- Cuadrado derecho, formado por Clerc (el lateral derecho), Cris (el central diestro), Juninho Pernambucano (que está actuando como pivote defensivo derecho momentáneo ya que Makoun ha ido a presionar arriba) y Ederson (el extremo derecho).
- Cuadrado central formado por Cris y Boumsong (los centrales) y Toulalan y Juninho (los pivotes).
- Cuadrado izquierdo formado por Boumsong (central zurdo), Grosso (lateral izquierdo), Toulalan (pivote izquierdo) y Delgado (extremo izquierdo).

Desde el minuto 38'56" al 39'00", en esos cuatro segundos, Iniesta se hunde dentro del cuadrado derecho. Esto permite que Gerard Piqué conduzca sin oposición hasta el centro del campo.

En el minuto 39'00", realiza un cambio de sentido a Leo Messi. Justo en este momento se produce otro fenómeno que hace que Leo Messi reciba completamente libre de marca.

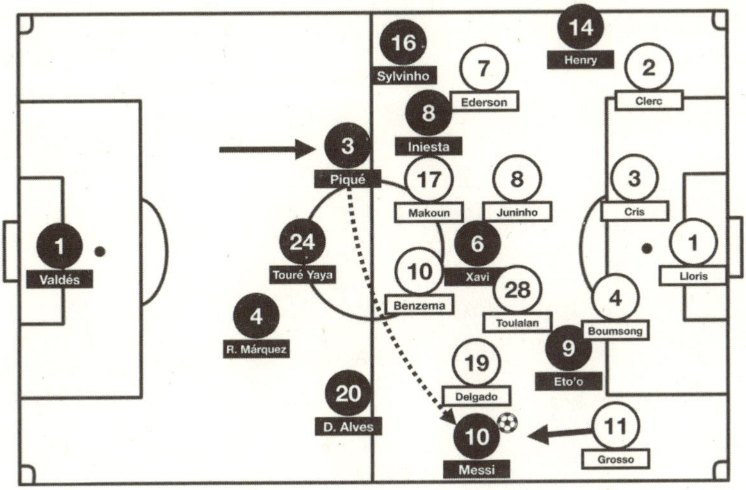

Pizarra 7.18 - Piqué conduce el balón

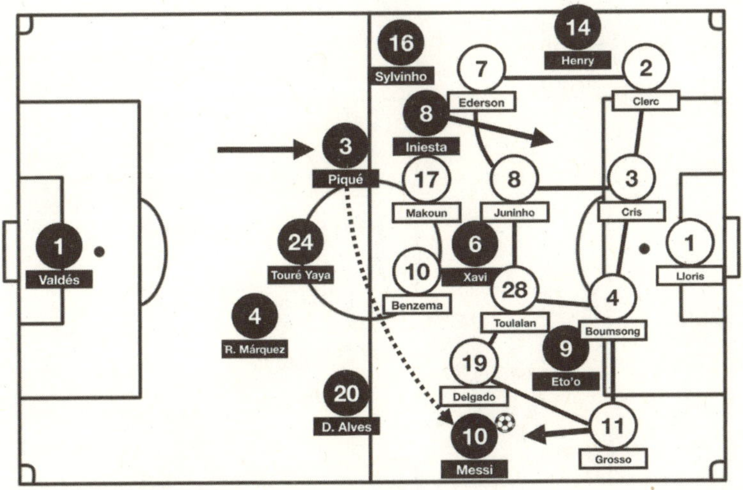

Pizarra 7.19 - Iniesta se mete dentro del cuadrado

Eto'o, en el 38'58", inicia una carrera y se sitúa justo en el centro del cuadrado izquierdo, listo para recibir completamente libre. Esto hace que los cuatro jugadores que componen este cuadrado duden. Observa la Pizarra 7.19 y piensa: ¿cuál de los cuatro del Lyon debería marcar a Eto'o?

A continuación, descartaremos a dos jugadores: Delgado y Toulalan.

Delgado, el extremo izquierdo está marcando a Dani Alves, y Toulalan está pendiente de que Xavi no reciba. Por tanto, nos quedan dos jugadores en el cuadrado candidatos a cubrir a Eto'o.

- Caso 1: Si Boumsong (el central izquierdo) va a por Eto'o dejaría un enorme espacio a sus espaldas en la zona 14 para que Iniesta o Xavi en segunda línea lleguen sin oposición. Normalmente esto no ocurría en esos tiempos, pues un central no solía separarse tanto de su línea.
- Caso 2: Lo que solía ocurrir era que el lateral (Grosso) marcase en este caso a Eto'o, pero el problema es que también tenía a Messi cerca.

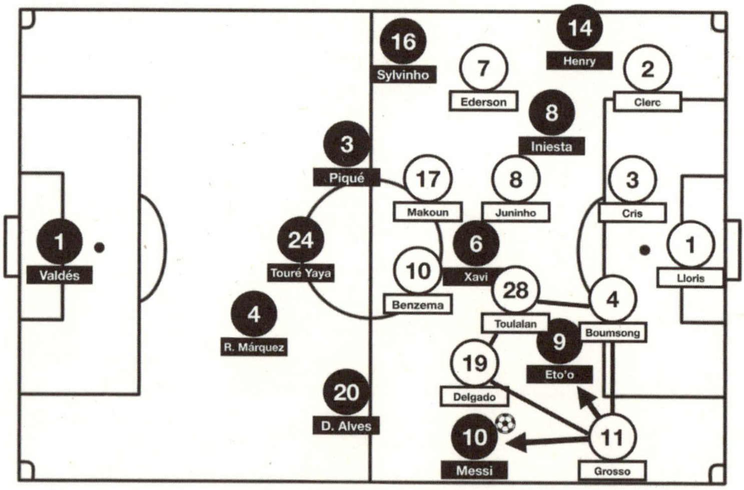

Pizarra 7.20 - El dilema de la defensa para cubrir a Eto'o

Como puedes observar, Messi y Eto'o le hacen un dos para uno a Grosso, por lo que el lateral decide quedarse a media distancia de ambos. Si te enfrentabas al Barça de Guardiola, no podías quedarte a medias tintas, pues la calidad individual de los de arriba hacía el resto. En el momento en que Grosso amaga con ir a por Eto'o, Messi ya recibe solo. El transcurso que sigue a esa jugada lo conocemos todos: gol «rutinario» de Leo Messi.

Esta es la importancia de ocupar los cuadrados (los he llamado «cuadrados mágicos» porque aquí es justamente donde empezaba la magia de los ataques del Barcelona), pero es más importante todavía saber cuándo ocuparlos. El *timing* de este Barcelona era el aliado perfecto. Saber cuándo situarte dentro del cuadrado, cuándo abrirte en base o cuándo conducir con el balón es lo que marcaba la diferencia.

Y Andrés Iniesta era el que mejor *timing* y lectura de juego tenía para ocupar esos cuadrados. Cuando el balón iba hacia la banda izquierda, Iniesta se situaba entre central y lateral. De esta forma liberaba al extremo (primero, Henry, y luego, Villa).

- Si el lateral marcaba al extremo, este le daba un pase a Iniesta en el espacio indefendible, justo a la espalda del lateral (Pizarra 7.21).
- Si el lateral cerraba y defendía a Iniesta, Henry o Villa quedaban libres en banda para iniciar los ataques (Pizarra 7.22).

Iniesta dominaba estos cuadrados mágicos a la perfección. Sabía exactamente cuándo entrar, cuándo salir y cómo darle sentido a cada movimiento. Su influencia era imprescindible en el funcionamiento del Pep Team.

La amplitud era innegociable para que Iniesta se moviera con total libertad dentro de esos espacios interiores. Su juego no se podía medir con números. Iniesta producía arte.

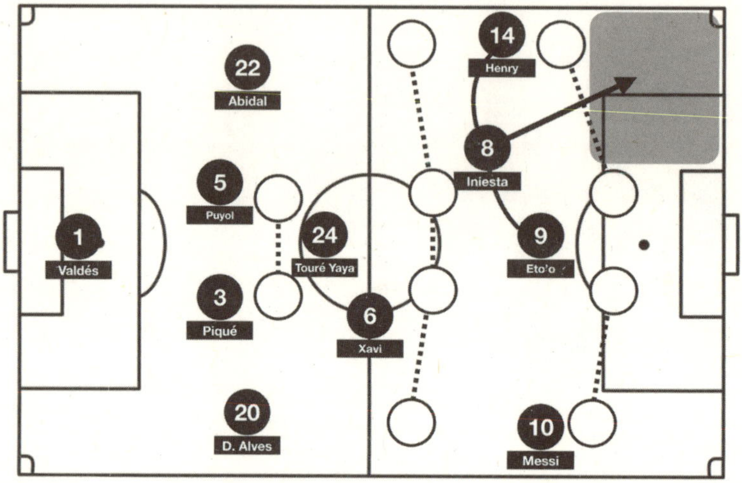

Pizarra 7.21 - Lateral sigue a extremo

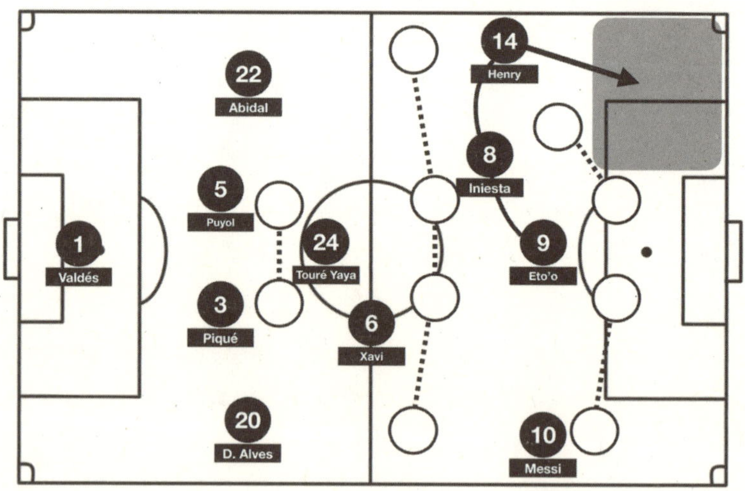

Pizarra 7.22 - Lateral cierra por dentro

Los triángulos de Pep

Observa con detenimiento la estructura del Barcelona con el 4-3-3, su sistema por excelencia.

Todos los jugadores pueden formar triángulos con los jugadores más cercanos. Esto permite ejecutar el concepto del tercer hombre[3] con muchísima más facilidad que respecto a otros sistemas como el 4-4-2 o el 4-2-3-1…, con la única excepción del 3-4-3 del Dream Team de Cruyff y que en la temporada 2011-2012 (la última de Guardiola como entrenador del Barça) pondría en práctica para maximizar esos triángulos.

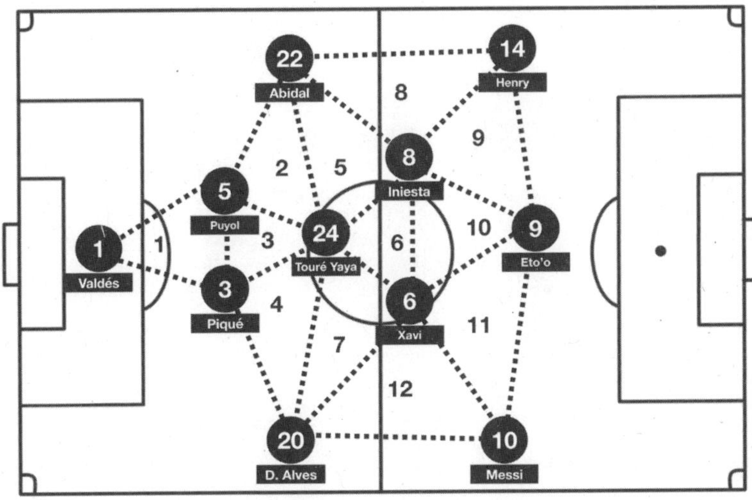

Pizarra 7.23 - Generación de triángulos en el sistema 4-3-3

3. «Tercer hombre» es como se llama un movimiento táctico en el que intervienen tres jugadores:
   1. el que inicia el pase,
   2. el que lo recibe de espaldas y atrae a la marca, y
   3. el tercer hombre, que aprovecha ese señuelo para quedar libre y recibir el balón de cara. Su función es romper líneas defensivas mediante una pared «invisible»: el segundo hombre sirve de imán; el tercero, de desahogo y progresión.

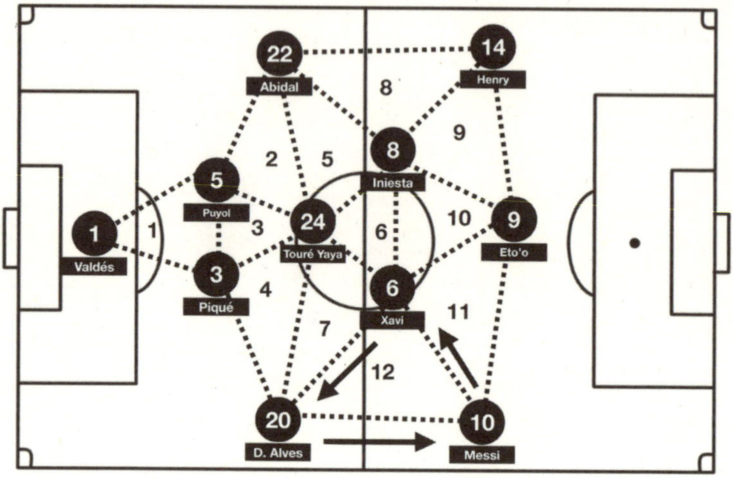

Pizarra 7.24 - Movimiento habitual

Como se puede observar en la imagen, la estructura del Barça permite formar hasta 12 triángulos entre jugadores cercanos.

La clave no está solo en los nombres, sino también en la forma: aunque los futbolistas se muevan —el lateral sube, el extremo se cierra o el pivote baja a recibir—, la red de triángulos debe mantenerse siempre viva.

El sistema puede girar, fluir o transformarse, pero los ángulos de pase nunca desaparecen. Ese era uno de los grandes secretos del juego de posición de Guardiola.

Pongamos el siguiente ejemplo sobre el triángulo número 12.

Dani Alves se proyecta por la banda derecha. Messi, mientras tanto, se mete por dentro. Ambos han intercambiado posiciones, pero la pregunta es: ¿qué hace Xavi ahora?

Su papel es mantener el triángulo vivo. Ser el apoyo, sostener la estructura. Si Alves ocupa la banda y Messi aparece entre líneas, entonces Xavi se coloca detrás, como base del triángulo, listo para ofrecer salida y equilibrio. En ese momento, Xavi hace de Alves,

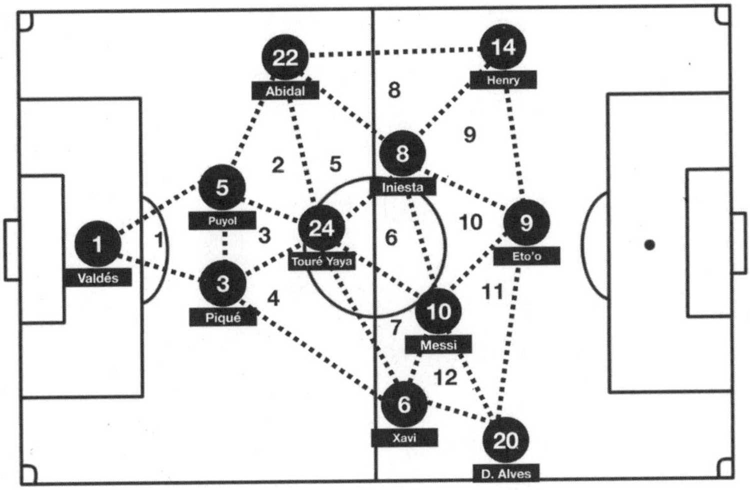

Pizarra 7.25 - Rotación de posiciones

Messi hace de Xavi y Alves hace de Messi. Los roles cambian, las posiciones varían, pero la idea permanece: la estructura ni se crea ni destruye, solo se transforma.

Esto hace que los rivales pierdan las marcas. El lateral rival ahora se pregunta si tiene que ir al centro a seguir marcando a Messi o quedarse en banda con Alves.

- Si el lateral sigue a Messi, Alves queda libre. El extremo tiene que bajar. Si el rival tiene un extremo que no suele hacer un repliegue tan intensivo, ya tienes al hombre libre en banda, el balón debe ir hacia él. Xavi se ocupará de mandarle el balón a Dani Alves.
- Si el lateral se queda con Dani Alves en banda, ¿quién cubre a Messi?
  - Si es el pivote, ahora Iniesta o Eto'o pueden situarse a las espaldas del pivote rival y Xavi filtrará un pase entre líneas.

- Si es el central el que sale a tapar a Messi, Eto'o queda uno contra uno con el central alejado y Xavi puede filtrar un pase al espacio para dejarlo mano a mano con el portero.

Contener el sector derecho del Barça era una absoluta pesadilla para cualquier rival. La única forma de resistirle era con un bloque compacto, comprometido y perfectamente sincronizado.

Las rotaciones constantes entre Dani Alves, Xavi y Messi desarmaban cualquier estructura defensiva. Muchos entrenadores intentaron neutralizar ese triángulo, pero solo unos pocos se acercaron a la solución. Mourinho, con su Inter de Milán, fue uno de ellos.

Pero no nos adelantemos. Aún estamos en la temporada 2008-2009, justo antes de una de las mayores revoluciones tácticas del fútbol moderno: el nacimiento del falso 9.

Ahora bien, para entender por qué Messi dejó de ser extremo derecho y pasó a ocupar ese rol central, primero necesito explicarte cómo defendía el Barça de Pep. Sin esa base, la transformación de Messi perdería todo su sentido.

La presión tras pérdida

Al inicio de este capítulo, estuvimos hablando sobre la salida lavolpiana. En ella te comenté que Guardiola decidió que el portero (Valdés o Pinto) fuera el que iniciaba las jugadas desde atrás. Pues bien, estás a punto de comprender el ciclo perfecto de juego del Barcelona de Guardiola.

El ciclo perfecto de juego se compone de tres fases:

- Fase 1: La salida lavolpiana. Así, el Barça salía de la presión inicial que le hacían sus rivales y se instalaba en medio campo.
- Fase 2: Amplitud. Una vez en medio campo, los extremos permanecían muy abiertos para estirar a los laterales rivales y que la distancia entre central y lateral aumentara.
- Fase 3: Ocupar los cuadrados mágicos. Con la distancia entre central y lateral en aumento, Iniesta (o Messi, si entraba por dentro mientras Alves creaba amplitud por la derecha) se ubicaba dentro del cuadrado para hacer dudar a los rivales y generar situaciones de dos contra uno por fuera y así liberar a los extremos.
- Fase 4: Triangulaciones. Una vez que un extremo tenía el balón, el Barcelona podía ordenarse y juntarse con él. Rotaciones constantes, pero siempre manteniendo la estructura. En esta fase, cuantos más pases realizasen los culés, más efectiva sería la presión.

Pero aún quedaba la última fase, la más importante de todas. Y también la única que escapaba, en gran parte, al control de Guardiola. El objetivo de Pep era llevar el balón hasta zonas de ataque en las mejores condiciones posibles. Una vez completadas las cuatro fases anteriores, ya solo podía sentarse y contemplar lo que vendría a continuación. Porque entonces entraba en escena el talento puro. Messi, Henry, Villa, Eto'o, Ibrahimović... Todos eran jugadores capaces de decidir por sí solos cualquier partido.

La fase 5 era terminar la jugada. Podía salir bien o podía salir muy bien. Si las cuatro fases anteriores se habían ejecutado a la perfección, era muy difícil que el Barcelona sufriera.

Si los delanteros acaban las jugadas disparando a puerta, ahí terminaba la jugada. Podía ser gol o no. Pero ¿qué ocurría si el Barça perdía el balón cuando estaba atacando?

Era raro ver al Pep Team perder el balón. Pero cuando ocurría, bastaba con mirar el posicionamiento medio de sus jugadores en pleno ataque posicional para entender por qué casi siempre lo recuperaban al instante.

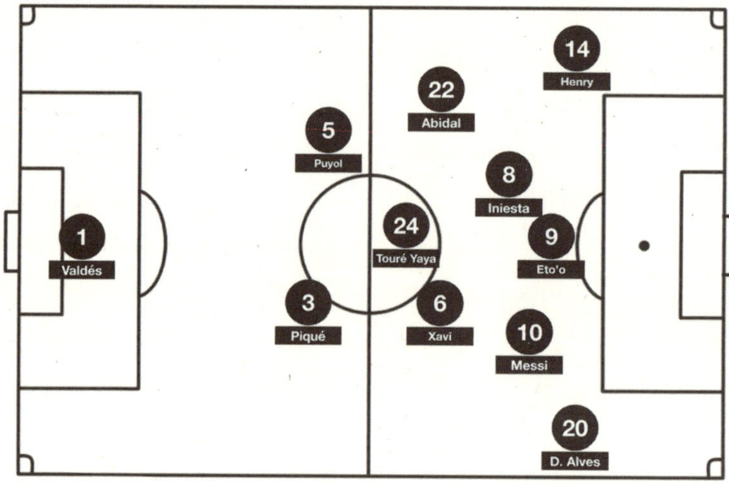

Pizarra 7.26 - Ataque posicional del Barcelona

Como puedes ver en la imagen, hay mucho espacio a la espalda de Piqué y Puyol. Dani Alves actúa casi como un extremo. ¿Cómo conseguía entonces el Barça frenar los contraataques rivales?

Todo se explicaba con la presión tras pérdida. Una vez que el equipo se instalaba en campo contrario, comenzaba una sinfonía de pases cortos y constantes. Cuando el número de pases aumentaba, los jugadores se acercaban más entre sí.

Todos hemos vivido algo similar al jugar en la calle o en el recreo. Queríamos tocar el balón, así que nos acercábamos al compañero que lo tenía. Lo hacíamos de forma natural, sin pensar. Esa cercanía, casi instintiva, es lo que permitía al Barça recuperar tan rápido cuando perdía la posesión.

Tras veinte o veinticinco pases, Xavi o Iniesta solían filtrar un balón hacia la zona 14, o Messi encaraba a dos o tres rivales con su habitual descaro. Ahí, las probabilidades de perder la posesión aumentaban, pero también se reducía el riesgo de un contraataque.

Cuando el Barça perdía el balón, todos los jugadores estaban ya muy cerca de la jugada. Esa cercanía les permitía presionar en bloque durante cinco o seis segundos con una intensidad brutal. El rival apenas tenía tiempo para decidir. Rodeado por camisetas azulgranas, lo habitual era que optara por un balón largo al espacio. Ahí esperaban Puyol y Piqué, atentos para interceptar y reiniciar el ciclo. Y vuelta a empezar. De nuevo las cuatro fases anteriores, antes de ejecutar la quinta: finalizar la jugada. Si el rival no la mandaba en largo, probablemente la perdía y quedaba Messi, Henry o cualquier delantero mano a mano con el portero.

Me atrevería a decir que el Barça de Guardiola ha sido el equipo más perfectamente sincronizado que ha visto el fútbol. Te invitaban a presionarles, salían con limpieza desde atrás, se instalaban en tu campo, te dominaban con el balón y, cuando ellos lo decidían, finalizaban la jugada.

El control era absoluto. El rival solo podía esperar, sin capacidad real de intervenir. En muchos partidos, el desenlace quedaba casi sellado en la primera parte. Como aquel Barcelona-Atlético de Madrid que terminó 6-1. En el minuto 8'30" ya ganaban por tres. Márquez marcó de córner, Eto'o de penalti y Messi de falta directa.

Sin embargo, no todo era perfecto. En ocasiones, algún rival conseguía escapar de la presión asfixiante. Y entonces, incluso el Barça de Pep tenía que replegarse.

Todos atacan, todos defienden

El repliegue defensivo del Barça de Guardiola no era casual. Estaba diseñado al milímetro para ahogar al rival sin necesidad de encerrarse atrás. La estructura base era un **4-1-4-1**. ¿Qué significa esto? Que cuando el equipo retrocedía, **Messi y Henry** bajaban a la misma altura que **Xavi e Iniesta**, formando una línea de cuatro centrocampistas que ocupaba todo el ancho del campo.

¿Y entre esa línea y la defensa? Ahí aparecía el que yo siempre he llamado el **«coche escoba»** del sistema. Ese jugador que barría todo lo que caía en tierra de nadie. Primero fue **Touré Yaya**, y luego **Busquets**. Ambos se situaban justo por delante de los centrales y por detrás de la línea de medios, listos para interceptar cualquier pase interior que intentara colarse entre líneas.

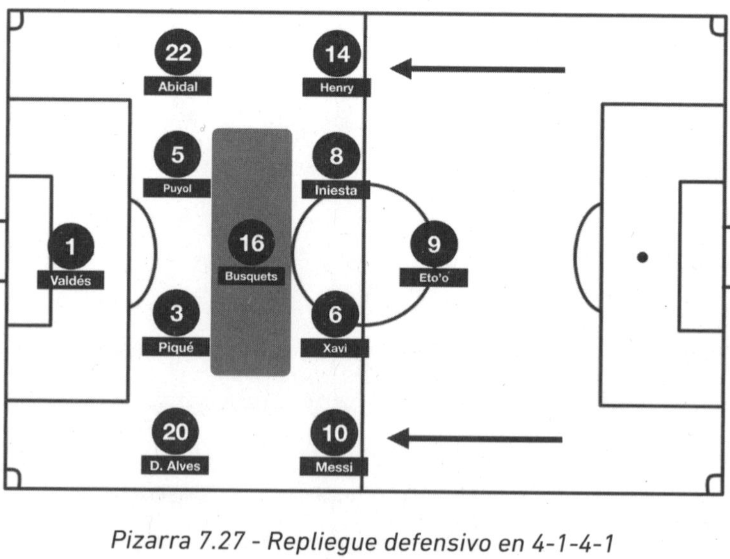

Pizarra 7.27 - Repliegue defensivo en 4-1-4-1

Pero no solo se trataba de posicionarse bien. Para que ese «coche escoba» tuviera sentido, la **defensa debía adelantar varios metros** y situarse muy cerca del centro del campo. De ese modo, Touré o Busi no tenían que recorrer tanto espacio para llegar a interceptar pases entre líneas del rival.

Y aquí viene la genialidad: mientras los rivales intentaban romper por dentro con el tradicional doble pivote del 4-4-2, se encontraban con una **muralla de tres hombres** (Busquets, Xavi e Iniesta) que cerraban todos los caminos centrales. Así que no les quedaba otra opción que abrir a banda.

Pero claro, en ese momento **aparecían Messi y Henry**, sacrificándose en defensa, encimando a los laterales rivales. Los encerraban. Los asfixiaban. Les hacían creer que podían progresar por fuera..., solo para quitarles el balón y volver a empezar el ciclo.

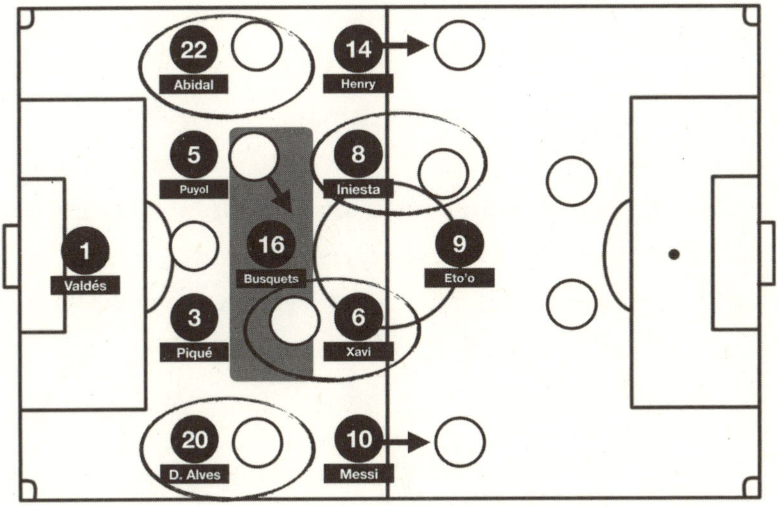

Pizarra 7.28 - Sistema defensivo ante 4-4-2 del rival

Y aquí es donde se fraguó la revolución táctica del siglo: **el falso 9.**

Lo curioso es que todo comenzó por un motivo que ni te imaginas: **defender mejor.** No puedo verte la cara a través del libro, pero, de nuevo, te acabas de quedar igual que cuando te comenté que Valdés empezaba las jugadas para defender mejor. Extrañado.

En una entrevista para el canal *Goal en español*, el propio **Cholo Simeone** reveló que fue **Guardiola quien le confesó** en persona una de las claves del cambio de posición de Messi. Según cuenta el Cholo, **en las fases finales de la Champions (a partir de cuartos)**, los rivales comenzaban a **atacar con más frecuencia por el sector derecho**, precisamente por donde defendía Leo.

Al principio de la temporada 2008-2009, Leo bajaba con intensidad, colaboraba en defensa. Pero conforme avanzaban los partidos y aumentaba el desgaste físico, **ese esfuerzo defensivo le pasaba factura en ataque**, que era justo donde más lo necesitaban.

La conclusión era obvia: si Messi llega cansado al último tercio, el Barça pierde calidad en cada ataque. Además, cuando Leo arrancaba desde la banda, solía desbordar a tres o cuatro rivales en una misma jugada. Eso ya era demasiado derroche físico como para, encima, tener que retroceder 30 o 40 metros para defender.

Por eso, **Guardiola tomó una decisión valiente**: liberar a Messi del esfuerzo defensivo, colocarlo en el centro, y construir un sistema alrededor de su creatividad. Pero aún hay más razones por las que Pep movió a Messi al centro.

El falso 9: la gran revolución

Son las siete de la tarde del 1 de mayo de 2009. Leo Messi ya está en casa, descansando para el gran día. Mañana se juega el clásico contra el Real Madrid, un partido que puede decidir la Liga. Todo parece en calma... hasta que suena el teléfono. Es Pep Guardiola.

—Leo, ven a la Ciudad Deportiva.

Pep Guardiola acababa de encontrar un agujero en el sistema defensivo del Real Madrid. A las siete de la tarde, casi veinticuatro horas antes del clásico. (Así lo relató el propio Messi en una entrevista con Valdano).

La ida en el Camp Nou

En el partido de la primera vuelta de liga en el Camp Nou, disputado el **13 de diciembre de 2008**, el **Real Madrid** se plantó con un **4-4-2 clásico**, con marcajes individuales en casi todo el campo.

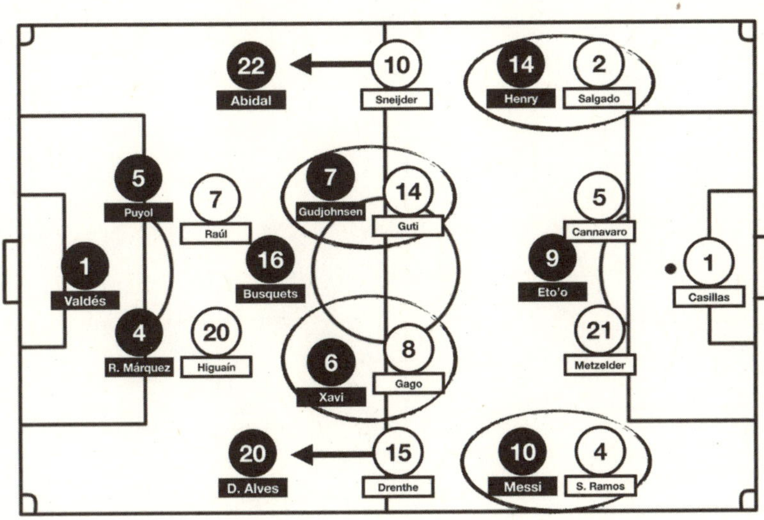

Pizarra 7.29 - Sistema defensivo ante 4-4-2 del rival

Como puedes ver en la imagen, **cada jugador del Madrid marcaba al hombre a su par del Barcelona**, salvo en defensa, donde uno de los centrales se encargaba de **Eto'o** y el otro **cerraba en zona**. Una situación bastante común por aquellos años.

Además, cuando **Messi abandonaba la banda derecha para meterse al centro** —algo que hacía con frecuencia para liberar el carril a **Dani Alves**—, **Sergio Ramos**, lateral izquierdo del Madrid en aquel encuentro, lo seguía hasta el interior.

En paralelo, **Drenthe**, que jugaba como centrocampista por la izquierda, tomaba el relevo defensivo marcando a Dani Alves cuando subía.

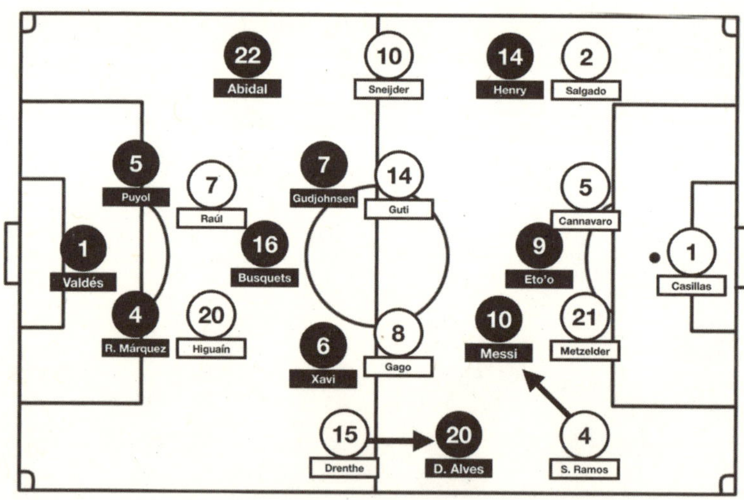

Pizarra 7.30 - Sergio Ramos sale de su posición como lateral y Drenthe sigue a Dani Alves

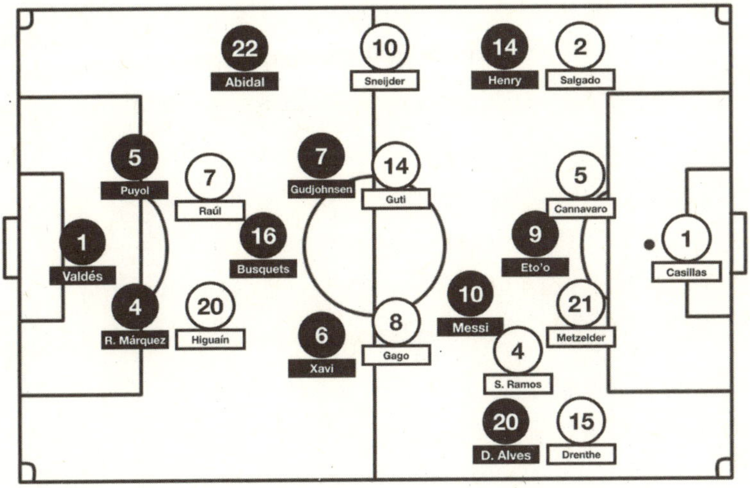

Pizarra 7.31 - Posiciones tras el cambio de posiciones

Tras aquel partido, que el **Barcelona ganó 2-0** con goles de **Eto'o en el minuto 83** y **Messi en el 89, Guardiola se hizo una pregunta que cambiaría la historia del fútbol:**

¿Y si el que baja al centro del campo no es el extremo..., sino el **delantero centro**? ¿Seguirá el central al 9 tal y como lo hacía antes el lateral?

La noche antes del falso 9

Volviendo a la víspera del partido, cuando Guardiola llamó a Messi para que fuera a la ciudad deportiva, Leo Messi lo explicó con sus propias palabras en *Universo Valdano*: «Si vos venís a recibir acá, te van a picar los dos puntas, tanto Henry como Eto'o del otro lado. El central, si te sale, va a generar espacio atrás, y si no, vamos a jugar nosotros. Ahí tenemos que jugar. Para ganar al Madrid tienes que ir a jugar».

Traduzcamos lo que dijo Leo en aquella entrevista sobre lo que le había dicho Guardiola la víspera del 2-6.

El Real Madrid había jugado toda la temporada con un 4-4-2, pero con una debilidad defensiva que nadie supo ver hasta que a Guardiola, en su despacho, aquella noche, se le encendió la bombilla.

Fíjate en la distancia que hay entre la línea defensiva y la de centrocampistas. Hay mucha, ¿verdad? Esto se debía sobre todo a que los centrocampistas del Madrid marcaban a los centrocampistas del Barcelona, pero la línea defensiva no acompañaba en la presión, y por ello se generaba mucho espacio entre líneas.

El lateral del Real Madrid sí salía de su zona cuando un extremo venía por dentro, pero el 2 de mayo de 2009 Guardiola lo revolucionaría todo. Messi jugaría como delantero centro ante el Real Madrid, en el partido en el que se jugarían el futuro de la liga.

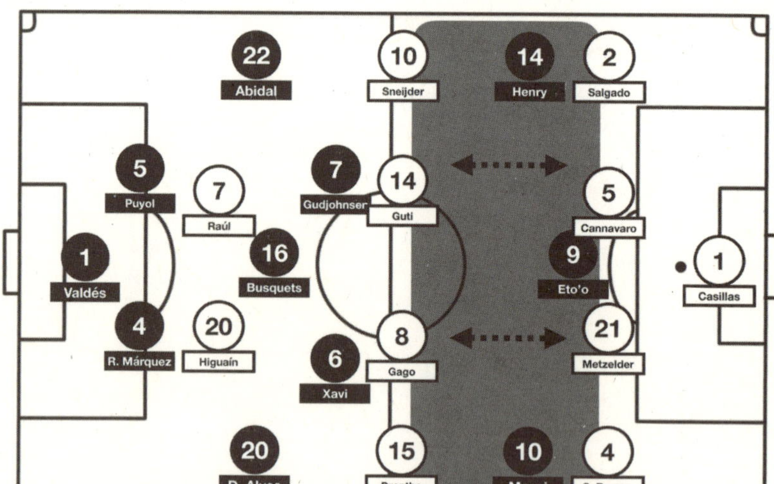

Pizarra 7.32 - La distancia entre la línea defensiva y la de centrocampistas

Este cambio de posición de Messi provocaría que los extremos permanecieran bien abiertos y el 9 bajara hasta el centro del campo para recibir el balón. La pregunta estaba clara: ¿el central del Madrid seguiría al 9?

Así se gestó el falso 9: Real Madrid 2-F. C. Barcelona 6

El partido comenzó con Eto'o como delantero centro, pero en el minuto 6 Messi intercambió posiciones con el camerunés. Y en ese momento comenzó el verdadero espectáculo.

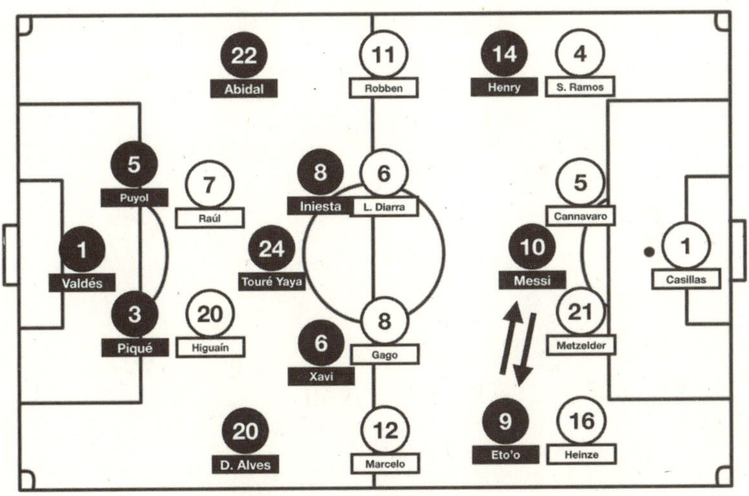

Pizarra 7.33 - Eto'o pasa a la banda y Messi al centro

En el minuto 16'30", tras el primer gol del Madrid anotado por Higuaín, Messi —ya instalado como falso 9— retrocede hasta el centro del campo. Y justo en ese momento, Cannavaro lo sigue, con lo que rompe la línea defensiva y deja un hueco enorme a su espalda.

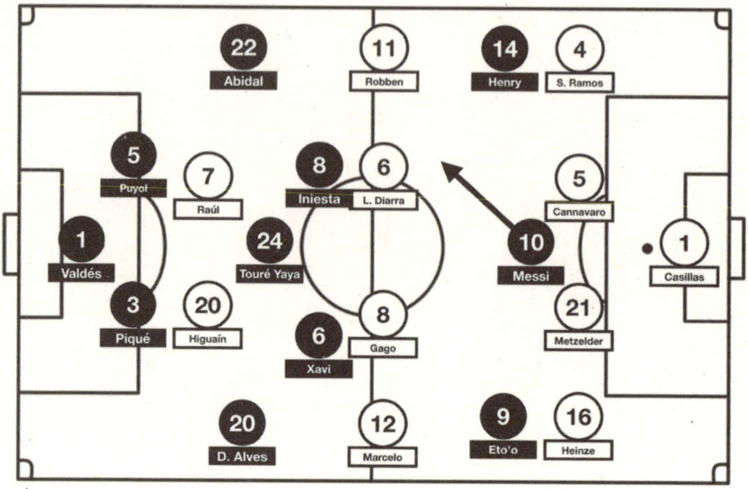

Pizarra 7.34 - Messi baja al centro del campo

Henry lo detecta al instante e inicia la carrera hacia ese espacio, aunque el pase de Abidal no es preciso. Se trata del primer aviso.

Solo 24 segundos más tarde, en el minuto 16'54", Abidal vuelve a tener la posesión del balón. Henry recibe en la banda mientras Messi se descuelga otra vez al centro, arrastrando de nuevo a Cannavaro.

Henry le devuelve el pase a Messi y, acto seguido, rompe al espacio a la espalda del central italiano, que había sido campeón del mundo y Balón de Oro en 2006.

Messi no duda: filtra un pase quirúrgico y deja a Henry mano a mano con Casillas. Empate en el marcador.

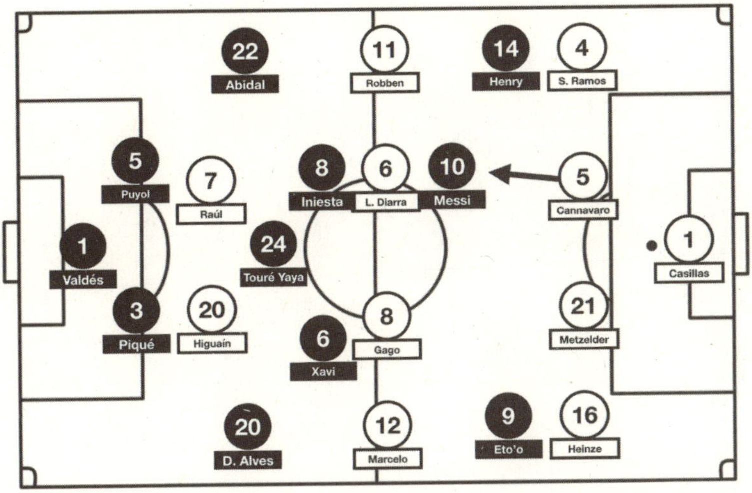

Pizarra 7.35 - Cannavaro sale de zona y marca a Messi

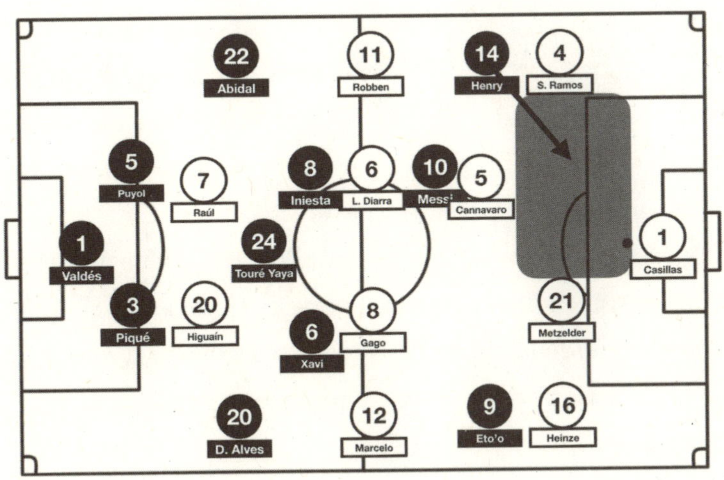

Pizarra 7.36 - Se genera espacio a la espalda de Cannavaro

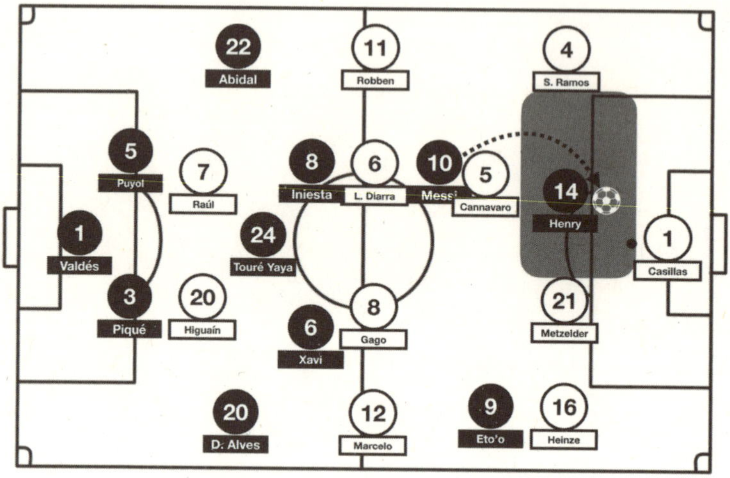

Pizarra 7.37 - Henry ocupa el espacio

En el minuto 19'45", Puyol marca el 1-2 de cabeza tras un córner. En el 35, llega el tercero: Xavi le roba un balón a Lass Diarra, lanza un pase al espacio, y Messi define con frialdad ante Casillas. El Barça ganaba 1-3 en el Bernabéu. Lo bueno venía ahora.

En la segunda parte, Sergio Ramos acortó distancias con un remate tras una falta botada por Robben: 2-3. Pero el plan de Guardiola volvía a ponerse en marcha.

En el minuto 57 (12'29" de la segunda parte), Messi vuelve a bajar al centro del campo, fuera de la posición natural del 9. Esta vez es Metzelder quien lo sigue, provocando un efecto dominó. Cannavaro y los laterales deben cerrarse para cubrir espacios.

Henry lo ve claro y ataca el espacio que ha dejado libre Sergio Ramos, y Xavi, con su habitual visión milimétrica, filtra un pase perfecto al hueco. Henry, otra vez solo ante Casillas. Y otra vez gol. El 2-4 subía al marcador. Y el Madrid comenzaba a entender que se les estaba escapando algo más grande que un marcador.

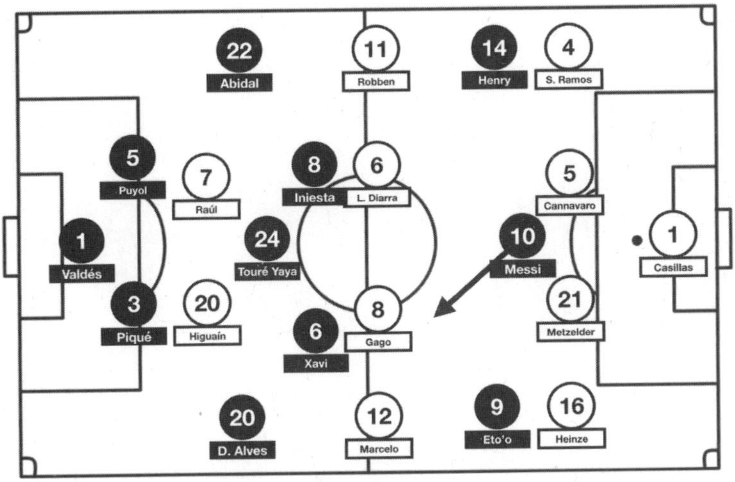

Pizarra 7.38 - Messi baja a recibir

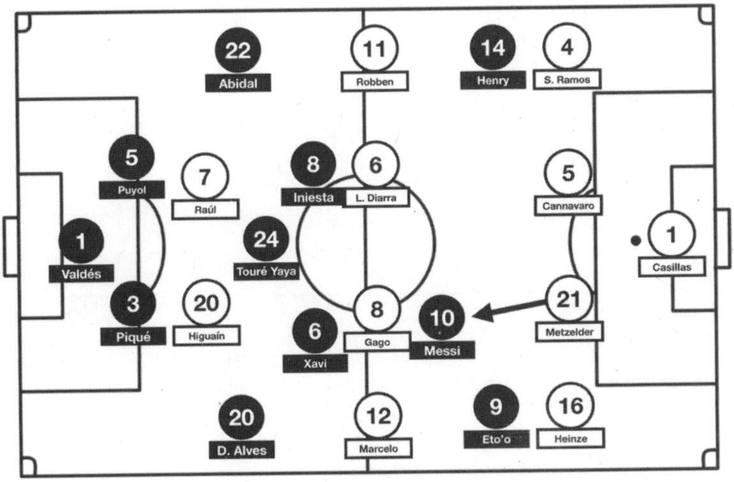

Pizarra 7.39 - Metzelder sigue a Messi

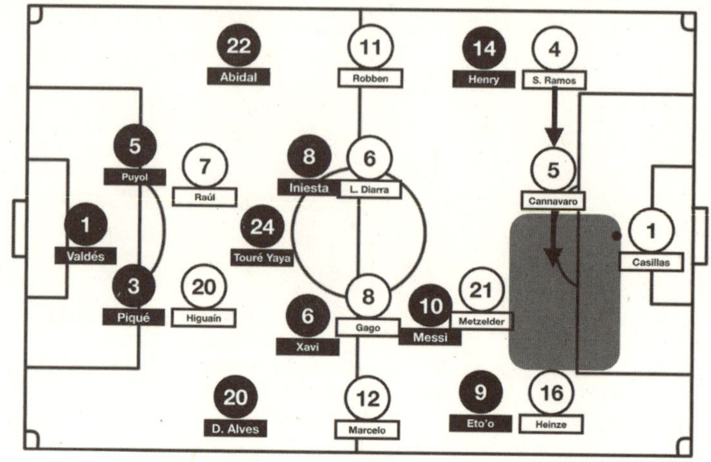

Pizarra 7.40 - Ramos y Cannavaro basculan para cerrar espacios

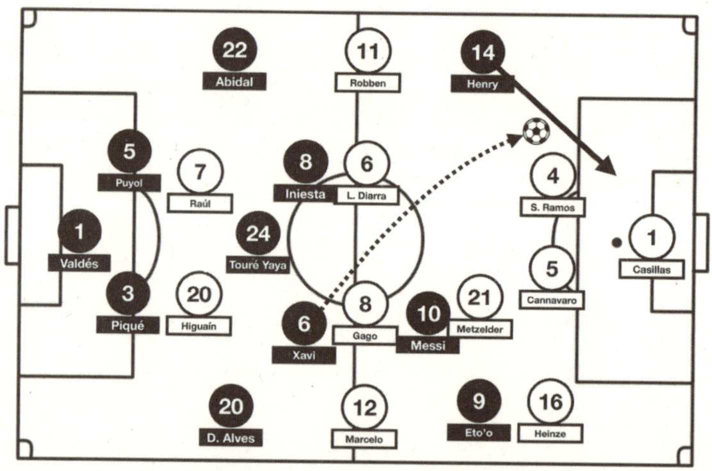

Pizarra 7.41 - Henry aprovecha el espacio

Hasta ese momento, los centrales del Madrid habían seguido a Messi al centro del campo, y el Barça lo había castigado con dos goles de Henry. Pero cuando los centrales decidieron no seguirlo, la historia no fue mejor.

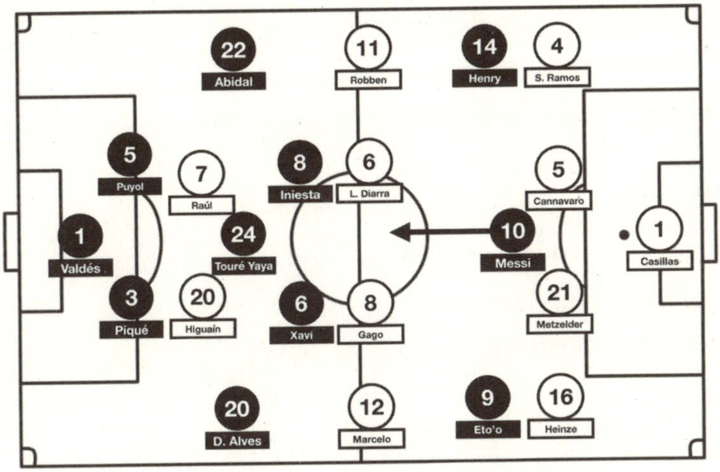

Pizarra 7.42 - Messi baja a recibir el balón

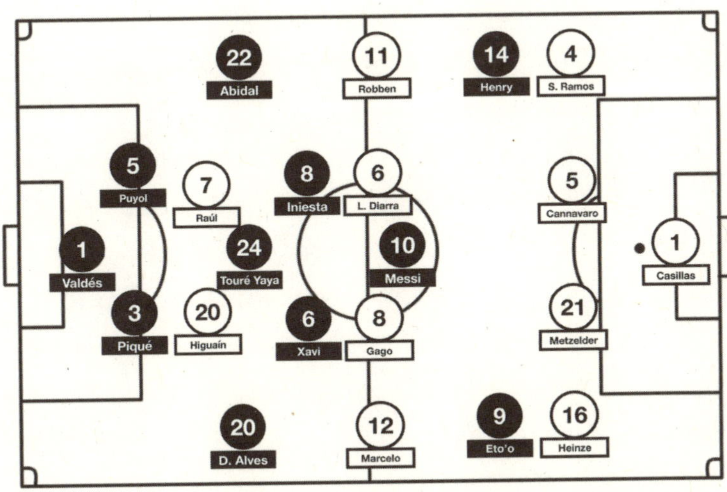

Pizarra 7.43 - Superioridad numérica en el centro del campo

Messi quedaba libre entre líneas, formando superioridad con Xavi e Iniesta frente a los dos pivotes del Madrid (Lass y Gago).

La consecuencia era evidente: siempre había un hombre libre en la base de los ataques. Y el Barça manejaba el balón con una facilidad abrumadora.

En el minuto 74 (29 de la segunda parte), Messi recibe completamente solo en la zona del mediapunta. Los centrales deciden no salir. Messi se la cede a Xavi, que gira sobre sí mismo con una vuelta de 360 grados y le devuelve un pase al hueco. Messi entra solo en el área y bate de nuevo a Casillas. 2-5.

En el minuto 82, Piqué firmaría el sexto con un movimiento más propio de un delantero que de un central. Se gira en el área y define con contundencia. 2-6. Partido sentenciado.

Pero más allá del marcador, la gran noticia era lo que acabábamos de presenciar. Una revolución táctica en directo.

La impotencia de dos centrales como Cannavaro y Metzelder, curtidos en batallas físicas contra tanques como Drogba o Adriano, contrastaba con la pesadilla de perseguir a un chico de veintiún años, bajito, zurdo y con una agilidad indescifrable.

Esa noche, en el Bernabéu, Guardiola jugó al ajedrez mientras el resto intentaba jugar al fútbol. Con un simple movimiento de piezas, hizo jaque mate en el tablero verde y de paso nos enseñó que al fútbol se juega primero con la cabeza, y después con los pies.

En la temporada 2008-2009, el Barcelona lo ganó todo: Liga, Copa del Rey y Champions. Más tarde, completaría el histórico **sextete** con la Supercopa de España, la Supercopa de Europa y el Mundial de Clubes. Aplastaban a sus rivales con una intensidad abrumadora, resolviendo muchos partidos en los primeros cuarenta y cinco minutos.

Pero más allá de los títulos, lo que realmente atrapó al espectador fue **cómo** ganaban. El juego. La sinfonía colectiva. La forma en que entendían el espacio y el tiempo.

Thierry Henry lo resumió años después en *Take the Ball, Pass the Ball,* con una frase que lo dice todo: «Vuelves a casa diciendo: Tienes que ver el segundo gol... Ah, y además han ganado».

LA GRAN BATALLA: GUARDIOLA VERSUS MOURINHO

Tras la gloriosa temporada 2008-2009, en la que el Barcelona de Guardiola maravilló al mundo con su fútbol, los rivales empezaron a buscar la fórmula para frenar aquella revolución.

Anticipándose a los posibles antídotos, el club fichó a Zlatan Ibrahimović, un delantero con un perfil radicalmente distinto al de sus predecesores.

La idea era clara: añadir nuevas armas al repertorio ofensivo y evitar que el modelo se volviera previsible. Aunque el experimento no funcionó como se esperaba, reflejaba una verdad profunda: Guardiola no solo quería perfeccionar su obra, sino también prepararse para el futuro asedio táctico.

En España, el dominio seguía siendo absoluto. El Barça conquistó la Liga 2009-2010 con 99 puntos y 98 goles, y resistió el empuje de un Real Madrid galáctico —con Cristiano, Kaká y Benzema— que alcanzó los 96 puntos y 102 goles. Pero en la Copa cayeron ante el Sevilla... y, en Europa, se avecinaba una tormenta.

Desde Italia, una figura emergía con una obsesión distinta:

no rendirse ante el ideal de juego de Guardiola, sino todo lo contrario: desafiarlo. José Mourinho, al mando del Inter de Milán, se preparaba para desmontar la maquinaria azulgrana. El escenario sería de alto voltaje: las semifinales de la Champions League.

Fue allí, en el corazón del viejo continente, donde tendría lugar el comienzo una guerra táctica que marcaría una época. Más que una eliminatoria, fue un choque de filosofías. Mientras Guardiola creía en el control y la armonía, Mourinho lo apostaba todo por la resiliencia y el sabotaje. Y fue el Inter el que dio el primer golpe.

La jaula a Messi

A comienzos del nuevo milenio, era común ver equipos defendiendo con un 4-4-2 en el que los centrocampistas saltaban al hombre, pero al mismo tiempo la defensa se mantenía atrás. Esto generaba grandes espacios entre líneas, un terreno que el Barça de Guardiola supo convertir en ventaja. Así, como vimos, nació el falso 9.

Pero Mourinho pensaba diferente. Y en aquella semifinal se hizo una pregunta clave:

«¿Y si en lugar de perseguir rivales... protegemos zonas?».

Para entender plenamente su planteamiento, primero debemos observar las estructuras de ambos equipos sobre la pizarra táctica.

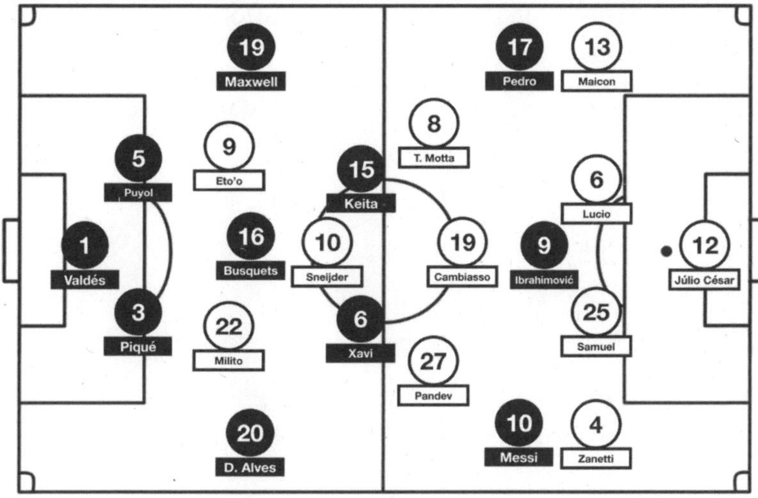

Pizarra 8.1 - Las estructuras del Barça y del Inter

Sin embargo, como era habitual, el Barça dominaba la posesión. Por tanto, el reparto real de espacios era este:

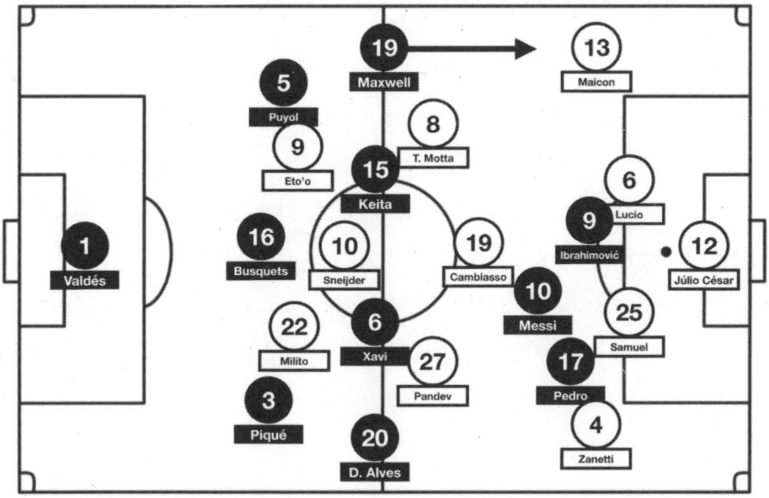

Pizarra 8.2 - El reparto real de espacios

- Ibrahimović y Pedro fijaban a la defensa; Messi se movía entre líneas como mediapunta.
- Maxwell y Alves actuaban como carrileros, sobre todo cuando Messi abandonaba la banda.

Las rotaciones constantes y los triángulos que creaba el Barça obligaban a cualquier defensa a ir al límite.

En ese contexto, marcar al hombre habría sido una trampa. Si Zanetti seguía a Messi al centro, Pandev tendría que cubrir toda la banda izquierda y perseguir las subidas de Alves. Ambos acabarían fuera de su hábitat natural. El sistema se rompería.

Mourinho lo sabía. Por eso ideó un plan en el que **cada jugador del Inter defendía una parcela fija del campo**, como si fueran vigilantes de seguridad repartidos estratégicamente.

Cuando Messi entraba en una zona, el jugador responsable de esa parcela se activaba. Si arrancaba desde la banda, era Zanetti quien salía a su paso. Si conducía hacia el interior, el marcaje se transfería a Cambiasso o Thiago Motta.

El Inter no perseguía a los jugadores del Barça. Les cerraba las puertas. **No los seguían. Los esperaban.**

El plan de Mourinho hizo que Messi estuviera rodeado en todo momento por tres y hasta cuatro jugadores del Inter, casi sin tiempo para pensar. Y aunque a veces se zafaba de los cuatro defensores, luego había una segunda unidad esperando a Leo. Mourinho montó una jaula para el argentino.

Pero te estarás preguntando cómo el Inter marcó tres goles en la ida siendo un equipo tan defensivo, ¿verdad?

De nuevo observamos cómo Mourinho pensaba fuera de la caja.

En España, los rivales del Barça solían intentar jugar y combinar en corto con balón. Culturalmente no somos un país de transiciones rápidas como Alemania o Inglaterra.

Esto hacía que el Barça apenas sufriera a sus espaldas, y por eso muchas veces veíamos a los laterales del Barcelona prácticamente como extremos, tal y como vimos también contra el Inter de Milán.

Sin embargo, como has podido observar en la imagen, cuando los laterales van muy altos, se genera un enorme espacio a sus espaldas.

El Inter aprovechó justo esos espacios con jugadores rapidísimos al contraataque como Eto'o o Maicon.

El Barcelona no estaba acostumbrado a que el rival le jugase con transiciones tan rápidas. Y precisamente de ahí vinieron los tres goles, de aprovechar los espacios tan amplios que el Barcelona dejaba.

El Inter eliminó al Barcelona de la Champions y se proclamó campeón en la final. Mourinho había descifrado parte del enigma de Guardiola. Sin embargo, esto solo acababa de empezar.

La manita

Termina el partido y Gerard Piqué levanta la mano, mostrando cinco dedos. Los mismos que los goles que el Barcelona le acaba de endosar al Real Madrid de Mourinho aquella tarde del 29 de noviembre de 2010.

Han pasado poco más de siete meses desde que el Inter de Mourinho eliminara al Barça en semifinales de Champions. Pero ahora, en el Camp Nou, Guardiola se ha cobrado su revancha con una goleada histórica.

Pero ¿cómo lo logró?

Con la delantera **Messi-Villa-Pedro** ya asentada, Guardiola seguía buscando nuevas formas de sorprender. Y aquella goleada al Real Madrid no fue fruto del azar.

Su obsesión era clara: **tener siempre un hombre más en el centro del campo que el rival.**

El Madrid de Mourinho, como puedes ver en la imagen, se organizaba en su habitual **4-2-3-1.**

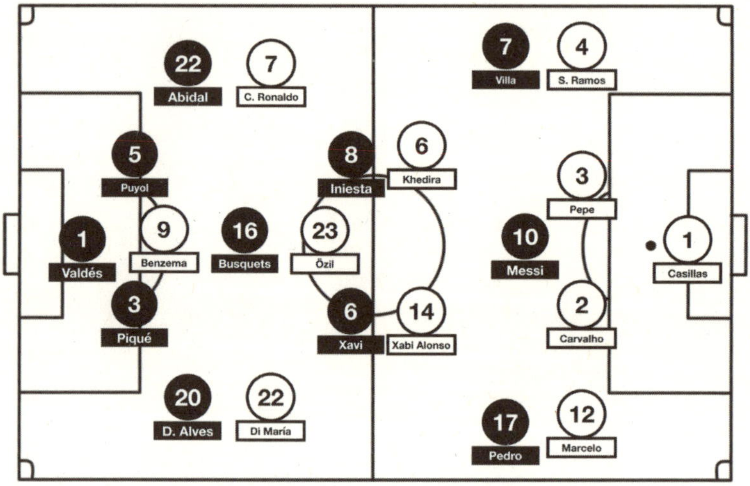

Pizarra 8.3 - Barcelona 5-Real Madrid 0 -

Temporada 2010-2011 - Competición: La Liga

En ese esquema:

- Özil se emparejaba con Busquets.
- Khedira y Xabi Alonso iban a por Xavi e Iniesta.
- Cuando **Messi bajaba como falso 9**, se producía un **cuatro contra tres** a favor del Barça en el centro del campo.

Para igualar esa superioridad, **el Madrid intentaba adelantar a un central** para seguir a Messi.

Pero Guardiola tenía una contrarrespuesta perfectamente preparada:

- **Alves** se posicionaba como extremo derecho, fijando a Marcelo.
- **Pedro** se colocaba entre central y lateral, sujetando a ambos y amenazando la espalda.
- **Villa** se mantenía bien abierto en la izquierda.

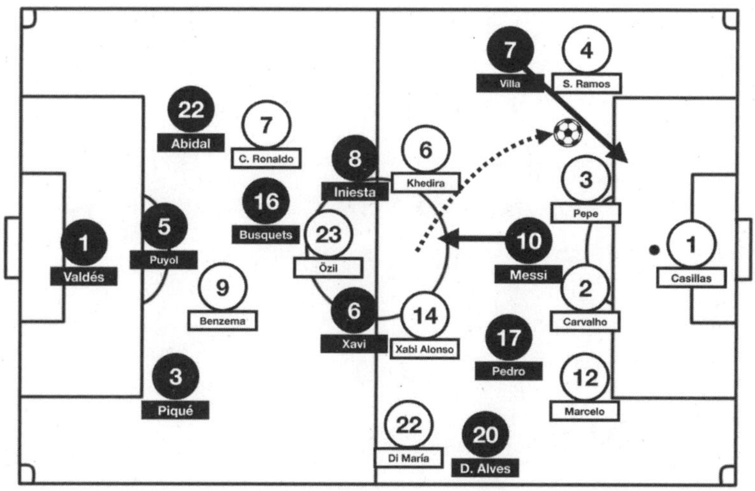

Pizarra 8.4 - Pedro sujeta a los defensores para que Messi reciba entre líneas

Al lanzarse al ataque, el Barcelona dejaba a tres defensores, Piqué, Puyol y Abidal, frente a Benzema y Cristiano, que se quedaban arriba.

De este modo, **ninguno de los defensores podía saltar a Messi sin exponerse a un pase letal al espacio**. Los mecanismos estaban automatizados. Y aunque Messi no marcó, dio **dos asistencias que resumen toda la idea táctica del partido**:

- **Minuto 54'20"** → Messi, actuando como falso 9, recibe, se gira y filtra un pase a Villa, que aparece entre Pepe y Ramos tras un desmarque desde la banda izquierda. Llega el tercer gol del Barça.
- **Minuto 56'59"** → El Madrid intenta buscar la remontada y decide adelantar líneas para presionar alto, dejando espacios. Messi, desde su teórica posición de delantero, vuelve a filtrar un pase al hueco. Villa ataca la espalda de Ramos y define solo ante Casillas. Llega el cuarto gol.

El Barça le endosó cinco goles al Real Madrid, y ese día Mourinho comprendió algo crucial: si quería vencer a este Barcelona, debía **abandonar prejuicios estéticos** y construir **un sistema defensivo sólido, estructurado, más cercano al rigor táctico italiano que al juego abierto tradicional del fútbol español.**

El trivote defensivo

La primera vez que Mourinho utilizó el trivote defensivo fue el 9 de abril de 2011, en la catedral de San Mamés. Aquel día, ante el Athletic Club, el Madrid ganó 0-3 sin su columna vertebral habitual. Fue solo un ensayo, un laboratorio táctico. En silencio, Mourinho probó su plan.

Colocó a Pepe como mediocentro defensivo, flanqueado por dos escuderos: Lass y Granero. No se trataba de ganar solo ese partido. San Mamés fue su laboratorio de pruebas. Porque lo que se avecinaba no era una simple batalla..., sino una **guerra total** de dieciocho días contra el mejor equipo del mundo.

Una semana después, el 16 de abril, arrancó la serie de los **cuatro clásicos más intensos de los últimos años.** El primero, en Liga en el Santiago Bernabéu donde el Barça llegaba con 8 puntos de ventaja.

Ese día, Mourinho activó el plan, un plan que cambiaría la historia de los clásicos... para siempre.

En primer lugar, sacrificó a Özil, su enlace directo con la delantera, y blindó el medio campo con **un trivote de contención**: Xabi Alonso, Sami Khedira y **Pepe como mediocentro destructor**. Una decisión valiente, arriesgada, y que desató un debate global en los medios de la época.

¿El objetivo? Frenar a Messi. Mourinho había identificado un patrón clave:

- Cada vez que un central salía a marcar a Messi, el sistema colapsaba. Villa o Pedro atacaban el espacio a la espalda y el Madrid quedaba descompuesto.
- Sin embargo, si el central no seguía a Messi, el Barça encontraba fácilmente al hombre libre en el centro del campo con Xavi, Iniesta y el propio Messi.

La solución fue utilizar a **un «falso central» en la medular para que absorbiera a Messi sin romper la línea defensiva**.

Así quedó asignado el marcaje:

- Xabi Alonso sobre Xavi.
- Khedira sobre Iniesta.
- Pepe persiguiendo a Messi como una sombra.
- Los cuatro defensores (Sergio Ramos, Albiol, Carvalho y Marcelo) se quedaban con Villa y Pedro.

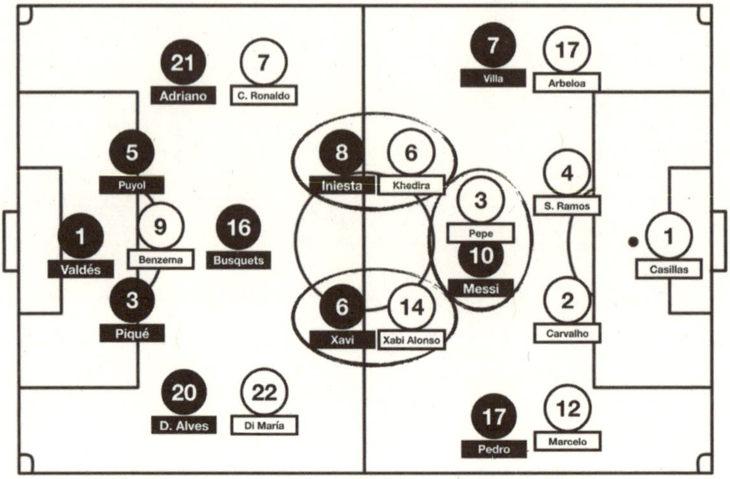

Pizarra 8.5 - 16 de abril de 2011. Primer trivote defensivo de Mourinho ante el Barcelona de Guardiola

El Barça tenía el 76,4 por ciento de la posesión. Pero no había opciones de pase entre líneas. Messi recibía... y se topaba con Pepe. La circulación azulgrana se volvió horizontal, predecible, frustrada. El Barcelona perdió profundidad y tuvo que recurrir a conducciones individuales, con el riesgo de perder el balón en zonas críticas donde **el Madrid se activaba como una emboscada.** Con Cristiano Ronaldo, Di María y Benzema preparados para el contraataque, el peligro era constante.

Sami Khedira resumió a la perfección cómo tenían que defender a Messi en una entrevista para la ESPN en 2022:

«No puedes ir a atacarlo, solo seguirlo. Y cuando suelte el balón, quédate con él, porque la pelota volverá a él. Esa era nuestra táctica. Si vas hacia él directamente, te regatea y estás perdido. Es importante mantenerse siempre por detrás del balón».

Siempre que Leo Messi recibía el balón, Pepe le estaba haciendo sombra, pero nunca lo encimaba. El portugués sabía que, si hacía eso, probablemente Messi se iría de él con facilidad. Cuando Messi soltaba el balón, Pepe le seguía marcando, puesto que el argentino soltaba la pelota para infiltrarse entre las líneas y recibir la pared de Iniesta, Xavi o Dani Alves.

El partido terminó 1-1. Goles de penalti. Pero el resultado fue lo de menos. Porque aquella noche, **el mundo vio algo distinto**. El Barcelona ya no era indestructible, el Real Madrid había encontrado **un antídoto para la obra maestra de Guardiola**. El trivote funcionó y, aunque Mourinho no venció, sí dejó claro que podía resistir ante uno de los mejores equipos de la historia.

Cuatro días después, en Mestalla, en la final de la Copa del Rey, el trivote no solo resistió. El Real Madrid golpeó primero. Y conquistó la Copa del Rey con aquel mítico gol de Cristiano Ronaldo a centro de Di María en un contraataque en el minuto 102, ya en la prórroga.

En el tercer asalto, la ida de las semifinales de Champions, la balanza parecía inclinarse del lado de Mourinho. Venía de conquistar la Copa del Rey frente al Barça y el ambiente reinante era tenso. En las gradas se respiraba nerviosismo, y, por primera vez en mucho tiempo, el equipo de Guardiola ya no parecía invencible.

Aquel Barça que maravilló al mundo con un triplete en su primer año y que luego logró el histórico sextete comenzaba a mostrar fisuras. Mourinho, con su libreta, parecía haber encontrado la rendija. En menos de un año, había conseguido recortar la distancia entre ambos equipos: del humillante 2-6 en el Bernabéu o el sonrojante 5-0 en el Camp Nou, se había pasado a un empate 1-1 en Liga y ganar la Copa del Rey.

El Barça seguía siendo brillante, pero el Madrid ya no era un espectador. Ahora era un rival. Y muy serio.

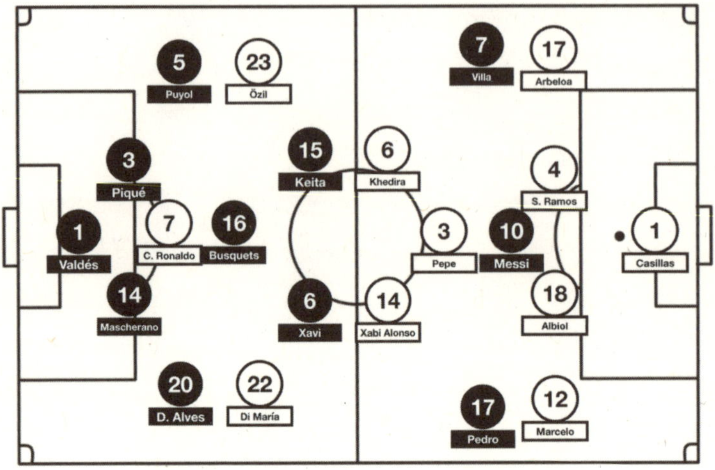

Pizarra 8.6 - Semifinales de Champions (ida)

En la ida de semifinales, Mourinho volvió con el trivote que tanto éxito le estaba dando y, de nuevo, durante el transcurso del partido se estaba notando que Guardiola aún no había dado con la réplica a esa trampa creada por Mourinho.

En la primera parte, el Barcelona apenas llegó al área del guardameta Iker Casillas, y cuando llegaba lo hacía en muy malas condiciones o se limitaba a lanzar algún tiro tímido desde la frontal.

Sin embargo, en el minuto 60, Pepe le hace una entrada a Dani Alves que le cuesta la tarjeta roja. Ahora, sin Pepe y con un jugador menos, era lógico que el Barcelona encontrara la superioridad numérica en el centro del campo, cosa que obsesionaba a Guardiola.

Después de la roja a Pepe, Messi marcó dos goles. Seguro que recuerdas uno de ellos.

Busquets le da el balón a Messi, ahora sin oposición de Pepe, y lo conduce desde el centro del campo hasta la portería de Casillas, sorteando a los defensores del Real Madrid. Messi marcó un gol antológico que fue directo al museo de mejores goles del argentino.

En la ida, el Barça se impuso 2-0. En la vuelta, un empate 1-1 bastó para sellar el pase a la final de la Champions. Pero aún queda una pregunta sin respuesta. Una de esas que sobreviven al paso del tiempo y que, por mucho que miremos atrás, siempre dejarán espacio para la imaginación.

¿Qué habría pasado si Pepe no hubiera hecho aquella entrada? ¿Habría ganado el Real Madrid aquel partido? ¿Habrían pasado a la final los de Mourinho? ¿Nos perdimos la réplica definitiva de Guardiola en el partido de vuelta?

Nunca lo sabremos. Pero quizá por eso estas preguntas son tan poderosas, pues abren puertas a escenarios alternativos que solo existen en nuestra mente.

¿Quieres saber lo que creo que habría pasado? Te lo contaré..., pero más adelante.

Antes, necesitamos comprender por qué aunque ya existía un antídoto para el Barça de Guardiola, no todos los equipos querían andar los mismos pasos que Mourinho. El ejemplo perfecto es la final de Wembley, frente al Manchester United de sir Alex Ferguson, donde Guardiola y su Barça completaron el partido perfecto.

El partido perfecto

Lo que ocurrió en Wembley el 28 de mayo de 2011 fue una de las mayores exhibiciones tácticas de todos los tiempos. Un baño de tal calibre que sir Alex Ferguson, leyenda del Manchester United, solo pudo rendirse en rueda de prensa: **«Nadie nos había dado una paliza así».**

El United salió al campo con su clásico 4-4-2. El Barça, fiel al 4-3-3 con falso 9.

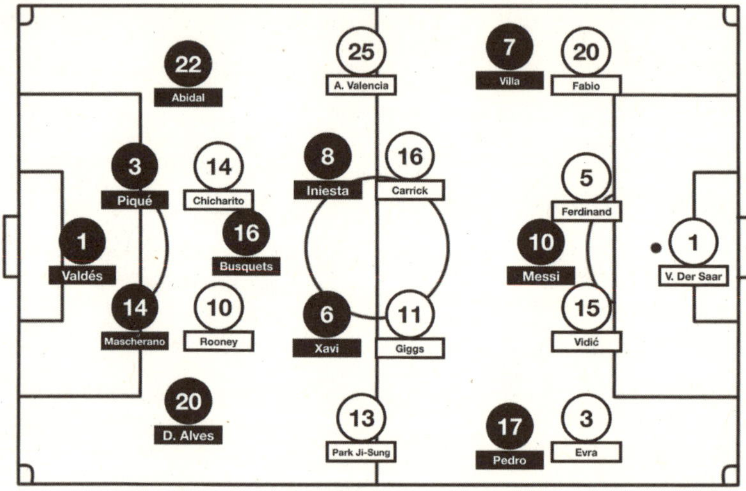

Pizarra 8.7 - Final de la Champions 2010-2011

Y aquí estaba el núcleo de la batalla: Carrick y Giggs actuaban como doble pivote. Su misión era clara: marcar al hombre a Xavi e Iniesta. Pero ahí fue donde Guardiola volvió a hacer magia.

Tanto Xavi como Iniesta retrocedían constantemente, bajando incluso a la altura de los centrales para arrastrar consigo a sus marcas. En el minuto 3'52", Xavi aparece casi como tercer central por la derecha. Giggs lo sigue, y el espacio que deja a su espalda lo ocupa Messi, que baja como falso 9 a recibir. Ahora Carrick tiene que defender al mismo tiempo a Iniesta y a Messi. El Barça vuelve a encontrar la superioridad numérica.

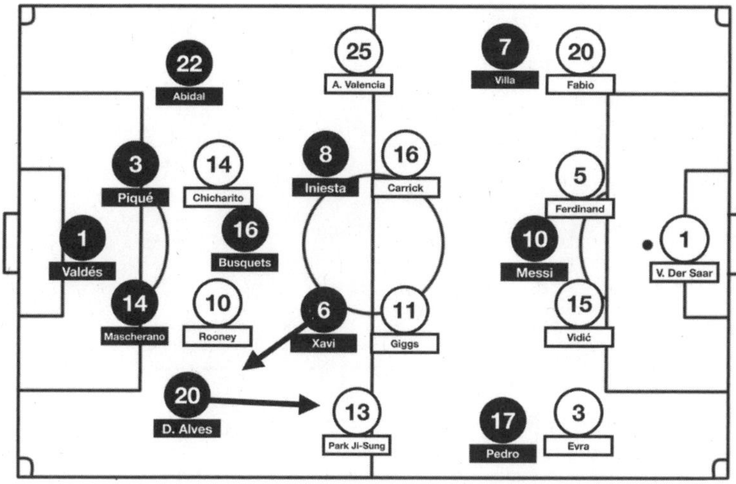

Pizarra 8.8 - Xavi arrastra la marca de Giggs

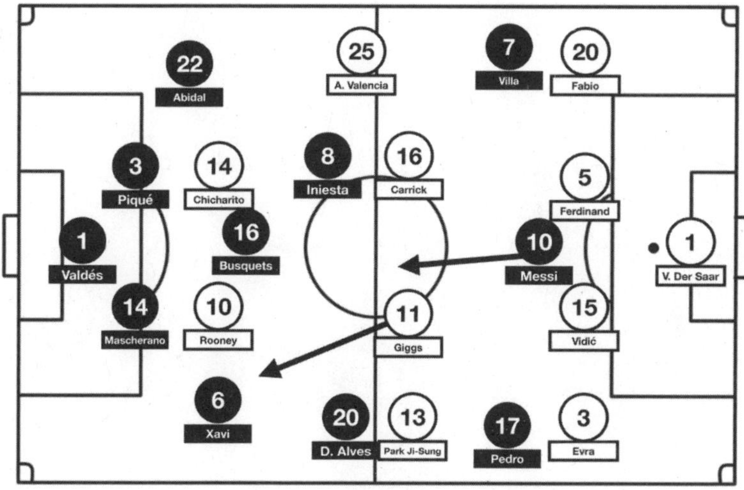

Pizarra 8.9 - Messi baja a recibir

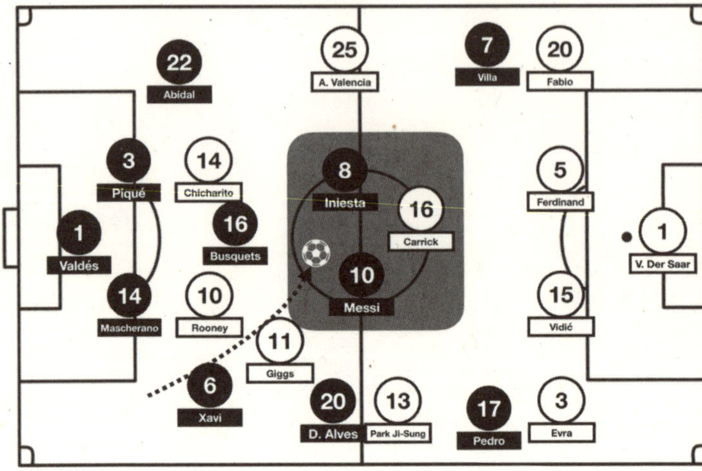

Pizarra 8.10 - Superioridad numérica en el centro del campo

Este patrón se repitió durante todo el partido. En el minuto 53, Messi anotó el segundo gol tras una jugada que refleja a la perfección este concepto.

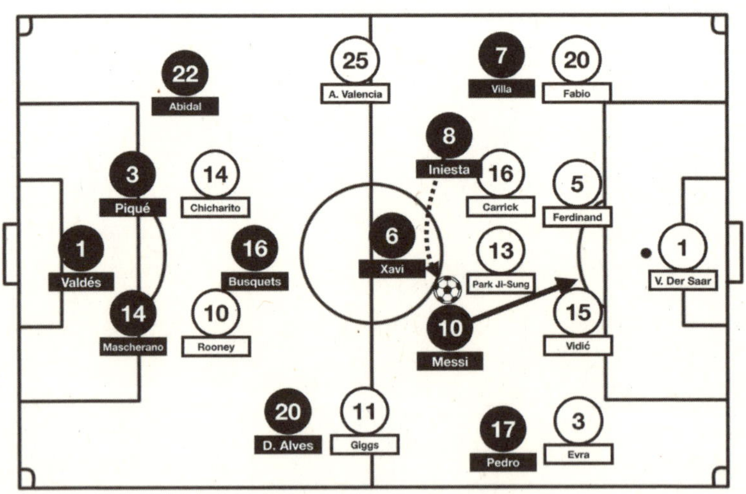

Pizarra 8.11 - 1-2 de Messi

Y ahora tú, que estás leyendo esto, quizá te preguntes:

¿Cómo es posible que Messi siguiera recibiendo tan libre entre líneas, si eso ya lo había hecho en el 2-6 del Bernabéu o en el 5-0 del Camp Nou? ¿El United no había estudiado lo que hacía el Barcelona?

La respuesta tiene dos partes.

Primero, Guardiola volvió a usar un truco que ya había funcionado en partidos anteriores: colocó a Villa y Pedro como extremos entre el central y el lateral. Su misión no era desbordar ni recibir al pie, sino fijar a los defensores del United. Con solo dos jugadores, mantenían atada a toda la línea de cuatro. Así, ningún central se atrevía a salir de posición para encimar a Messi, por miedo a dejar espacio a sus espaldas. Aunque tocaron pocos balones, los extremos fueron clave para que Messi pudiera recibir libre entre líneas.

Y segundo, aunque Mourinho había conseguido frenar al Barça unos meses antes con el trivote defensivo, replicar ese plan no era tan sencillo. Requiere unos perfiles muy específicos, como los que tenía el Madrid: jugadores físicos, tácticamente disciplinados y con experiencia en ese tipo de marcajes individuales. No todos los equipos tienen ese material humano..., ni todos los entrenadores están dispuestos a sacrificar su identidad para jugar así. Ferguson, por ejemplo, apostó por su clásico 4-4-2, y esa estructura fue el escenario ideal para que Guardiola desplegara todo su libreto.

Cuando le preguntaron a Ferguson si este había sido el mejor equipo al que se había enfrentado, no dudó: **«En mis tiempos, diría que sí. Es el mejor que hemos conocido, lo sabe todo el mundo y lo acepto».**

Guardiola acababa de conquistar su segunda Champions con

el Barça, firmando el que quizá fue el mejor partido de toda su era, y el mundo entero se rendía ante la obra maestra que había construido. Pero aún no había terminado. Faltaba su última gran revolución. El último baile.

La evolución al doble falso 9

Renunciar a lo bueno para alcanzar lo excelente

Después de ganar Liga y Champions en la temporada 2010-2011, todo parecía ir como la seda para el Barça de Guardiola. Acababan de firmar una de las mayores exhibiciones tácticas en una final de Champions. Pero Pep no se confiaba. Sabía que lo del falso 9 ya no era un truco indescifrable.

Los rivales empezaban a verle las costuras, habían tardado justo un año, once meses y catorce días en encontrarle la grieta. Desde aquel inolvidable 2-6 en el Bernabéu hasta ese 1-1 en Liga frente al Madrid de Mourinho, cuando apareció por primera vez el famoso trivote. Un plan diseñado, casi quirúrgicamente, para frenarlo. La revolución del Barça seguía muy viva, sí, pero los demás ya habían hecho los deberes. Y Pep lo sabía. Necesitaba un ajuste. Un matiz más. Una réplica al plan de Mourinho. Una nueva manera de atacar al trivote que había conseguido, por fin, atar al falso 9.

La temporada 2011-2012 aún no había arrancado, pero el destino tenía prisa. Apenas dos meses después de la vuelta de semifinales de Champions, el calendario ya los volvía a juntar. Real Madrid contra Barcelona. Otra vez. Era agosto. Pleno verano. La Supercopa de España. Un doble enfrentamiento en solo tres días, 14 y 17 de agosto de 2011.

Sin embargo, Mourinho no volvió a utilizar un trivote defensivo con el Barcelona, sino que volvió a su tradicional 4-2-3-1.

¿Por qué Mourinho abandonó el trivote que tan buenos resultados le había dado? Por tres motivos de peso:

1. El Barça llegaba tocado. En la Supercopa 2011, ni Xavi ni Busquets fueron titulares. Guardiola improvisó con Thiago y Keita junto a Iniesta. Mourinho lo vio claro: ahora podía prescindir del trivote y lanzarse a por ellos.
2. Presión del entorno. Leyendas como Di Stéfano criticaron el planteamiento conservador. «El Barça fue el león y el Madrid el ratón», escribió en *Marca* tras el 1-1 de Liga. El entorno merengue pedía un Madrid más valiente, más protagonista.
3. Confianza en los suyos. El trivote había sido un plan de emergencia. Repetirlo habría sido dar un paso atrás. En cambio, salir a morder desde el minuto uno enviaba un mensaje claro al vestuario: «Esta vez, vamos a por ellos».

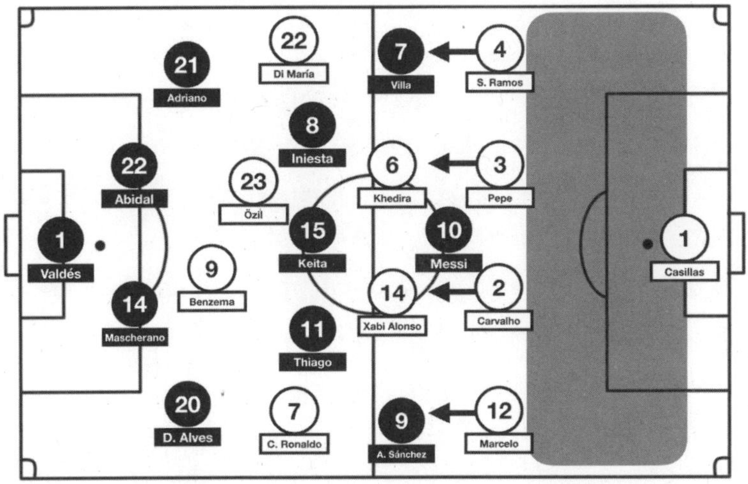

Pizarra 8.12 - Supercopa de España 2011 (ida)

La Supercopa de España cayó del lado del Barça, pero los de Guardiola sufrieron. Y mucho.

En la ida, el equipo azulgrana no pisó el área de Casillas hasta el minuto 35. Fue entonces cuando, por primera vez en todo el partido, logró superioridad numérica en el centro del campo. Iniesta, Thiago y un Messi que bajaba como falso 9 se juntaron por dentro.

¿La clave? Los centrales del Madrid tenían la orden de seguir a Messi hasta el centro del campo. Mourinho asumía ese riesgo, prefería dejar espacio a su espalda a cambio de presionar alto, recuperar arriba y dominar con balón. El plan funcionó durante más de media hora. El Barça no lograba salir limpio desde atrás, y se veía obligado a rifar balones largos. Apenas se generaban ataques posicionales. En el minuto 68, la posesión era 54 por ciento para el Real Madrid y 46 por ciento para el Barcelona. Algo impensable solo unos meses antes. El Madrid quería el balón, quería atacar, quería ganar. El trivote ya era parte del pasado.

Pero si los centrales fallaban en esa presión sobre Messi..., todo el sistema se venía abajo.

Y así ocurrió. En el minuto 35, Messi recibe, se gira, y Carvalho —que había salido de su zona— tarda un segundo en encimarlo. Suficiente para que el argentino lo elimine, filtre un pase al espacio y Villa marque un golazo por la escuadra en el primer disparo azulgrana. 1-1.

Diez minutos después, mismo patrón. En el 44, Carvalho vuelve a salir tarde, Messi combina con Alexis Sánchez y el Barça aprovecha el hueco para hacer el 1-2. Segundo disparo del partido, segundo gol.

A pesar del castigo, el Madrid no se vino abajo. Özil había abierto el marcador en el minuto 13 y Xabi Alonso firmó el empate en el 53. El partido terminó 2-2, pero la sensación era otra: el Madrid había sido superior en juego, presión e iniciativa.

En la vuelta, la dinámica se repitió. Defensa adelantada, presión alta, y un Madrid que asfixiaba al Barça. Pero otra vez, un pequeño error bastó para desatar el caos. Carvalho volvió a llegar tarde sobre Messi, que lo regateó y filtró un pase perfecto a Iniesta para el 1-0. Global: 3-2.

Cristiano empató en el minuto 20, Messi volvió a adelantar al Barça en el 44 y el partido entró en un ida y vuelta constante. Ninguno de los dos equipos logró hacerse con el control. Benzema puso el 2-2 en el 81, pero Messi apareció otra vez para sentenciar con el 3-2 definitivo tras un centro de Adriano.

El Barça ganó la Supercopa, sí, pero no fue el Barça de siempre. La posesión y las ideas de Guardiola apenas se vieron en ninguno de los dos partidos. Era una realidad: este Barcelona empezaba a ser predecible. Algo tenía que cambiar.

Y de repente llegó Cesc Fàbregas

Y justo entonces, llegó Cesc Fàbregas. Un fichaje que muchos interpretaron como algo sentimental, casi nostálgico: el regreso del hijo pródigo. Pero en realidad, su llegada tenía una intención clarísima. No era solo una vuelta a casa, sino una nueva capa táctica. Un recurso más. Una herramienta para darle al Barça una forma distinta de atacar: alcanzar un nivel superior de sofisticación que descolocara a los rivales.

Para entender por qué Fàbregas fue tan importante en la última temporada de Pep, primero hay que entender por qué lo ficharon.

Guardiola, como ya hemos visto varias veces en este capítulo, estaba obsesionado con tener siempre un hombre más en el centro del campo. Si el rival jugaba con dos, él ponía tres. Si jugaban con tres, él ponía cuatro. Y así hasta no poder meter a más.

La mejor prueba fue el famoso sistema 3-7-0 que usó en la final del Mundial de Clubes ante el Santos de Neymar. Siete centrocampistas. Ningún delantero puro. Un planteamiento tan extremo que parecía más una declaración de principios que una simple alineación.

Un caos perfectamente ordenado

El 18 de diciembre de 2011, el Barcelona se proclamó campeón del Mundial de Clubes goleando 4-0 al Santos de un joven y prometedor Neymar.

Pero, como solía ocurrir con aquel Barça, más allá del resultado, lo que realmente impactó fue **cómo** volvió a desarmar a su rival. Otra exhibición táctica que dejó al mundo atónito.

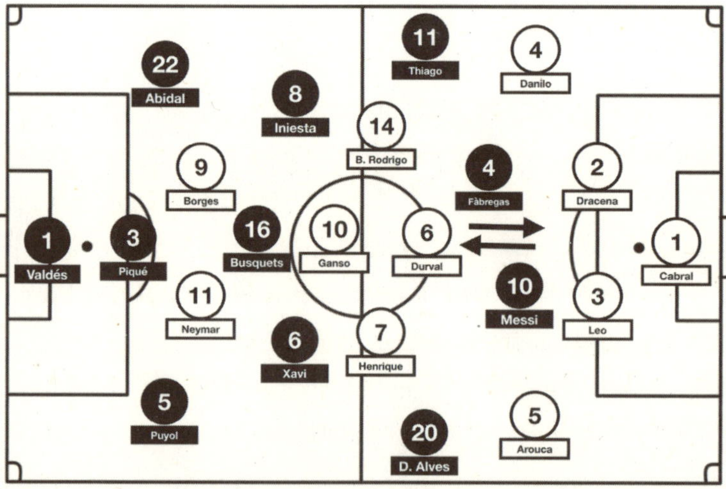

Pizarra 8.13 - Final Mundial de Clubes 2011. Barcelona 4-0 Santos

A primera vista, el Barça salía con defensa de cuatro. Pero en fase ofensiva, el dibujo se transformaba. Dani Alves era quien daba amplitud desde el carril derecho, jugando casi como un extremo.

En la izquierda, Thiago —centrocampista por naturaleza— ocupaba el lugar de David Villa, lesionado en semifinales. Messi actuaba como falso 9, mientras que en el centro del campo coincidían Busquets, Xavi, Iniesta... y Cesc Fàbregas.

Ahora bien, a Cesc no se lo puede encasillar como un simple mediapunta. Su conexión con Messi —su socio más natural esa temporada— dio lugar a una idea revolucionaria: **el doble falso 9**.

Messi y Fàbregas se alternaban. Cuando uno bajaba a recibir, el otro quedaba desmarcado, atacando el espacio. Esta permuta constante desorientaba a los defensas. ¿Perseguir a Messi o quedarse con Cesc? En esa duda vivía el caos que el Barça buscaba provocar.

Y, por si fuera poco, Iniesta irrumpía desde segunda línea, apareciendo en zonas libres mientras el resto fijaba por dentro. El resultado fue un centro del campo hiperpoblado, móvil y asfixiante.

A ojos del espectador, podía parecer un desorden absoluto. Pero no lo era. Era un **caos diseñado al milímetro**. Todo giraba en torno a un principio que consistía en tener siempre superioridad en el medio. Y con Cesc, Guardiola completaba esa idea.

En esta final, además, Pep volvió a los orígenes. El equipo **recordaba al Dream Team de Cruyff**. Defensa de tres, con Piqué como líbero —como hacía Koeman—, y Puyol y Abidal defendiendo al hombre a los dos delanteros del Santos.

Busquets era el ancla, como lo fue el propio Guardiola bajo Cruyff. Xavi e Iniesta, los interiores, marcaban el ritmo: sabían cuándo acelerar y cuándo sostener el juego para dar salida limpia.

Y arriba, Fàbregas y Messi funcionaban como Laudrup y Romario: cuando uno bajaba, el otro rompía al espacio.

La clave estaba en la defensa del Santos. Sus cuatro centrocampistas perseguían hombre a hombre a los del Barça (contando a Cesc como medio). ¿Resultado? Cuando Messi bajaba, se generaba un cinco contra cuatro constante en el medio. El Barça filtraba pases con facilidad y se instalaba en campo rival.

Los goles lo reflejan:

- **Gol 1 (minuto 16):** Xavi ocupa la zona 14, la que solía ser de Fàbregas. Messi recibe y define.
- **Gol 2 (minuto 23):** Messi arrastra defensas como un 9 clásico y deja espacio para que Xavi, desde segunda línea, marque.
- **Gol 3 (minuto 44):** Messi aparece como extremo izquierdo. Fàbregas, que ha llegado desde atrás, marca.
- **Gol 4 (minuto 81):** Alves recupera el balón como si fuera delantero. Messi sentencia.

¿La conclusión? **Las posiciones eran líquidas, pero los roles estaban definidos**. Siempre había dos jugadores dando amplitud, uno fijando a los centrales, otro recibiendo entre líneas, otro sacando el balón limpio y otro atacando el espacio. Los nombres cambiaban, los principios no. Era el Barça en su estado más puro, la vuelta a los orígenes.

Puede sonar contradictorio, pero la mejor temporada del Barça de Guardiola fue la que menos títulos importantes conquistó. Ni Liga ni Champions (el Madrid de Mourinho firmaba los 100 puntos y el Chelsea eliminaba al Barça en semifinales con un planteamiento ultradefensivo), solo Copa del Rey. Y, sin embargo, fue la más excelente a nivel de juego.

En 2009, el Barça era lo vertical. En 2010, el control absoluto. En 2011, el equilibrio. Pero en 2012... fue la esencia. Los principios del juego de Johan Cruyff llevados al límite. Pep perfeccionó la obra de Johan.

Aquel equipo jugaba mejor que nunca. Pero ya no bastaba con jugar bien. Reinventarse cada año, aguantar la presión, enfrentarse a un Madrid que solo vivía para ganarte..., todo eso vacía. Guardiola lo dio todo. Y, cuando ya no quedó nada, se fue.

El 27 de abril de 2012 anunció su adiós. Con él, se cerraba la era más gloriosa del Barça. Y el fútbol cambiaba para siempre. Ya nadie volvió a defender como en 2008. Te invito a que visualices cualquier partido actual y verás que ya no hay metros de separación entre la defensa y el medio campo. Ese hueco lo rompió Guardiola con un gesto tan sencillo como hacer que el delantero bajase.

Y tampoco se volvió a atacar como en 2008. Hoy todos los grandes de Europa inician el juego desde atrás. Todos los porteros saben jugar con los pies. Eso también lo cambió Guardiola. Desde entonces, el fútbol lleva su firma. Como antes había llevado la de Cruyff. Y, antes llevó la de Rinus Michels. Los equipos que cambian la historia no son solo los que ganan, sino también los que hacen que el fútbol evolucione. Y este Barça... lo cambió todo.

Guardiola se fue a Nueva York de año sabático. A no pensar en fútbol. Necesitaba respirar. Había dado todo lo que tenía. Pero el fútbol..., el fútbol tardaría años en recuperarse de su marcha.

EL REAL MADRID
DE ZIDANE

Era 2017. Mis primeros años de universidad. Ese territorio incierto donde sigues siendo tú, pero ya notas que algo dentro empieza a moverse, a agrietarse, a transformarse. Es la edad en la que te gustaría que todo siguiera como antes, pero la vida ya ha decidido empujarte hacia delante, sin avisar, sin pedirte permiso.

Entre clase y clase, mis amigos y yo hablábamos siempre de lo mismo: fútbol y tecnología. Éramos jóvenes, llenos de certezas que creíamos inamovibles, convencidos de que el mundo obedecía las reglas que habíamos aprendido en nuestra adolescencia.

También pensábamos que el fútbol no cambiaría nunca. Veníamos de vivir el esplendor del Barça de Guardiola, del triplete de Luis Enrique, de una época que parecía eterna. Y, sin embargo, en medio de esas conversaciones, yo repetía una frase que se me escapaba casi en susurro:

«El Barça juega. El Madrid gana».

La decía bajito, como quien intuye que algo está cambiando, pero aún no sabe qué ni por qué.

Para mí, el Barça de Pep no era solo un equipo: era un refugio. Era el pasado perfecto, el orden, la claridad. Representaba la idea de que jugar bien era algo incuestionable, universal, un dogma que sostenía el fútbol... y, en cierto modo, también mi forma de entender el mundo.

Pero de pronto ya no era como antes. El Madrid de Zidane estaba trastocándolo todo. Ganaba sin seguir ese manual. Ganaba sin obedecer el guion con el que yo me había educado. Ganaba de un modo que no comprendía..., y esa incomprensión me dolía, me incomodaba, me descolocaba.

Repetía aquella frase no para convencer a nadie, sino para decirle a mi yo del pasado que debía soltar algunas certezas:

«No sé por qué ganan. Y eso me duele».

Duele cuando la vida avanza y tú quieres quedarte donde estabas. Duele cuando el canon que te formó ya no sirve para explicar lo que tienes delante. Duele cuando descubres que la verdad que te sostuvo tantos años ya no es suficiente.

Ese Madrid me dolió..., pero también me hizo crecer. Me obligó a aceptar que el fútbol —como la vida— cambia incluso cuando tú no estás preparado. Que las cosas no vuelven a ser como antes. Que madurar es, en parte, aprender a soltar los modelos que un día te parecieron perfectos.

Hoy recuerdo aquella frase que repetía entre clases, confundido, intentando agarrar algo que se me escapaba entre los dedos: «El Barça juega. El Madrid gana». Y ya no la escucho como una rendición, sino como un punto de inflexión. Una línea que marcaba el final de una etapa y el comienzo de otra. Porque todo cambia, aunque desees que todo siga como antes.

Suena «Outro», de M83. Empecemos.

La fórmula del éxito de Zidane

Ese Real Madrid que me incomodaba desde la facultad no era un milagro ni una moneda al aire. Tenía una idea. No era una idea tan puramente táctica, pero sí muy estratégica e igual de válida. Zidane construyó un equipo que no necesitaba tener el balón siempre para sentirse superior. Prefería elegir los momentos. Aceptaba largos tramos sin balón, defendía en bloque medio, juntaba líneas y cerraba pasillos interiores. Parecía pasivo, pero estaba esperando que el partido se equivocara para él.

En salida de balón, la estructura se repetía como un patrón casi obsesivo. Kroos y Modrić administraban los costados para girar al rival una y otra vez, hasta encontrar la grieta. A menudo, se formaban los triángulos de pase con los que el Madrid conseguía salir de la presión de sus rivales. Ramos, Kroos y Marcelo, por el sector izquierdo. Varane (o Pepe), Modrić y Carvajal, por el sector diestro.

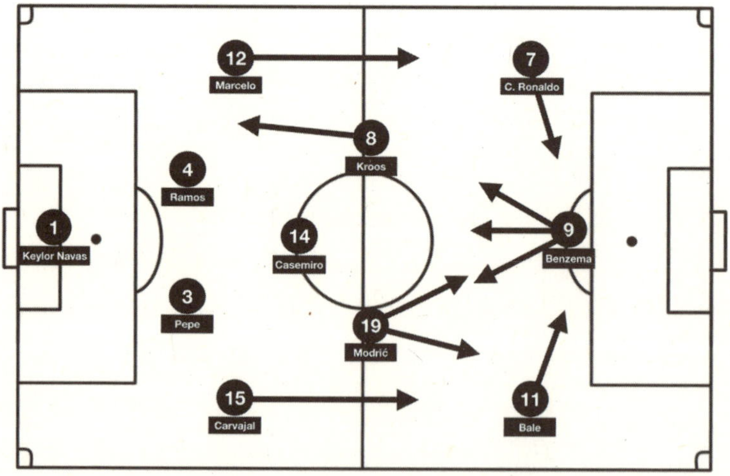

Pizarra 9.1 - La fórmula del éxito de Zidane

Casemiro era el futbolista silencioso que protegía todo lo demás, y se hundía unos metros por detrás del balón para apagar incendios antes de que existieran. Los laterales, Marcelo y Carvajal, eran los verdaderos extremos del equipo, los que rompían por fuera mientras Cristiano y Bale atacaban el área desde dentro. Benzema era el falso 9: bajaba, se asociaba, arrastraba centrales, liberaba zonas que parecían vacías hasta que alguien aparecía desde segunda línea.

La autoridad de Zidane

Zinedine Zidane sabía leer los partidos, pero antes de eso sabía leer a las personas. Y ahí radicaba una de las diferencias más invisibles —y quizá más determinantes— de su ciclo. Entró al vestuario como alguien que ya había sido parte de su historia. Era Zidane. El jugador al que todos habían admirado. Una figura cuya autoridad no necesitaba imponerse. No tuvo que construir su jerarquía, ya la traía puesta. Y esa autoridad tranquila permitió que sus ideas calaran sin que nadie se opusiese.

Es un contraste interesante si lo miramos desde otro ángulo. Hubo entrenadores —como Sacchi— que no llegaron con esa aura de un buen principio, que no tenían un pasado propio que hablara por ellos. Y, sin embargo, fueron igual de influyentes porque la autoridad se la dieron la directiva, el contexto o el proyecto.

En Milán, Sacchi al principio no impuso respeto por quién había sido como jugador (porque no lo había sido). Lo imponía porque el club decidió que su método era el camino y protegió cada una de sus decisiones. La autoridad, en ambos casos, fue el cimiento que permitió que la idea fluyera. A Zidane se la concedió su pasado. A Sacchi, el respaldo de los suyos. Pero el aprendizaje es el mismo: sin una figura legitimada, las ideas, por buenas que sean, no sobreviven.

Volviendo al Madrid, ese equilibrio entre autoridad natural y gestión serena impregnó todo el proyecto. Con esa mezcla de calma y colmillo, de bloque principal y unidad B, de jerarquía y pertenencia, el Real Madrid de Zidane se preparó para algo que casi nadie había conseguido antes: sostener un ciclo ganador en la Champions durante tres temporadas.

La unidad B

La «unidad B» fue un grupo de jugadores que en otros equipos hubieran sido titulares indiscutibles. Isco, Morata, James, Marco Asensio, Lucas Vázquez, Kovacic, Nacho... Todos jugaban con la sensación de que sus minutos importaban de verdad. Y eso solo ocurre cuando el entrenador posee la autoridad suficiente —y la inteligencia emocional necesaria— para que el futbolista acepte su rol sin sentirse menos. Gracias a esta unidad B, el Real Madrid pudo sostenerse en liga y centrar todo su foco de atención en Europa.

Lo que vino después fueron tres finales consecutivas que parecían imposibles en el fútbol moderno. Tres noches en las que todas estas piezas —la paciencia, las transiciones, la profundidad de los laterales, la fe de los suplentes, la gestión de los momentos, y esa autoridad silenciosa que sostenía el grupo— se manifestaron a la vista de todo el mundo.

Hasta aquí hemos visto el plano general de la obra y el reparto de actores. Ahora toca apagar un poco las luces, entrar al detalle y observar cómo este equipo, partido a partido, escribió una de las trilogías más improbables y fascinantes de la historia del fútbol europeo.

Milán 2016: Sobrevivir a la adversidad

La primera Champions que se ganó en el ciclo Zidane no fue una exhibición ni una obra pulida como las que vendrían después. Fue una final de resistencia. Una noche en la que el Madrid entendió que, antes de dominar Europa, tenía que aprender a sobrevivir. Fue el punto de partida de todo lo que vendría más adelante.

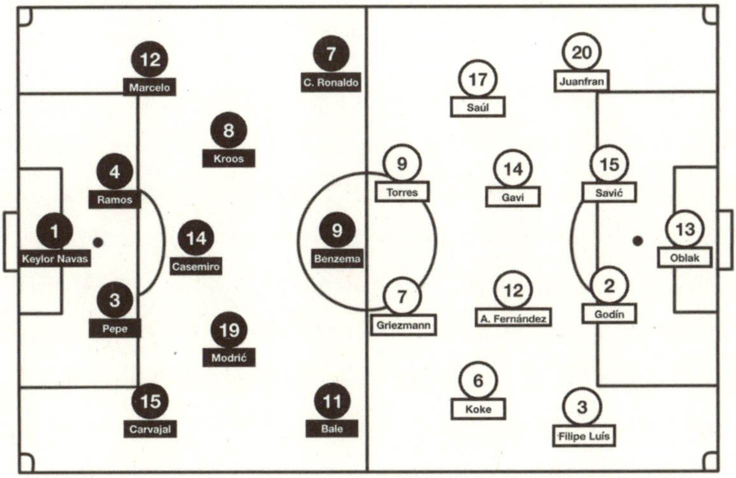

Pizarra 9.2 - Atlético de Madrid versus Real Madrid - Final de la Champions 2015-2016

Desde el inicio se vio algo muy claro. Casemiro se hundía en el centro del campo, alejándose de la base de la jugada, y el Madrid evitaba progresar por dentro. La salida nacía siempre por uno de los dos costados.

Por el perfil Ramos y Kroos, con Marcelo en vuelo continuo. O por el perfil Pepe y Carvajal, con Modrić como primer apoyo. Keylor tampoco quiso darles emoción a los saques desde la portería. Buscó en largo una y otra vez. Zidane no pretendía en ningún momento conquistar la final desde la base. Quería controlar el riesgo.

Cada vez que el Madrid pisaba campo rival, el Atlético se replegaba en un 4-4-2 durísimo, un bloque bajo que convertía el área en una cueva blindada. Koke partía desde la izquierda, aunque con libertad para moverse hacia dentro, protegido por el recorrido infinito de Filipe Luís. Y aun con ese cerrojo, el Madrid encontraba claridad en el ataque, Marcelo y Carvajal volaban por fuera, y los extremos, Cristiano y Bale, atacaban por dentro.

El primer aviso serio llegó más pronto que tarde. Bale lanzó un libre directo que Benzema prolongó y Oblak evitó con reflejos felinos. Poco después cayó el golpe que cambiaría el plan. En el minuto 15, Kroos puso un centro desde la izquierda, Bale lo prolongó y Ramos apareció para empujar el 1-0. A partir del gol, los de Zidane cambiaron el tono. Cedieron la posesión. Se recogieron en un 4-5-1 muy bajo, cerrando pasillos y dejando que fuese el Atlético el que cargara el peso emocional de la final.

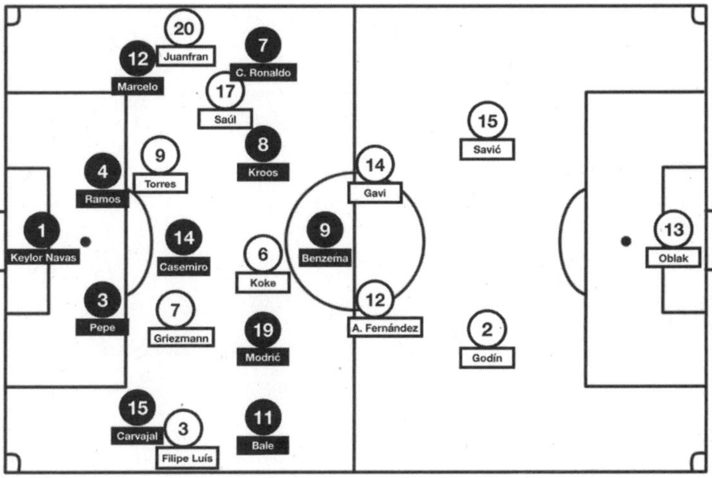

Pizarra 9.3 - Sistema 4-5-1 en bloque medio-bajo del Real Madrid

Modrić fue clave en ese tramo. Cada vez que Carvajal salía por la banda, él aparecía detrás para cubrir su espalda. Sin ese trabajo invisible, el Madrid no habría sostenido la estructura.

La segunda parte se inclinó hacia el Atlético. Griezmann falló un penalti que pudo cambiarlo todo. Carvajal se lesionó y entró Danilo, lo que obligó a Zidane a reforzar aún más la banda derecha. Lucas Vázquez entró por Benzema para sumar piernas y disciplina, mientras Bale y Ronaldo se preparaban para las posibles transiciones. El Madrid esperaba agazapado, confiando en un error rival que abriera un contragolpe.

El Atlético insistió hasta encontrar el premio. En el 79, Juanfran se escapó de Marcelo y puso un centro tenso que Carrasco remató llegando desde atrás. El empate reflejaba lo que era la segunda parte. Un Madrid hundido, concentrado en protegerse, y un Atlético decidido a desgastar a su rival hasta encontrar una grieta.

El partido se estiró hasta la prórroga y terminó decidiéndose en los penaltis. Allí, Juanfran estrelló su lanzamiento contra el palo y Cristiano Ronaldo cerró la noche con la frialdad de quien sabe que el destino ya ha elegido bando. La serenidad del Madrid desde los once metros fue mayor que la del Atlético, pero aquella final dejó algo más profundo que una copa.

En Milán no vimos todavía al Madrid deslumbrante que llegaría después. Vimos otra cosa: un Madrid pragmático, consciente de sus límites y de sus virtudes. Un equipo que atacaba por fuera, que no arriesgaba por dentro, que vivía de las ayudas interminables, de la disciplina en cada duelo y de la fe absoluta en la estrategia a balón parado. Un Madrid que entendía que a veces jugar bien no es brillar, sino no romperse. Esa noche, el equipo de Zidane descubrió una verdad que marcaría su ciclo: antes de escribir una era, primero hay que aprender a sostenerla.

Cardiff 2017: La obra maestra de Zidane

En Cardiff, el Real Madrid de Zidane alcanzó algo que solo ocurre cuando un equipo encuentra su identidad definitiva. Además de ser la noche en que el Real Madrid haría historia consiguiendo su segunda Champions consecutiva, fue la noche en la que el Madrid jugó exactamente como lo había imaginado su entrenador desde el primer día. Un equipo maduro, pulido, seguro, capaz de mezclar paciencia, desequilibrio y una lectura del juego casi quirúrgica. Y, sobre todo, un equipo que tiene el poder de decidir el destino de sí mismo.

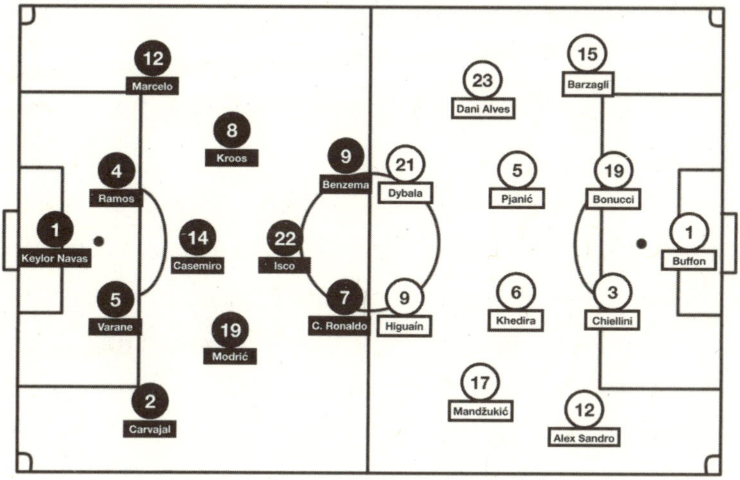

Pizarra 9.4 - Juventus versus Real Madrid - Final de la Champions 2016-2017

Zidane apostó por un 4-4-2 en rombo con Isco. Ese sistema convertía la salida de balón en un juego de costados. El Madrid casi nunca iniciaba por el centro, sino por uno de sus dos triángulos naturales y con el sistema en rombo, esto se hacía más intenso. O bien Ramos-Kroos-Marcelo o bien Varane-Carvajal-Modrić. De uno de esos lados nacería siempre el avance. Casemiro, lejos de ser el iniciador, se adelantaba para atraer marcas y liberar la base. El Madrid respiraba a través de los flancos.

La Juventus respondió con un 4-4-2 clásico, compacto, diseñado para cerrar pasillos interiores. Dani Alves como extremo derecho, Mandžukić como extremo izquierdo. La Juve tenía un plan muy claro, y era castigar con diagonales hacia Mandžukić cada vez que Bonucci podía levantar la cabeza. De hecho, esa fue su arma más visible desde el principio, los balones cruzados a la espalda de Carvajal, buscando la superioridad aérea del croata.

El inicio tuvo una fricción constante. Pjanić, demasiado libre, disfrutó de dos remates peligrosos desde la frontal. El primero obligó a Keylor a sacar una mano prodigiosa. Entre los minutos 30 y 40 el partido se volvió rugoso, lleno de interrupciones, como si ambos equipos necesitasen un respiro para descifrarse. Pero incluso en ese tramo espeso, el Madrid seguía mostrando su pragmatismo. Benzema aún era el más intuitivo, y se abría a la izquierda para arrastrar a Bonucci y liberar a Cristiano, que quedaba en un mano a mano más favorable con Chiellini dentro del área. Marcelo actuaba como un extremo más que como un lateral, e Isco aparecía allí donde estaba la jugada, no como un enganche estático, sino como el hilo conductor que unía todo el ataque blanco.

Y entonces llegó el primer golpe. Minuto 20, Isco recuperó en campo propio, Modrić y Kroos aceleraron, Benzema descargó, Carvajal dobló y Cristiano finalizó. Una transición perfecta. El Madrid de Zidane en su esencia más pura. La Juventus respondió con una obra de arte siete minutos después. El cambio de Bonucci hacia Alex Sandro a la espalda de la defensa blanca, el centro hacia Higuaín y el gol de chilena de Mandžukić. 1-1. Un gol que no admite disección táctica. Simplemente belleza, y también una prueba de que esa Juventus no había llegado allí por casualidad.

La segunda parte, sin embargo, le perteneció al Real Madrid. Desde el primer minuto, se vio un equipo que imponía su ritmo moviendo la pelota de izquierda a derecha, creando superioridades por el costado de Marcelo para luego buscar el lado opuesto, donde Carvajal solía aparecer con más espacio para centrar. Cristiano esperaba con paciencia cada uno de esos envíos. El Madrid sabía que esa era la jugada. El 1-2 cayó por su propio peso. Casemiro, en el 61, recogió un balón en la frontal y golpeó seco, firme, con la convicción de quien sabe que esos partidos se quiebran por detalles y la Juventus empieza a desordenarse. Tres minutos después llegó el 1-3, quizá la jugada más fiel al ideario de Zidane: presión tras pérdida, recuperación de Modrić en campo rival, combinación rápida en la derecha y centro atrás que Cristiano mandó a la red como si hubiera esperado ese centro toda la vida.

A partir de ahí, la final se inclinó hacia los blancos. La Juventus intentó reaccionar con la entrada de Cuadrado, pero el Madrid ya estaba instalado en un modo de control absoluto. Kroos bajaba como tercer central en salida, Casemiro se liberaba entre líneas, Modrić manejaba cada giro de la jugada, e Isco seguía encontrando espacios imposibles. Era un equipo que sabía exactamente qué hacer y cuándo hacerlo. El 1-4 en el minuto 90 cerró la noche con una firma inconfundible. Marcelo rompió por la izquierda, pisó el área y sirvió un balón raso que Marco Asensio empujó a la red. Era el broche, pero también la confirmación de que el Madrid había jugado una de las finales más completas de su historia reciente.

La de Cardiff fue la noche en que el Madrid de Zidane se vio, por fin, en su forma más completa. Si en Milán habían sido supervivientes, en Cardiff fueron dominantes. Allí quedó claro que este equipo ya no solo sabía ganar finales, sino que también sabía moldearlas. Se adaptaba al rival, al ritmo, al contexto... y siempre encontraba la forma de imponerse. Aquella final confirmó su verdadera identidad: la de un equipo camaleónico, capaz de cambiar de piel sin perder su esencia. Ese era el Madrid de Zidane.

Kiev 2017: El fin de una era

En Kiev, el Real Madrid de Zidane jugó a ser él mismo por última vez. Aquella noche no solo puso fin a un ciclo legendario. También despidió, sin saberlo aún, a Cristiano Ronaldo, pues fue su último partido como futbolista blanco. Era el cierre de una era.

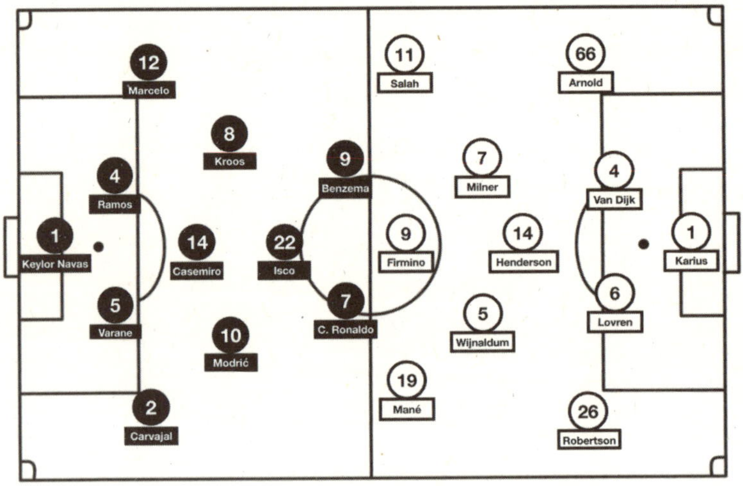

Pizarra 9.5 - Real Madrid versus Liverpool -
Final de la Champions 2017-2018

Los primeros quince minutos ambos equipos se respetaron. Un tanteo silencioso entre dos equipos que sabían lo que estaba en juego. El Liverpool no mordió en área rival, sino que se plantó en tres cuartos, dejó avanzar a los centrales del Madrid —sobre todo, a Ramos— y preparó una trampa más adelante. Klopp quería que el Madrid se equivocara. Quería que Salah, Firmino y Mané arrancaran al contragolpe como relámpagos. El Madrid, sin embargo, no entró al trapo. Respondió con pausa, con esa serenidad casi zen que había definido su identidad durante tres años. Y muy pronto apareció lo que sería el hilo conductor del partido: Marcelo como hombre libre.

El mecanismo era simple. Ramos conducía. Salah, colocado a media altura, trataba de tapar el pase hacia Marcelo sin renunciar a presionar al propio Ramos. Kroos bajaba a recibir. Wijnaldum, siguiendo la estructura de Klopp, saltaba hacia el alemán. Y en ese instante, la duda de Salah abría el escenario: cuando Ramos conducía el balón, Salah se veía con la necesidad de ir a presionarlo. En este momento, Marcelo quedaba libre y el balón le iba automáticamente.

En el minuto 25 llegó el giro dramático de la noche. Salah se lesionó y su rostro, roto en lágrimas, cayó como un jarro de agua fría en los aficionados del Liverpool. Entró Lallana y el Liverpool se reorganizó al instante en un 4-4-2 más bajo, más prudente, concediendo metros al Madrid y renunciando a la agresividad del inicio. Ese ajuste permitió al equipo de Zidane adelantar líneas y vivir más tiempo en campo rival. El Liverpool reculó, juntó líneas e intentó protegerse. Y ahí el Madrid empezó a ser más reconocible: Kroos bajaba a crear, Casemiro se movía para arrastrar marcas, Modrić tejía sus clásicas conducciones... El equipo empezó a sentir que la final ya respiraba en su ritmo.

Y, en medio de ese pulso táctico, apareció Benzema, el jugador que mejor leyó el partido. No fue un 9 clásico, nunca lo fue. Benzema bajaba a recibir, combinaba, se perdía en las bandas, aparecía entre líneas..., convertía la circulación del Madrid en un tejido fluido, difícil de sujetar. En el 1-0 —un error grosero de Karius— estaba justamente donde tenía que estar. Pero ese gol no explica su partido, solo lo certifica. Ya hacía una hora que anticipaba cada jugada como si tuviera el guion antes que nadie.

El empate llegó en un córner. Lovren ganó el duelo aéreo a

Ramos y Mané aprovechó el balón suelto para poner el 1-1. Un golpe duro. Pero el Madrid no se desordenó. Ese era otro rasgo de Zidane: encajar sin hundirse, como un boxeador veterano capaz de recibir un directo sin bajar la guardia.

Aún faltaba mucho tiempo para el pitido final, y el Madrid sabía que aún quedaban grietas que explotar. Y esas grietas, aquella noche, siempre tenían nombre propio: Marcelo.

Minuto 60. Zidane movió el equipo: Bale entró por Isco. Y dos minutos después sucedió algo que quedó grabado para siempre en la memoria blanca. Pero la jugada no empezó en Bale. Empezó donde lo hizo todo el partido: en Marcelo libre. El Madrid juntó efectivos por la derecha y por el carril central (Modrić, Benzema, Carvajal, Nacho...). El Liverpool se comprimió por dentro. Casemiro vio un bosque de camisetas rojas y cambió el juego. Y ahí estaba Marcelo, completamente libre de marca, que recibió, levantó la cabeza, centró... y Bale voló. Una chilena perfecta. Suspendido en el aire, como si el mundo decidiera parar un segundo para admirarlo. El estadio se queda helado. Una obra maestra. Un instante eterno. Ese gol no fue solo un despliegue del prodigio físico de Gareth Bale. Fue la consecuencia lógica de un plan repetido una y otra vez: atraer en un lado, soltar en el otro. Marcelo libre. El eslabón que el Liverpool olvidó marcar toda la noche.

El 3-1 nació de otro error de Karius, sí. Pero también lo hizo de algo más profundo: la fe que Zidane había sembrado en sus jugadores. Bale, que venía de jugar poco y de una temporada irregular, se atrevió a chutar desde larga distancia. Armó el disparo porque confiaba. Porque sentía que podía. Porque ese Madrid creía que cualquier golpe siempre se decantaría a su favor. La confianza del campeón.

¿Qué es jugar bien?

Durante años pensamos que ya sabíamos lo que significaba «jugar bien». Que era una verdad firme, aprendida casi como un dogma. Del 2008 al 2012, Europa entera se educó viendo al Barça de Guardiola: un equipo tan perfecto que confundimos un éxito irrepetible con la definición misma de buen fútbol. Nos acostumbramos a creer que jugar bien era tener el balón, mandar siempre, vivir en campo rival, asfixiar al adversario, crear ventajas desde la geometría del pase. Y, claro, cuando algo estético triunfa durante tanto tiempo, se convierte en una especie de religión: si no jugabas así, estabas jugando «menos». Y entonces, sin pedir permiso, apareció el Real Madrid de Zidane. Y lo cambió todo.

Aquel Madrid era incómodo. No por sus victorias —que fueron muchas—, sino porque nos obligaba a mirar el fútbol con otros ojos. Nos decía, de manera silenciosa, que tal vez no sabíamos tanto como creíamos.

Es doloroso admitirlo, pero lo que más costaba no era aceptar que el Madrid ganase, eso lo veíamos todos. Lo doloroso era admitir que ganaba sin jugar como el canon imperante nos había enseñado que había que jugar. No necesitaba monopolizar la posesión. No vivía obsesionado con dictar el ritmo todo el tiempo. No buscaba anestesiar al rival en secuencias interminables. No era dogmático. No era tan académico. No desprendía esa pureza. Era otra cosa. Y ese «algo» desmontaba nuestras certezas.

El Barça de Guardiola nos había regalado un fútbol tan brillante que, sin darnos cuenta, lo convertimos en un criterio moral. No solo jugaba bien: era el bien. Si presionabas desde la salida, jugabas bien. Si acumulabas pases, jugabas bien. Si tenías un 65 por ciento de posesión, jugabas bien. Y cuando un modelo se convierte en moral, todo lo que no encaja en ese molde se percibe como inferior. Aunque funcione. Aunque gane. Aunque emocione. Eso fue lo que le pasó al Madrid de Zidane. Lo llamaron «flor» porque el canon estético no sabía cómo procesar su éxito.

Es obvio que había belleza en el Barça de Guardiola: belleza de forma, de líneas, de armonía, de coreografía. Pero el Madrid de Zidane ofrecía otra, más incómoda y difícil de explicar: la belleza del desenlace, la belleza de aparecer cuando el mundo te exige dar un paso, la belleza de controlar los momentos, no el flujo. No podía competir con el Barça en estética. Tampoco necesitaba hacerlo. El Madrid de Zidane nos obliga a hacernos esta pregunta, que duele porque golpea nuestra educación futbolística: ¿Y si jugar bien no fuera un molde único, sino un espacio donde caben varios modelos?

El Barça nos enseñó la belleza de controlar todo el partido, y el Madrid, la belleza de controlar el momento en que el partido se decide. Uno te seducía por cómo se desarrollaban las jugadas y el otro te enamoraba porque, cuando todo estaba por decidirse, sabía cómo y cuándo terminar la historia. Los dos jugaban bien. Pero no a lo mismo. Y reconocer eso duele porque destruye la comodidad del dogma. La explicación fácil es hablar de «pegada» o «suerte». Pero detrás de esa simplificación hay un dolor que nadie quiere reconocer: si admites que jugaban bien, tienes que revisar tu idea entera de lo que significa jugar bien. Tienes que aceptar que:

- controlar el juego no es solo tener el balón,
- dominar no es solo acumular pases,
- jugar bien también puede ser controlar áreas, ritmos emocionales y momentos decisivos,

y eso toca el ego del aficionado, del analista... y del ser humano. Quizá «jugar bien» no sea lo que creíamos. Quizá, en mi humilde opinión, sea esto:

Jugar bien es tener una idea coherente, ejecutarla con fidelidad, generar ventajas repetibles en el tiempo y dominar aquello que de verdad decide los partidos: ya sean los espacios, el balón, las áreas o los momentos. Y que todo eso produzca una experiencia que tenga sentido para quien la vive.

Con esta mirada más amplia:

- El Barça de Guardiola es un modelo de control total del juego.
- El Madrid de Zidane es un modelo de control total del destino del partido.

Uno escribe la obra de principio a fin mientras que el otro decide el final cuando el partido salta por los aires. Las dos son legítimas formas de excelencia. Y al final, cuando te enfrentas cara a cara con este Madrid y con este Barça, la pregunta final no es: «¿Quién jugaba mejor?». La verdadera pregunta, la que duele, es esta: «¿Estás dispuesto a ampliar tu definición de "jugar bien" lo suficiente como para que quepan en ella dos formas de belleza en apariencia contradictorias?».

Porque si no lo haces, te perderás la mitad del fútbol. Y, quizá, la mitad de la verdad.

Su legado, nuestro aprendizaje

A veces vuelvo en mi mente a aquel pasillo de la facultad. A 2017. A ese yo que repetía en voz baja, sin entender del todo lo que decía: «El Barça juega. El Madrid gana».

Entonces lo viví con dolor, el final de un mundo que yo creía estable. Hoy lo veo diferente. Después de escribir este capítulo, después de mirar al Madrid de Zidane con la distancia de los años, entiendo que aquella incomodidad no era una derrota, sino una señal. El aviso de que el fútbol estaba cambiando, aunque a mí me hubiera gustado que siguiera igual. Aquel Madrid me obligó a soltar un dogma y abrir otro. Me enseñó que jugar bien no es un único camino. Que el juego evoluciona incluso cuando tú aún no estás preparado para aceptar que ha empezado a hacerlo. Por eso, cuando vuelvo a escuchar esa frase —«El Barça juega. El Madrid gana»—, ya no la oigo como un conflicto. La oigo como un umbral. Un punto exacto donde se rompe una etapa y empieza otra. Y ahí es adonde quiero llegar ahora.

Porque si el Madrid de Zidane fue la prueba de que el fútbol puede reinventarse sin pedir permiso, la pregunta ya no es qué fue ese equipo, sino qué viene después. Hacia dónde avanza el juego. Qué ideas están naciendo. Qué modelos están muriendo. Qué entrenadores están abriendo puertas nuevas sin que todavía lo sepamos. Este es nuestro próximo reto. Y, de algún modo, también es la misma sensación que tenía aquel chico entre clases, escuchando «Outro» en los cascos, sintiendo que algo estaba cambiando sin saber aún hacia dónde. Pero ahora..., ahora sí lo vamos a mirar de frente.

EL FUTURO
DEL FÚTBOL

Confieso que escribir este libro ha sido un reto tan emocionante como sanador, porque me ha permitido responder a una de las grandes preguntas que me he hecho desde pequeño: ¿de verdad está todo inventado en el fútbol?

Aunque ya había estudiado en profundidad a varios de los equipos que aquí aparecen, otros apenas los conocía más allá de los titulares o de las historias que escuchaba de los mayores. Sin embargo, al analizarlos con detalle, partido a partido, descubrí una visión mucho más amplia que me ha permitido entender, con una mayor claridad, hacia dónde camina realmente este deporte llegando a la siguiente conclusión: el fútbol está en una constante evolución cíclica.

Suena «Aquellos años locos», de El Canto del Loco.

Empecemos.

Una constante evolución cíclica

El fútbol está en constante evolución, eso es innegable. Los sistemas tácticos son cada vez más complejos, y la coordinación defensiva se ha perfeccionado hasta límites impensables hace apenas veinte años (y no digamos hace cincuenta o cien). Hoy, cualquier portero posee una lectura espacial y una calidad técnica al nivel, o incluso por encima, de muchos centrocampistas de antaño. La preparación física roza la excelencia, y los cuerpos técnicos analizan cada detalle del juego con precisión de cirujano. Sí, el fútbol ha evolucionado. Y lo seguirá haciendo.

Pero entender su naturaleza cíclica no resulta tan intuitivo. Fue mi padre, un apasionado del balón, quien me lo advirtió mucho antes de que yo pudiera comprenderlo. Cuando de niño le preguntaba qué sistema era mejor —si el 4-3-3 o el 4-4-2— o por qué Ronaldinho jugaba justo detrás de Eto'o, él siempre zanjaba la conversación con una frase que me frustraba: «No le des más vueltas, en el fútbol ya está todo inventado». Aquella reflexión me desanimaba. Yo quería creer que aún quedaban misterios por descubrir, ideas inéditas esperando a ser reveladas. Con el tiempo, sin embargo, entendí lo que realmente quería decir.

En esencia, el fútbol ya está inventado. Los grandes dilemas tácticos que los pioneros enfrentaron —y resolvieron— son aún los mismos que hoy nos acompañan. Las preguntas fundamentales no han cambiado: ¿cómo adaptarse a un cambio de reglas como el del fuera de juego en 1925?, ¿cómo vencer a un rival con mejores jugadores?, ¿cómo superar un marcaje individual asfixiante?, ¿cómo romper una defensa zonal que achica todos los espacios? Estas mismas preguntas siempre regresan, una y otra vez, a la mente de los entrenadores. Todo vuelve.

El fútbol evoluciona, sí. Pero lo hace girando sobre su propio eje, reinventando viejas respuestas para los mismos enigmas de siempre. No avanza en línea recta, sino en espiral. Por eso, los entrenadores que mejor comprendieron su historia fueron también los que más lejos llegaron. Entre ellos, quizá el más lúcido y disruptivo de nuestro tiempo sea Pep Guardiola. Él mismo se definió alguna vez como un ladrón de ideas: «Las ideas son de todo el mundo y yo he robado lo máximo posible», dijo en una conferencia de prensa en Buenos Aires en 2013. Y no lo decía con falsa modestia, sino con la convicción de quien entiende que el fútbol es, ante todo, un arte colectivo de la memoria, es decir, que para comprender su esencia debemos recordar de dónde venimos, entender por qué venimos de donde venimos, y solo así intuir hacia dónde vamos.

Guardiola abrió el baúl de las tácticas olvidadas y rescató conceptos que parecían pertenecer al pasado: reinventó el falso 9 con Messi, perfeccionó el falso lateral en su etapa en el Bayern de Múnich y devolvió al presente el viejo sistema WM de Herbert Chapman al estructurar una caja en el centro del campo con John Stones incrustado como mediocentro. Con el Barça lo ganó todo. En Alemania conquistó todas las Bundesligas que disputó. Y en Inglaterra no solo dominó la Premier League durante casi una década, sino que también alcanzó su cima al conquistar la tan ansiada Champions League en 2023. Su legado táctico lo sitúa, sin lugar a duda, en la misma línea que Rinus Michels y Johan Cruyff. No puede ser casualidad que, tras «descifrar» los sistemas defensivos de 2010 con su Barcelona, medio mundo quisiera jugar como él. Que, tras su paso por Alemania, proliferaran los falsos laterales. O que, en plena década de 2020, la estructura que más tendencia ha marcado en Europa —el sistema en caja— nazca de una de sus muchas reinterpretaciones del pasado. Guardiola ha sido, y aún es, el gran ente creativo del fútbol, capaz de rescatar una idea antigua, desarmarla y adaptarla a su tiempo. Y ahí reside el punto más importante de todos. Porque cuando su modelo triunfa, los demás lo copian. Pero jamás logran replicar sus resultados. No porque les falten recursos, sino porque no comprendieron la esencia que hay detrás de sus decisiones. Y cuando el modelo copiado fracasa, la excusa más fácil siempre es la misma: «Guardiola gana porque tiene los mejores jugadores», sin entender que, en realidad, Guardiola gana porque sabe qué hacer con las ideas de todos los que vinieron antes. Pero esto también ocurrió con muchos más técnicos. Rinus Michels, Johan Cruyff, Helenio Herrera, Mourinho..., todos fueron imitados, pero sus imitadores nunca alcanzaron el mismo éxito que los originales. Porque copiar un sistema es fácil, pero comprender su esencia, no tanto. Y ahí está la diferencia. Solo quien ha entendido la esencia profunda del juego puede abrir el camino hacia una nueva revolución táctica.

Por eso podemos concluir con una afirmación: los entrenadores que pasen a la historia serán aquellos que miren al pasado con respeto y al futuro con valentía. Los que actúen con la humildad de quien sabe que nada nace de la nada, pero con el coraje de desafiar lo establecido. Los que no teman que los llamen locos por creer en una idea distinta porque en el fondo intuyen que toda revolución empieza con una herejía táctica... y con un acto de fe en el fútbol mismo.

Toda revolución encuentra su antídoto

Charles Darwin escribió lo siguiente en *El origen de las especies,* allá por 1859: «Las especies que sobreviven no son las más fuertes, sino aquellas que se adaptan mejor al cambio».

El fútbol tiene mucho de la teoría de Darwin. Los sistemas tácticos que triunfan en una época no lo hacen por ser los más brillantes o los más estéticos, sino porque logran adaptarse mejor al contexto, a las reglas, a las tendencias y a los jugadores disponibles. Cada cambio normativo, cada innovación tecnológica o cada avance en la preparación física genera un nuevo entorno. Y los equipos que sobreviven son aquellos que mejor interpretan los cambios. Lo hizo Italia, que pasó del *catenaccio* a la presión zonal con el Milan de Sacchi, y lo hizo también el juego de posición, al absorber principios del *pressing* alemán.

Cuando recibo mensajes del tipo: «Pedro, ¿crees que tal equipo podría jugar igual hoy en día?», siempre respondo lo mismo: tal cual, no. El fútbol cambia, y los rivales aprenden. El Barcelona de Guardiola no dominaría con la misma facilidad, ni el Real Madrid de Mourinho impondría su plan con la misma eficacia. Ambos fueron perfectos en su tiempo, pero ese tiempo ya pasó. Porque el fútbol, como la vida, castiga a quien se queda quieto. Para seguir ganando, hay que seguir evolucionando. O como diría aquel: renovarse o morir.

Y esta renovación se debe a que, como en cualquier ecosistema, otras especies en el entorno también luchan por sobrevivir. Cada innovación genera su propio depredador. Cristiano Ronaldo no habría sido el mismo sin la existencia de Messi, del mismo modo que Messi necesitó a Cristiano para alcanzar su máxima expresión competitiva. Y si Guardiola no hubiera tenido un antagonista como Mourinho, quizá nunca habría sentido la necesidad de llevar sus ideas al límite, de repensar cada detalle para perfeccionar sus sistemas en el Barcelona. En el fútbol, la excelencia nace del conflicto. Sin oposición no hay evolución. Por eso, por el bien del juego, toda revolución táctica necesita su antídoto. Solo así el fútbol sigue avanzando.

No existe el «jugar bien al fútbol»

A lo largo de este libro hemos analizado equipos que marcaron época, y si algo demuestra su historia es que no existe una verdad absoluta en el fútbol. Ni la Naranja Mecánica de Rinus Michels representó la perfección del juego, ni el Inter de Helenio Herrera fue el «antifútbol». Ambos, desde polos opuestos, buscaron la victoria a través de una idea.

Podríamos, eso sí, agruparlos en dos grandes corrientes, dos formas distintas —y a la vez complementarias— de entender el juego.

Por un lado están los sistemas proactivos, aquellos que buscan imponer su idea sobre el rival. Equipos que conciben el juego como una forma de dominio a través del balón, del posicionamiento y del espacio. En esta corriente se inscriben La Máquina de River Plate, la Naranja Mecánica de Rinus Michels, el Barcelona de Cruyff, el Barcelona de Pep Guardiola o el Real Madrid de Zinedine Zidane.

Por otro, encontramos los sistemas reactivos, aquellos que no aspiran a dictar el ritmo del partido, sino a responder con inteligencia a lo que el oponente proponga, aprovechando sus debilidades y transformando la defensa en un arte. En esta línea podríamos ubicar al Inter de Helenio Herrera, al Milan de Arrigo Sacchi, o al Oporto o el Real Madrid de José Mourinho.

Algunos equipos nacieron como antídoto de otros, y aunque podría parecer que los reactivos son siempre la respuesta a los proactivos, la historia demuestra que no es tan simple.

El antídoto del *catenaccio* fue el Fútbol Total del Ajax, pero este, a su vez, encontró su contraparte en la defensa zonal alemana, perfeccionada años más tarde por el Milan de Sacchi, un equipo esencialmente reactivo. En otras palabras, un sistema proactivo puede engendrar su propio antídoto reactivo, y viceversa. Por eso, el fútbol no puede entenderse desde los absolutos. No hay una sola forma de atacar, ni una única manera de defender. No existe el «jugar bien» como dogma universal, sino como búsqueda constante de equilibrio entre ideas, contextos y jugadores.

La historia nos enseña que el fútbol vive de sus contrastes: del orden y del caos, del control y de la improvisación, de la estrategia y del instinto. Y es precisamente esa diversidad —esa tensión perpetua entre estilos— la que hace que el juego siga evolucionando.

Porque en el fondo, jugar bien al fútbol no es una cuestión de estilo, sino de coherencia: de entender quién eres, qué tienes y cómo puedes ganar siendo fiel a tu esencia. Esa es la verdadera belleza del juego. Que no hay un único camino hacia la verdad, pero todos, de una forma u otra, llevan al mismo lugar: la búsqueda de la victoria.

Un deporte de suma cero.

El gran desafío al que se enfrenta el fútbol moderno no es táctico ni físico, sino emocional: la falta de goles. Cada vez vemos más partidos que se resuelven por la mínima, encuentros en los que el error pesa más que el acierto y en que la diferencia entre ganar y perder se mide en detalles microscópicos. Esto ocurre, en parte, porque los equipos se conocen demasiado bien. Si en el pasado los entrenadores preparaban los partidos con notas sueltas —«Tú marcas al 6», «Cuidado con el 9», «El extremo es rápido»—, hoy los cuerpos técnicos cuentan con departamentos enteros de videoanálisis. Cada jugador rival está diseccionado en clips, métricas y patrones. Cada movimiento tiene una probabilidad; cada pase, una tendencia; cada gesto, una lectura.

El fútbol se está convirtiendo en un juego de suma cero, en que el conocimiento mutuo reduce los márgenes de improvisación. Los errores se castigan más que nunca, y eso ha llevado a los equipos a asumir menos riesgos, a controlar más y atreverse menos. Y cuando todos dominan las mismas herramientas, los mismos modelos y las mismas métricas, el desequilibrio —ese instante imprevisible que decide un partido— se vuelve un bien escaso.

Nunca podremos cuantificar la genialidad.

El futuro del análisis no consistirá solo en observar mejor, sino también en responder más rápido que el rival. Esa eficiencia en la respuesta vendrá de la tecnología. Imagino un fútbol en que el cuerpo técnico pueda comunicarse en tiempo real con los jugadores, en que la información fluya directamente desde el departamento de análisis al terreno de juego. Un asistente detecta un patrón del rival y, al instante, el sistema táctico se reajusta en vivo. Hoy las órdenes aún viajan en forma de gritos, gestos o miradas. Pero mañana, tal vez, lleguen a través de una señal en el oído. Todo apunta a que los equipos conocerán mejor y más rápido a sus oponentes.

Pero pese a todos estos avances, hay una máxima inquebrantable que ha sobrevivido (y sobrevivirá) a todos los cambios: el futbolista. Porque, por mucho que avance la ciencia del juego, siempre habrá jugadores capaces de romper cualquier algoritmo o desmontar cualquier informe táctico. Futbolistas que nacen con una sensibilidad irrepetible, con un don que no se entrena ni se programa. En nuestro tiempo fueron Messi, Cristiano Ronaldo, Neymar, Ronaldinho o Luka Modrić. En el pasado, Pelé, Maradona, Cruyff, Di Stéfano o Adolfo Pedernera. Ellos son la prueba viviente de que el fútbol, por más que se vuelva un laboratorio, siempre será un arte hecho por humanos. Podremos medirlo todo, optimizarlo todo, anticiparlo todo..., pero nunca podremos cuantificar la genialidad.

El libre albedrío. El niño que juega en la calle, el rebelde que se atreve a desobedecer al sistema, el genio que crea lo que nadie vio venir. Por mucho que cambien las reglas, siempre habrá alguien que decida romperlas. Y, mientras eso exista, el fútbol seguirá vivo.

EPÍLOGO

Cuando empecé este viaje pensaba que el fútbol avanzaba en línea recta. Imaginaba una historia ordenada, una secuencia lógica donde cada revolución llevaba de forma natural a la siguiente. Sin embargo, muy pronto descubrí que estaba equivocado. El fútbol no se comporta como un mapa perfectamente trazado. El fútbol gira. Vuelve sobre sí mismo, se repite, se transforma, se contradice. Es un ciclo que nunca termina en el lugar que esperas.

Y a medida que profundizaba, que leía testimonios de entrenadores, que analizaba partidos, que tiraba de una idea hasta su último hilo, empezaron a surgir más dudas que las que podía contener. Cada puerta que abría revelaba diez más. Cada explicación escondía un misterio aún mayor. Cuanto más indagaba, más evidente se hacía que el fútbol es demasiado grande para encerrarlo en un libro, en un análisis o en una sola mirada.

No te voy a negar que hubo momentos en los que esto me provocó cierta melancolía. Una tristeza suave, esa sensación de pequeñez que aparece cuando uno se enfrenta a algo inmenso. Me di cuenta de que, por mucho que estudie, por mucho que investigue, nunca podré abrazar el mar. Nunca entenderé todos los porqués. Y esa idea, al principio, me pesaba. Me hacía sentir diminuto frente a un universo infinito.

Pero con el tiempo, esa pequeñez se convirtió en impulso. En hambre. En una necesidad casi visceral de seguir aprendiendo. Entendí que esa imposibilidad de abarcarlo todo es precisamente lo que hace que el fútbol sea tan hermoso. Que cada partido esconda algo que no habíamos visto. Que cada entrenador tenga un mundo propio. Que cada sistema sea una invitación para explorar un terreno que nadie ha pisado del todo.

Este libro no me ha dejado con la sensación de haber llegado a un final, sino a un comienzo. Me ha hecho ver que cuanto más conozco, más consciente soy de lo que me falta por descubrir. Que el fútbol no se puede dominar del todo, solo acompañar, observar, intentar entender... y aceptar que siempre habrá algo que se escape.

Y quizá por eso seguimos enganchados a este deporte. No porque conozcamos el resultado, sino porque no lo conocemos. Porque el juego siempre guarda un secreto nuevo. Porque lo que ayer creíamos entender, mañana volverá a cambiar. Porque lo desconocido no es una barrera, sino un camino que se abre.

Antes de cerrar estas páginas, quiero pedirte algo. Que sigas haciéndote preguntas. Que mantengas viva tu curiosidad. Que conserves ese sentido crítico que te hace mirar una jugada y preguntarte qué hay detrás, quién la pensó, por qué ocurrió así. Que no te quedes nunca con la primera explicación, ni siquiera con las que has leído aquí. Ojalá cuestiones este libro, lo contradigas, lo completes con tus propias ideas.

Porque el fútbol no pertenece a quienes lo explican, sino a quienes lo miran con ojos nuevos. Ojalá construyas tu propia manera de entenderlo. Ojalá encuentres caminos que yo no he visto. Ojalá descubras cosas que yo no alcancé a comprender.

Tal vez ese sea el misterio más hermoso de este deporte: que ninguno de nosotros podrá entenderlo del todo, pero todos podemos intentar comprenderlo un poco más. Y que en ese intento, en esa búsqueda infinita, es donde de verdad habita su magia.

Gracias por acompañarme en este viaje. Ojalá estas páginas te hayan hecho pensar, dudar, sentir... Ojalá sigamos siendo pequeños frente al juego, pero infinitos en nuestra curiosidad.

Y ahora sí, como siempre digo en mis vídeos...

Nos vemos en la próxima, familia. :)

BIBLIOGRAFÍA

La Máquina de River Plate

Burgo, Andrés, «Historia de La Máquina, la delantera de River más famosa, misteriosa y noctámbula que cautivó hasta a Guardiola», *TyC Sports*, 7 de junio de 2024, <https://www.tycsports.com/al-angulo/la-maquina-delantera-river-historia-id391601.html#:~:text=El%20t%C3%A9cnico%20era%20Renato%20Cesarini,fue%20t%C3%A9cnico%20a%C3%BAn%20siendo%20jugador%E2%80%9D>.

Fernández, Carlos, «Conversando con D. Alfredo Di Stéfano», <https://www.youtube.com/watch?v=SuTvNpPpRps&t=176s>.

«La delantera "eléctrica"», en «La Máquina», Wikipedia [en línea], <https://es.wikipedia.org/wiki/La_M%C3%A1quina#La_delantera_%C2%ABel%C3%A9ctrica%C2%BB>.

«La historia de River Plate, parte 1: 1901-1975 "La Máquina"», <https://www.youtube.com/watch?v=Kc3sF_AxRtw>.

Perarnau, Martí, *La evolución táctica del fútbol, 1863-1945: Descifrando el código genético del fútbol a través del falso 9*, Barcelona, Córner, 2021.

Wilson, Jonathan, *Inverting the Pyramid. The History of Soccer Tactics*, Londres, Orion, 2008 [Hay trad. cast.: *La pirámide invertida. Historia de la táctica en el fútbol*, Barcelona, Debate, 2013].

El Grande Inter

Academic, «Karl Rappan», <https://en-academic.com/dic.nsf/enwiki/3980714>.

«Catenaccio», Wikipedia, <https://es.wikipedia.org/wiki/Catenaccio?utm_source=chatgpt.com>.

Herrera, Helenio, «Le secret d'Helenio Herrera» (entrevista), *Football Magazine*, suplemento mensual de *France Football*, n.º 10, noviembre de 1960.

Il Nobile Calcio, «Una vita a prendere in giro i giornalisti» (sobre la personalidad de Helenio Herrera), 1 de septiembre de 2022, <https://ilnobilecalcio.it/2022/09/01/una-vita-a-prendere-in-giro-i-giornalisti/#:~:text=Nel%20novembre%201962%2C%20su%20un,di%20dare%20tutto%20nell%E2%80%99ultimo%20tratto>.

Kobbe, Montague y Adolfo Calero, «De Karl Rappan, Suiza y el verrou de los años 30», en *FronteraD. Revista digital*, 23 de mayo de 2011, <https://www.fronterad.com/de-karl-rappan-suiza-y-el-verrou-de-los-anos-30/>.

Menicucci, Paolo, «The greatest teams of all time: Inter 1962-67», en www.uefa.com, 27 de mayo de 2015, <https://www.uefa.com/uefachampionsleague/news/0253-0d7ff54821f7-e2055930d1e0-1000--the-greatest-teams-of-all-time-inter-1962-67/>.

Perarnau, Martí, *La evolución táctica del fútbol, 1863-1945: Descifrando el código genético del fútbol a través del falso 9*, Barcelona, Corner, 2021.

Ruiz, Marco, «Mourinho me recuerda mucho a Helenio Herrera» (entrevista a Mazzola), diario *As*, 21 de mayo de 2010, <https://as.com/futbol/2010/05/21/mas_futbol/1274423234_850215.html>.

«Serie A 1960-61» (clasificación Liga italiana en la temporada 1960-1961) <https://www.bdfutbol.com/es/t/tita1960-61.html>.

«Vianema», Wikipedia <https://it.wikipedia.org/wiki/Vianema>.

Wilson, Jonathan, *Inverting the Pyramid. The History of Soccer Tactics*, Londres, Orion, 2008 [Hay trad. cast.: *La pirámide invertida. Historia de la táctica en el fútbol*, Barcelona, Debate, 2013].

La Naranja Mecánica

«Eredivisie 1964-65» (clasificación de la Liga holandesa temporada 1964-1965), Wikipedia, <https://es.wikipedia.org/wiki/Eredivisie_1964-65>.

«How the FIFA World Cup format has evolved», FIFA, 5 de febrero de 2024, <https://www.fifa.com/en/tournaments/mens/worldcup/canadamexicousa2026/articles/world-cup-format-evolution-change-history-1930-2026?utm_source=chatgpt.com>.

«El profesor Jan van Beveren» (sobre la enemistad entre Cruyff y Van Beveren), PSV.nl, <https://www.psv.nl/es/media/artikel/de-prof-jan-van-beveren>.

«The Soccer Zones» (zonas del campo), Smarter.Soccer, <https://smarter.soccer/soccer-game-intelligence-free-downloads/the-soccer-zones/#:~:text=Based%20on%20a%20study%20conducted,forward%20to%20the%20attacking%20third>.

UEFA, <https://es.uefa.com/uefachampionsleague/match/63097--ajax-vs-inter/> (crónica de la final de la Copa de Europa 1972, Ajax 2-Inter de Milán 0).

El Milan de Sacchi

FIFA, *Laws of the Game. Universal Guide for Referees* (para la regla del fuera de juego), Zúrich, FIFA, julio de 1991, <https://downloads.theifab.com/downloads/laws-of-the-game-1991-92?l=en>.

Sacchi, Arrigo y Guido Conti, *Calcio totale. La mia vita raccontata a Guido Conti*, Milán, Mondadori, 2015 [Hay trad. cast.: *Fútbol total: Mi vida contada a Guido Conti*, Barcelona, Córner, 2016].

«Serie A 1987-88» (clasificación Liga italiana en la temporada 1987-1988) <https://www.bdfutbol.com/es/t/tita1987-88.html>.

El Dream Team de Johan Cruyff

Besa, Ramón y Mábel Galaz, «Cruyff: "Solo teníamos que esperar el gol"» (sobre la final de la Copa del Rey 1990), *El País*, 6 de abril de 1990, <https://elpais.com/diario/1990/04/06/deportes/639352803_850215.html>.

García, Héctor, «El Tercer Hombre», Coaches' Voice, 5 de abril de 2021, <https://es.coachesvoice.com/el-tercer-hombre-guardiola-gasperini-barcelona/>.

Informe Robinson (2), «Johan Cruyff. Una charla con Michael Robinson», Movistar Plus, 2008, <https://www.movistarplus.es/deportes/programa/informe-robinson-2/johan-cruyff-una-charla-con-michael-robinson/ficha?tipo=E&id=718798>.

Informe Robinson (10), «Wembley '92», Movistar Plus, 2016, <https://www.movistarplus.es/deportes/programa/informe-robinson-10/wembley-92/ficha?tipo=E&id=1320953>.

La Volpe, R., *Explicación táctica: la salida lavolpiana*, <https://www.youtube.com/watch?v=F-WruJgsLV4&t=327s>.

López, Marcos, «Cruyff hizo la Capilla Sixtina» (Guardiola sobre Cruyff), *El Periódico de Catalunya*, 24 de marzo de 2016, <https://www.elperiodico.com/es/barca/20160324/cruyff-guardiola-rijkaard-fc-barcelona-cancer-5002524>.

El Porto de Mourinho

Delgado-Bordonau, Juan Luis y Alberto Méndez-Villanueva, «Tactical Periodization: Mourinho's Best-kept secret?», ResearchGate, mayo de 2012, <https://www.researchgate.net/publication/313774247_Tactical_Periodization_Mourinho's_Best-kept_secret>.

«FC Oporto – Todos los fichajes» (altas y bajas del Porto por temporadas), Transfermarkt, <https://www.transfermarkt.es/fc-porto/alletransfers/verein/720>.

Giovio, Eleonora, «Los hombres de Mourinho» (declaraciones de Rui Faria), *El País*, 2 de agosto de 2010, <https://elpais.com/diario/2010/08/02/deportes/1280700014_850215.html>.

Méndez Albano, Óscar, «Las claves psicológicas de un líder ganador: José Mourinho», blog *Desde dentro del vestuario*, 19 de mayo de 2011, <https://desdeadentrodelvestuario.blogspot.com/2011/05/las-claves-psicologicas-de-un-lider.html#:~:text=Atacadme%20a%20m%C3%AD%2C%20vosotros%20a,de%20escudo%20de%20la%20plantilla>.

La gran batalla: Guardiola versus Mourinho

Di Stéfano, Alfredo, «El Barça fue el león y el Madrid el ratón», *Marca*, 18 de abril de 2011, <https://www.marca.com/2011/04/18/futbol/equipos/real_madrid/1303130004.html>.

ESPN Deportes, <https://espndeportes.espn.com/radio/play/_/id/33398446>.

Guardiola, Josep, «Salir de novios», *El País*, 13 de junio de 2006, <https://elpais.com/diario/2006/06/13/deportes/1150149620_850215.html>.

«Guardiola le preguntaba a Rafa Márquez sobre la "salida lavolpiana"», en *Lavolpismo*, <https://www.youtube.com/watch?v=wsdkSKns3N4>.

McMath, Duncan (dir.), *El Barça de Guardiola. Take the Ball, Pass the Ball* (documental), 2018, <https://www.movistarplus.es/documentales/el-barca-de-guardiola-take-the-ball-pass-the-ball/ficha?tipo=E&id=1596660>.

«Simeone: "Las críticas a Messi en Argentina son injustas, al igual que hacia mi estilo de juego"», *Goal en español*, <https://www.youtube.com/watch?v=t4bI_bR-0qc>.

Universo Valdano (6), «Messi», Movistar Plus, 2022, <https://www.movistarplus.es/deportes/programa/universo-valdano-6/messi/ficha?tipo=E&id=2133258&_gl=1*g0ioss*_up*MQ..*_ga*MTAxMTcwMTEyNi4xNzYzNjgwODA0*_ga_RP26Q7MV9Y*czE3NjM2ODA4MDQkbzEkZzAkdDE3NjM2ODA4MDQkajYwJGwwJGg5NzM4MjI1NzU.>.